职业教育"双高建设"规划教材
道路与桥梁工程技术专业群校企合作一体化教材

道路建筑材料

主　编　周　烨　顾　威
副主编　赵同峰　张　瑞　王力艳
　　　　高宏新　李冬松　卢阳阳
　　　　修金芹
主　审　姜长军

本书立体化资源

黄河水利出版社
·郑州·

内容提要

本书以职业能力、专业能力及素质能力培养为目标,系统地论述了道路建筑材料试验与检测的技术性质和技术要求,展示了道路建筑材料的性能评价指标及其相应的测试方法,配以工程示例,以现行规范、规程为标准进行编写。全书共分为四个模块,分别为石料与集料、无机结合料及其混合料、有机胶凝材料及其混合料、建筑钢材。

本书可作为高职高专道桥、土建、监理、检测等专业的教材,也可作为市政、建筑类等其他专业的参考用书,同时可供职业教育、专业资格培训等相关人员参考使用。

图书在版编目(CIP)数据

道路建筑材料 / 周烨, 顾威主编. —郑州 : 黄河水利出版社, 2024.8

ISBN 978-7-5509-3634-8

Ⅰ. ①道… Ⅱ. ①周… ②顾… Ⅲ. ①道路工程-建筑材料-高等职业教育-教材 Ⅳ. ①U414

中国国家版本馆 CIP 数据核字(2023)第 138877 号

策划编辑:贾会珍 电话:0371-66028027 E-mail:110885539@ qq. com

责任编辑	贾会珍	责任校对	杨秀英
封面设计	黄瑞宁	责任监制	常红昕
出版发行	黄河水利出版社		
	地址:河南省郑州市顺河路 49 号 邮政编码:450003		
	网址:www. yrcp. com E-mail:hhslcbs@ 126. com		
	发行部电话:0371-66020550		
承印单位	河南承创印务有限公司		
开 本	787 mm×1 092 mm 1/16		
印 张	15. 75		
字 数	373 千字		
版次印次	2024 年 8 月第 1 版	2024 年 8 月第 1 次印刷	
定 价	49. 00 元		

前　言

党的二十大报告强调:“推进职普融通、产教融合、科教融汇,优化职业教育类型定位。”职业教育与经济社会发展紧密相连,对促进就业创业、助力科技创新、增进人民福祉具有重要意义。道路建筑材料是高职高专道路与桥梁工程技术专业的专业基础课,是结合高职高专课程改革和高职“双高”建设要求而编写的,旨在培养学生掌握道路与桥梁工程施工工序中材料的质量控制及相应检测操作技能,以适应职教发展需要,并突出技能训练,充实理论基础,不断提升学生的认知能力。本书是最大程度满足公路水运工程试验检测专业技术人员职业资格及 1+*X* 证书需求的一本教材,实现了产教深度融合、一体发展。

本教材以我国最新修订的相关规范、规程为标准,以满足应用为主导,以适应施工一线需求为导向,构建于工作过程的教材结构,具有较强的实践指导性。设置了石料与集料、无机结合料及其混合料、有机胶凝材料及其混合料、建筑钢材 4 个模块。每一模块作为岗位工作内容,使学生能把所学知识同工程现场实际紧密结合在一起,达到实习能顶岗、毕业即能上岗的目的。做到了实习、就业的零磨合,为其职业的成长提供相关的知识技能。本教材在编写过程中多次征求行业资深专家、一线工程人员及兄弟院校同行的建议,以满足新型人才培养的需求。本教材采用“任务驱动”教学模式,突出了应用性和能力培养,引导学生自主学习,调动他们的积极性,有利于训练学生的职业态度,提高其知识应用能力,增强学生技能,建立了一定理论体系,延长了他们的职业生涯。

党的二十大报告指出,推进教育数字化,建设全民终身学习的学习型社会、学习型大国。本教材实现了纸质教材与数字化资源完美的结合。做到了教与学双向辅助,有效保证学习者对资源的有效检索和运用,并以学习者为中心。除了教材上的视频,还配备了虚拟仿真资源:沥青及沥青混合料及集料和水泥的虚拟仿真资源,可联系主编索取。

本书由沈阳砼行建筑材料科技有限公司与本书编写组成员共同完成。在此,对于参加编写工作的辽宁交通高等专科学校的顾威、赵同峰、高宏新、李冬松、王力艳,交通运输部科学研究院交通运输安全研究中心的张瑞,辽宁省市政工程设计研究院有限责任公司的卢阳阳及本溪市交通运输综合执法队修金芹表示感谢,感谢他们对本书做出的贡献!全书由周烨统稿,由辽宁新发展交通集团有限公司姜长军担任主审。

本书在编写过程中,作者参阅了大量文献资料,由于条件有限,引用及理解不当之处,敬请见谅,并向这些文献资料的作者表示衷心感谢!

限于编者水平有限,书中难免存在差错和不妥之处,敬请读者批评指正。

编　者

2024 年 3 月

目 录

引 言 ……………………………………………………………………………… (1)

模块一 石料与集料 ………………………………………………………… (4)

任务一 石 料 ……………………………………………………………… (4)

任务二 集 料 ……………………………………………………………… (19)

任务三 矿质混合料组成设计 ……………………………………………… (59)

课后练习 ……………………………………………………………………… (77)

模块二 无机结合料及其混合料 ………………………………………… (80)

任务一 石 灰 ……………………………………………………………… (81)

任务二 水 泥 ……………………………………………………………… (83)

任务三 水泥混凝土 ………………………………………………………… (105)

任务四 砂 浆 ……………………………………………………………… (139)

课后练习 ……………………………………………………………………… (147)

模块三 有机胶凝材料及其混合料 ……………………………………… (151)

任务一 沥青材料 …………………………………………………………… (151)

任务二 沥青混合料 ………………………………………………………… (179)

课后练习 ……………………………………………………………………… (230)

模块四 建筑钢材 ………………………………………………………… (233)

任务一 钢材的类别及牌号 ………………………………………………… (233)

任务二 桥梁工程用钢材基本性能 ………………………………………… (235)

课后练习 ……………………………………………………………………… (241)

附录 蒸馏水的密度 ……………………………………………………… (243)

参考文献 …………………………………………………………………… (245)

引　言

道路建筑材料指的是用于建筑道路、桥梁、隧道等工程所需的各种材料，是道路、桥梁及隧道等工程的物质基础。

引言

一、道路建筑材料在道路工程中的地位

道路、桥梁、隧道、机场、港口、水利等建筑的物质基础是建筑材料，材料质量直接决定着工程质量的等级，对结构物的使用性能和耐久性起着关键作用。我国建成了世界最大的高速铁路网、高速公路网，机场、港口、水利、能源、信息等基础设施建设取得重大成就，材料费用占据了整个工程投资的60%~80%。材料选用是否恰当、质量优劣、配制是否合理都直接影响结构物的稳定性，进而影响其工程质量。新材料的应用也推动了设计和施工技术的革新。因此，道路工程施工技术专业人员应全面了解和掌握道路工程所用材料的概念、理论、技术性质、质量要求及检测方法，能合理选择和使用材料来确保工程建设经济合理；同时要加大对新材料的研究和应用，以丰富材料种类，满足道路工程技术发展的要求。

二、道路建筑材料研究的对象和内容

道路建筑材料是研究道路工程中所用材料的组成、性能及应用的一门课程，是一门技术基础课程。本书讲述以下一些常用的道路建筑材料。

（一）石料与集料

石料与集料包括经人工开采的岩石或轧制得到的颗粒状碎石，以及地壳表层岩石经天然风化得到的砂砾。该材料是道路工程中使用量最多的材料。大尺寸的块状石料经加工可直接用于砌筑或铺筑道路工程的基础。性能稳定的集料可用于水泥混凝土和沥青混合料的配制。

（二）无机结合料及其混合料

无机结合料包括石灰、水泥、性能稳定的粉煤灰和工业废渣，道路工程中使用最多的无机结合料是石灰和水泥。用它们制成的无机结合料稳定类的混合料，常被用于高等级道路路面基层结构或低等级路面面层结构。由水泥和集料配制而成的水泥混凝土被广泛应用在桥涵及水泥混凝土路面。水泥砂浆常被用作桥梁、圬工结构物的砌筑材料。

（三）有机胶凝材料及其混合料

有机胶凝材料主要是指沥青类材料，如石油沥青、改性沥青及煤沥青等。由不同粒径的碎石、石屑、砂组成沥青混合料，可以修筑成各种类型的沥青路面。

（四）建筑用钢材

钢材是桥梁钢结构及钢筋混凝土或预应力钢筋混凝土结构的重要材料。隧道衬砌、高边坡加固中均需使用钢材。

三、道路建筑材料的技术性质

道路建筑材料在道路工程中承受着恶劣的自然环境和复杂的荷载作用的影响，所以道路建筑材料必须具有抵抗温湿度变化、日光照射、冻融等自然因素作用的稳定性，同时必须具有抵抗复杂外力作用的综合力学性能。因此，道路建筑材料必须具有良好的物理性质和工艺性质。

力学性质是材料抵抗车辆荷载等复杂力系综合作用的性能。测定各种材料的静态强度，如抗压、抗拉、抗弯、抗剪等强度，还可通过磨耗、冲击等经验指标来反映。

物理性质是材料的基本性质。常用物理性质包括物理常数（如密度、空隙率、孔隙率等）和吸水率等。物理性质是材料内部组成结构的反映，与力学性质之间有一定的相关性，可以用来推断材料的力学性质。材料的温度稳定性、水稳定性可以表示其强度变化的程度。

耐久性是材料抵抗自身和自然环境双重因素长期破坏作用的能力。抗渗性 、抗冻性、抗侵蚀性等为混凝土的耐久性。

工艺性质是指材料适用于按照一定工艺要求加工的性能。例如，水泥混凝土在成型之前需要一定的流动性，以便浇筑制成一定形状的构件。

四、道路建筑材料的技术标准

道路建筑材料的技术标准根据其发布单位及适用范围可分为：国家标准、行业标准、地方标准和企业标准四级。

国家标准简称国标，是指由国家标准化主管机构批准发布，在全国范围内统一使用的技术要求，由国家标准代号、编号、颁布（修订）年代号、标准名称 4 个部分组成。例如：《通用硅酸盐水泥》（GB 175—2023），其中“GB”为国家标准的代号；“175”为标准编号；“2023”为标准颁布的年代号；“通用硅酸盐水泥”为标准名称。上述标准为强制性国家标准，任何技术（产品）不得低于此标准。此外，还有推荐性国家标准，以“GB/T”为标准的代号。

行业标准简称行标，由我国各主管部、委（局）批准发布，在该部门范围内统一使用的标准，由标准代码、类目顺序号、颁布（修订）年代号、标准名称组成。例如：《公路工程水泥及水泥混凝土试验规程》（JTG 3420—2020），其中“JTG”为交通行业标准；“3420”为类目顺序号；“2020”为修订年代号；“公路工程水泥及水泥混凝土试验规程”为标准名称。

地方标准是地方主管部门发布的地方性指导技术文件。代号为“DB”“DB/T”，其后分别注明地方标准代号、标准顺序号、制定年代号。

企业标准仅适用于本企业，代号为“QB”，其后分别注明企业标准代号、标准顺序号、制定年代号。

我国与道路建筑材料试验与检测有关的国家标准和行业标准代号见表 0-1。

表 0-1　国家标准和行业标准

标准名称	代号(汉语拼音)	示例
国家标准	国标 GB(Guo Biao)	《水泥胶砂强度检验方法(ISO 法)》(GB/T 17671—2021)
交通行业标准	交通 JT(Jiao Tong)	《公路工程集料试验规程》(JTG 3432—2024)
建材行业标准	建材 JC(Jian Cai)	《建筑生石灰》(JC/T 479—2013)
建筑工程行业标准	建工 JG(Jian Gong)	《普通混凝土配合比设计规程》(JGJ 55—2011)
石油化工行业标准	石化 SH(Shi Hua)	《道路石油沥青》(NB/SH/T 0522—2010)
黑色冶金行业标准	冶标 YB(Ye Biao)	《煤沥青筑路油》(YB/T 030—2012)

模块一 石料与集料

知识目标

1. 掌握桥涵工程所用石料的种类、用途、技术等级、技术性质和检测方法。
2. 掌握集料的概念、分类、技术性质和检测方法。
3. 掌握矿料的理论和组成设计方法。

技能目标

1. 正确评价石料技术性质,合理选用材料。
2. 正确评价集料技术性质,合理选用材料。
3. 根据工程实际和规范要求确定矿质混合料中各材料的用量,并合理调整。

素质目标

1. 培养学生严谨的规范意识和质量意识、自信自立及团队合作精神。
2. 坚持系统观念,培养学生奉献社会、造福人民的能力。
3. 增强学生民族自豪感和文化自信,全方位培育大国工匠,引导学生树立仁爱之心。

任务一 石 料

一、桥涵工程所用石料种类和用途及技术等级划分

(一)桥涵工程所用石料种类和用途

石料是土木工程的主要材料之一,包括块状石料和粗集料。石料的质量取决于加工石料所用的岩石。岩石是按一定方式结合而成的矿物集合体,其按成因可分为岩浆岩、沉积岩和变质岩。桥涵工程所用石料质量和规格必须符合设计要求和施工规范规定。

桥涵工程使用的石料主要用于砌体工程,如拱圈、墩台、锥坡、挡土墙墙身等。

(二)石料的技术等级划分

1. 岩石的坚硬度分级

岩石根据岩块的饱和单轴抗压强度标准值 f_{rk} 可划分为坚硬岩、较坚硬岩、较软岩、软岩及极软岩 5 个等级,如表 1-1 所示。

表 1-1　岩石坚硬程度分级

单位：MPa

坚硬程度等级	坚硬岩	较坚硬岩	较软岩	软岩	极软岩
饱和单轴抗压强度标准值 f_{rk}	$f_{rk}>60$	$60\geqslant f_{rk}>30$	$30\geqslant f_{rk}>15$	$15\geqslant f_{rk}>5$	$f_{rk}\leqslant 5$

当不能进行该项试验或者缺乏相关试验数据时，可以按表 1-2 对岩石定性分级。

表 1-2　岩石坚硬程度的划分

名称		定性鉴定	代表性岩石
硬质岩	坚硬岩	锤击声清脆，有回弹、震手，难击碎。浸水后大多无吸水反应	未风化或微风化的花岗岩、闪长岩、石英岩、硅质灰岩，硅质胶结的砂岩或砾岩
	较坚硬岩	锤击声较清脆，有轻微的回弹、稍震手，较难击碎。浸水后有轻微的吸水反应	弱风化的极硬岩；未风化或微风化的熔结凝灰岩、大理岩、板岩、白云岩、灰岩，钙质胶结的砂岩和粉砂岩，结晶颗粒较粗的岩浆岩
软质岩	较软岩	锤击声不清脆，无回弹、稍震手，较易击碎，吸水明显，浸水后指甲可划出印痕	强风化的极硬岩；弱风化的硬岩；未风化或微风化的千枚岩、片岩、砂质泥岩，钙泥质胶结的粉砂岩和砾岩、泥灰岩、页岩、云母片岩、凝灰岩等
	软岩	锤击声哑，无回弹，有凹痕，易击碎，浸水后手可掰开	弱风化至强风化的硬质岩；弱风化的软岩及未风化或微风化的泥质岩类；泥岩、煤、泥质胶结的砂岩和砾岩等
极软岩		锤击声哑，无回弹，有较深的凹痕，手可掰开，浸水后可捏成团或捻碎	全风化的各类岩石和成岩差的岩石

2. 岩石的完整性分级

岩石的完整程度按其完整性指数划分为完整、较完整、较破碎、破碎和极破碎 5 个等级，见表 1-3。

表 1-3　岩石完整程度划分

完整程度等级	完整	较完整	较破碎	破碎	极破碎
完整性指数	>0. 75	0. 55~0. 75	0. 35~0. 55	0. 15~0. 35	<0. 15

当缺乏有关试验数据时，岩体的完整程度可按表 1-4 划分。

表 1-4　岩体完整程度的定性分类

完整程度	结构面发育程度		主要结构面的结合程度	主要结构面类型	相应结构类型
	组数	平均间距/m			
完整	1~2	>1.0	结合好或结合一般	裂隙、层面	整体状或巨厚层状结构
较完整	1~2	>1.0	结合差	裂隙、层面	块状或厚层状结构
	2~3	0.4~1.0	结合好或结合一般	—	块状结构
较破碎	2~3	0.4~1.0	结合差	裂隙、层面、小断层	裂隙块状结构或中厚层状结构
	≥3	0.2~0.4	结合好		镶嵌碎裂结构
			结合一般		中、薄层状结构
破碎	≥3	0.2~0.4	结合差	各种类型结构面	碎裂块状结构
		≤0.2	结合一般或结合差		碎裂状结构
极破碎	无序	—	结合很差	—	散体状结构

3. 岩石的风化程度分级

岩石按风化程度可分为未风化、微风化、中风化、强风化、全风化、残积土 6 个等级，见表 1-5。

表 1-5　岩石风化程度分级

风化程度	野外特征	风化程度系数指标	
		波速比	风化系数
未风化	岩质新鲜，偶见风化痕迹	0.9~1.0	0.9~1.0
微风化	结构基本未变，仅节理面有渲染或者略有变色，有少量风化裂痕	0.8~0.9	0.8~0.9
中风化	结构部分破坏，沿节理面有次生矿物，风化裂痕发育，岩体被切割成岩块，用镐难挖，岩芯钻方可钻进	0.6~0.8	0.4~0.8
强风化	结构大部分破坏，矿物成分显著变化，风化裂痕很发育，岩体破碎，用镐可挖，干钻不易钻进	0.4~0.6	<0.4
全风化	结构基本破坏，但尚可辨认，有残余结构强度，可用镐挖，干钻可钻进	0.2~0.4	—
残积土	组织结构全部破坏，已风化成土状，锹镐易挖掘，干钻易钻进，具可塑性	<0.2	—

4. 岩石节理发育程度分级

岩石节理发育程度根据节理间距可分为节理很发育、节理发育、节理不发育 3 类，如表 1-6 所示。

表 1-6　岩石节理发育程度的分类

程度	节理很发育	节理发育	节理不发育
节理间距/mm	20～200	200～400	>400

5. 岩石的基本质量等级分类

岩石根据其坚硬程度和完整程度综合可分为 5 个岩石基本质量等级，如表 1-7 所示。

表 1-7　岩石基本质量等级

坚硬程度	完整程度				
	完整	较完整	较破碎	破碎	极破碎
坚硬岩	Ⅰ	Ⅱ	Ⅲ	Ⅳ	Ⅴ
较硬岩	Ⅱ	Ⅲ	Ⅳ	Ⅳ	Ⅴ
较软岩	Ⅲ	Ⅳ	Ⅳ	Ⅴ	Ⅴ
软岩	Ⅳ	Ⅳ	Ⅴ	Ⅴ	Ⅴ
极软岩	Ⅴ	Ⅴ	Ⅴ	Ⅴ	Ⅴ

二、石料的技术性质

石料

石料的技术性质主要包括物理性质、力学性质、耐久性及化学性质。

（一）物理性质及试验检测

石料的内部组成结构是由矿物实体及孔隙组成。孔隙由不与外界连通的闭口孔隙和与外界连通的开口孔隙组成，如图 1-1（a）所示。石料各部分质量与体积的关系如图 1-1（b）所示。石料的物理力学性质是由矿质实体与孔隙的比例及组成关系决定的。石料的物理性质包括物理常数（密度）、吸水性等。

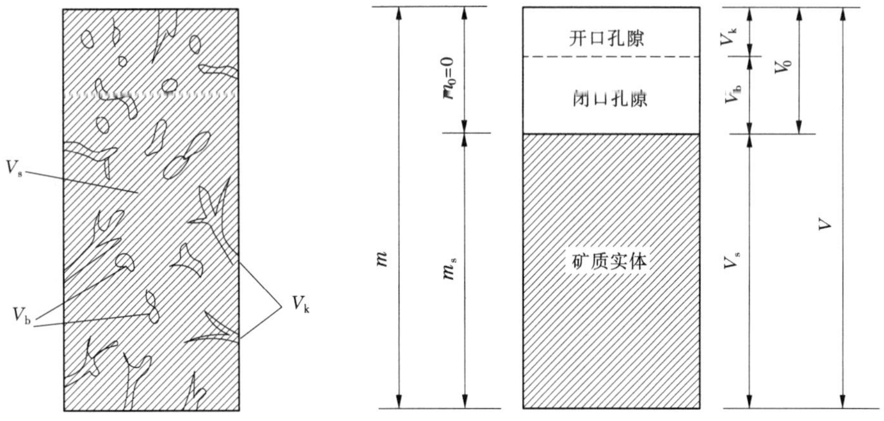

（a）石料组成结构外观示意　　（b）石料质量与体积关系

图 1-1　石料组成结构示意

1. 物理常数

物理常数反映石料的组成结构状态，与石料的技术性质联系很密切。在道路桥梁工程中，石料最常用的物理常数主要有颗粒密度、块体密度、孔隙率等。下面介绍岩石物理常数的概念及公式。

1）颗粒密度

石料的颗粒密度是岩石在烘干状态下的固体矿物颗粒部分的质量与其体积的比值。根据置换原理，石料的颗粒密度可按式（1-1）表示。

$$\rho_t = \frac{m_s}{V_s} \tag{1-1}$$

式中 ρ_t——岩石的颗粒密度，g/cm^3；

m_s——岩石矿质实体的质量，g；

V_s——岩石矿质实体的体积，cm^3。

2）块体密度

块体密度是岩石试件质量与其体积的比值，可按式（1-2）表示。

$$\rho_d = \frac{m_s}{V_k + V_b + V_s} = \frac{m_s}{V} \tag{1-2}$$

式中 ρ_d——岩石的块体密度，g/cm^3；

V_k、V_b——岩石开口孔隙和闭口孔隙的体积，cm^3；

其他符号意义同前。

3）孔隙率

岩石的孔隙率是指岩石孔隙体积占岩石总体积（包括孔隙体积在内）的百分率，可按式（1-3）表示。

$$n = \left(1 - \frac{\rho_d}{\rho_t}\right) \times 100 \tag{1-3}$$

式中 n——岩石的孔隙率（%）；

ρ_t——岩石的颗粒密度，g/cm^3；

ρ_d——岩石的块体密度，g/cm^3。

2. 吸水性

岩石的吸水性是指岩石在规定条件下吸水的能力，采用吸水率和饱和吸水率来表征。

1）吸水率

岩石吸水率是指在规定条件下，岩石试样最大的吸水质量与烘干试件质量之比，以百分数表示，可按式（1-4）计算。

$$\omega_a = \frac{m_1 - m}{m} \times 100 \tag{1-4}$$

式中 ω_a——岩石吸水率（%）；

m——烘至恒重时的试件质量，g；

m_1——吸水至恒重时的试件质量，g。

2)饱和吸水率

岩石的饱和吸水率是指在强制条件下,岩石试样最大的吸水质量与烘至恒重时岩石试样质量之比,以百分数表示,可按式(1-5)计算。

$$\omega_{\text{sat}} = \frac{m_2 - m}{m} \times 100 \tag{1-5}$$

式中　ω_{sat}——岩石饱和吸水率(%);

m_2——试件经强制饱和后的质量,g;

其他符号意义同前。

在一定程度上,这些物理常数用于表征石料的内部组成结构,并为混合料组成设计提供最原始的资料。

检测项目一　颗粒密度试验

1. 目的和适用范围

岩石的颗粒密度是评价岩体稳定性、确定围岩压力等必需的参数。本试验采用比重瓶法,适用于各类岩石。

2. 仪器设备

密度试验所需主要仪器见图1-2。

(1)比重瓶:短颈量瓶,容积100 mL。

(2)天平:感量0.001 g。

(3)手锤、粉碎机、瓷研钵或玛瑙研钵、磁铁和孔径为0.25mm的筛子。

(4)恒温水槽(灵敏度±1 ℃)、煮沸设备或真空抽气设备。

(5)烘箱:能使温度控制在105~110 ℃。

(6)干燥器:内装氯化钙或硅胶等干燥剂。

(7)温度计(量程0~50 ℃,分度值0.5 ℃)、漏斗、瓷皿、滴管等。

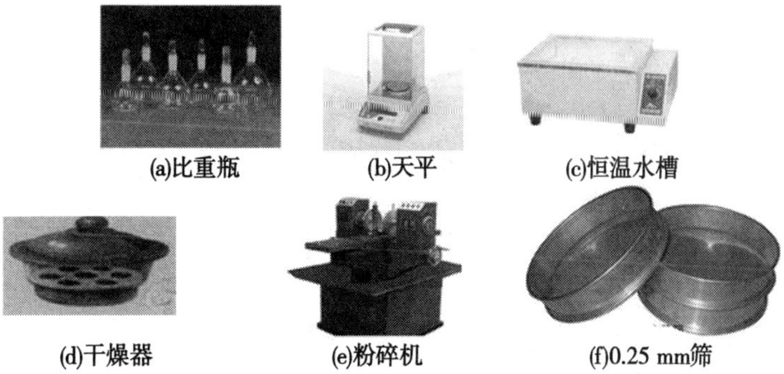

(a)比重瓶　(b)天平　(c)恒温水槽

(d)干燥器　(e)粉碎机　(f)0.25 mm筛

图1-2　密度试验所需主要仪器

3. 试件制备

(1)将代表性岩石试样用手锤敲成约5 mm的角砾,再放入粉碎机内粉碎成岩粉,并使岩粉全部通过0.25 mm筛孔,用磁铁吸去岩粉中铁屑。

(2)对含有磁性矿物的岩石,应采用瓷研钵或玛瑙研钵粉碎岩样,并使岩粉全部通过

0.25 mm 筛孔。

4. 试验步骤

(1)将制备好的岩粉放在瓷皿中,置于温度为 105~110 ℃的烘箱中烘至恒量,烘干时间应不少于6 h,然后置于干燥器中冷却至室温备用。

(2)用四分法取岩粉两份,每份岩粉质量约 15 g。

(3)将称量后的岩粉装入烘干的比重瓶内,注入排除气体的试液(蒸馏水或煤油)至比重瓶容积的一半处,摇动比重瓶,使岩粉分散。对含有可溶盐、亲水性黏土矿物、有机质的岩石,应使用煤油作试液,其他岩石可使用蒸馏水作试液。

(4)用蒸馏水作试液时,可采用煮沸法或真空抽气法排除气体;用煤油作试液时,必须用真空抽气法排除气体。采用煮沸法排除气体时,煮沸后加热时间不应少于 1 h;采用真空抽气法排除气体时,真空压力表读数宜为当地大气压力,抽气应抽至无气泡逸出,但抽气时间不得小于 1 h。

(5)将经过排除气体的试液注入比重瓶中近满,然后置于恒温水槽内,使瓶内温度保持稳定,上部悬液澄清。

(6)塞好瓶塞使多余的试液自瓶塞毛细孔中溢出,擦干瓶外壁,称比重瓶、试液和岩粉总质量 m_3,并测定瓶内悬液的温度,准确至 0.5 ℃。

(7)洗净比重瓶。注入经排除气体并与试验同温度的试液于比重瓶内,按本试验第(5)条和第(6)条规定称比重瓶和试液的总质量 m_2。

5. 结果整理

(1)按式(1-6)计算岩石颗粒密度(计算值精确至 0.01 g/cm³):

$$\rho_t = \frac{m_1}{m_1 + m_2 - m_3} \times \rho_{WT} \tag{1-6}$$

式中 ρ_t ——岩石颗粒密度,g/cm³;

m_1——烘干岩粉质量,g;

m_2——比重瓶与试液的总质量,g;

m_3——比重瓶、试液与岩粉的总质量,g;

ρ_{WT} ——与试验同温度试液的密度,g/cm³。

蒸馏水的密度见附录,煤油的密度由试验测定并由式(1-7)计算:

$$\rho_{WT} = \frac{m_4 - m_0}{m_5 - m_0} \times \rho_w \tag{1-7}$$

式中 m_0——比重瓶的质量,g;

m_4——比重瓶与煤油的总质量,g;

m_5——比重瓶与蒸馏水的总质量,g;

ρ_w ——蒸馏水的密度,g/cm³。

(2)颗粒密度试验应进行两次平行试验,并以两次试验结果的算术平均值作为测定值,两次试验结果之差大于 0.02 g/cm³ 时,应重新取样进行试验。

6. 工程实例

岩石颗粒密度试验记录见表 1-8。

表 1-8　岩石颗粒密度试验记录

工程名称：××高速公路路基工程　　　　合同编号：辽高××合字 2024 第 8 号

承包单位	×××局集团有限公司	委托单编号	LJ××-SS-MD-××
委托单位	×××集团有限公司×××项目经理部	分项工程	挡土墙
监理单位	辽宁××监理有限公司	试验者	×××
试验单位	×××有限公司工程检测中心	校核者	×××
试验规程	JTG 3431—2024	试验日期	2024-06-07
试样描述	石灰岩	报告日期	2024-06-08
岩石产地	×××	用途	用于砌筑工程
试液温度/℃	20	试液密度/(g/cm³)	0.998 22

试验次数	试样的烘干质量/g	试样、试液与瓶总质量/g	试液与瓶总质量/g	岩石颗粒密度/(g/cm³)	
				个别值	平均值
1	15.001	88.359	78.720	2.79	2.79
2	15.002	95.345	85.713	2.79	

结论：	技术负责人意见： 签名：
监理(督)工程师意见： 签名：	试验室盖章：

检测项目二　块体密度

1. 目的和适用范围

岩石块体密度根据岩石含水状态可分为烘干块体密度、饱和块体密度和天然块体密度。岩石块体密度试验方法可分为量积法、水中称量法和蜡封法。量积法适用于能制备成规则试件的各类岩石；水中称量法适用于除遇水崩解、溶解和干缩湿胀外的其他各类致密岩石；蜡封法适用于不能用量积法或直接在水中称量进行试验的岩石。

2. 仪具与材料

(1) 钻石机、切石机、磨石机、砂轮机等试件加工设备。

(2) 静水天平：分度值不低于 0.01 g[见图 1-3(a)]。

(3) 烘箱：能使温度控制在 105~110 ℃。

(4) 石蜡及熔蜡设备。

(5) 水中称量装置。

(6)游标卡尺：分度值不低于 0.02 mm[见图 1-3(b)]。

(7)干燥器：内装氯化钙或硅胶等干燥剂。

(8)测量平台。

(a)静水天平

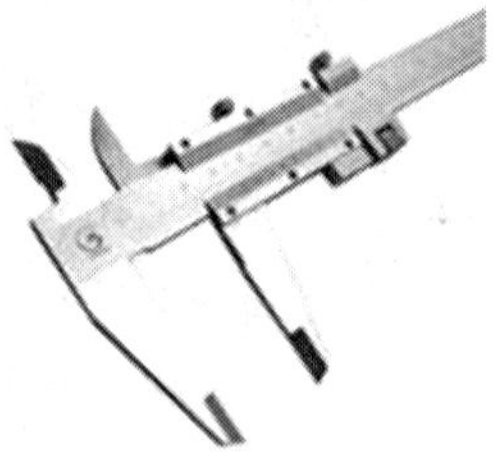

(b)游标卡尺

图 1-3　块体密度试验所需静水天平及游标卡尺

3. 试件制备

(1)量积法试件：试件尺寸应大于岩石最大矿物颗粒直径的 10 倍，最小尺寸不宜小于 50 mm；试件可采用圆柱体、方柱体或立方体。

(2)水中称量法试件：试件可采用规则或者不规则形状；试件尺寸应大于组成岩石最大矿物颗粒粒径的 10 倍；每个试件质量不宜小于 150 g。

(3)蜡封法试件：将岩样制成边长或直径 40~60 mm 的浑圆状或近似立方体；测定天然密度的试件，在岩样拆封后，应在设法保持天然湿度的条件下，迅速制件、称量和密封。

(4)测干密度时，每组试验试件数量为 3 个；用蜡封法测天然密度或饱和密度时，每组试验试件数量为 5 个。

4. 量积法

(1)量测试件的直径或边长：用游标卡尺量测试件两端和中间 3 个断面上互相垂直的两个方向的直径或边长，按平均值计算截面面积。

(2)量测试件的高度：用游标卡尺量测试件两端面周边对称 4 点和中心点的 5 个高度，计算高度平均值。

(3)测定天然密度：应将加工好的试件放入烘箱内，控制在 105~110 ℃温度下烘 24 h 后，取出放入干燥器内冷却至室温，称试件烘干后的质量 m_d，测定饱和密度时，应将加工好的试件预先强制饱和，再取出并擦去表面水分称量试件强制饱和后的质量。

(4)测定饱和密度：试件强制饱和可采用煮沸法或真空抽气法。当采用煮沸法时，容器内的水面应始终高于试件煮沸时间不应少于 6 h，经煮沸的试件应放置在原容器中冷却至室温备用。当采用真空抽气法时，容器内的水面应始终高于试件，真空压力表读数宜为当地气压值抽气至无气泡逸出时的读数，但抽气时间不应少于 4 h，经真空抽气的试件，应放置在原容器中，在大气压力下静置至少 4 h 备用。

(5)长度量测准确至 0.02 mm，称量准确至 0.01 g。

5. 水中称量法

(1)水中称量法测定岩石块体干密度、天然密度、饱和密度的前期试验步骤应符合量积法第(3)条的规定；试件饱和方法应符合量积法第(4)条的规定。

(2)将经煮沸法或真空抽气法饱和的试件置于水中称量装置上，在试验用水中称量 m_w。

(3)称量准确至 0.01g。

6. 蜡封法

(1)蜡封法测定岩石块体干密度、天然密度的前期试验步骤应符合量积法第(3)条的规定。

(2)将试件系上细线，置于温度为 60 ℃左右的熔蜡中 1~2 s，使试件表面均匀涂上一层蜡膜，其厚度约 1 mm，当试件上蜡膜有气泡时，应用热针刺穿并用蜡液涂平。待冷却后称蜡封试件质量 m_1。

(3)将蜡封试件置于试验用水中称量 m_2。

(4)取出试件，应擦干表面水分后再次称量。当浸水后的蜡封试件质量增加时，应重做试验。

(5)天然密度试件在剥除密封蜡膜后，应测定岩石含水率。

(6)称量准确至 0.01 g。

7. 结果整理

(1)量积法岩石块体密度按式(1-8)~式(1-10)计算：

$$\rho_0 = \frac{m_0}{AH} \tag{1-8}$$

$$\rho_{sa} = \frac{m_{sa}}{AH} \tag{1-9}$$

$$\rho_d = \frac{m_d}{AH} \tag{1-10}$$

式中　ρ_0——天然密度，g/cm³；

ρ_{sa}——饱和密度，g/cm³；

ρ_d——干密度，g/cm³；

m_0——试件烘干前的质量，g；

m_{sa}——试件强制饱和后的质量，g；

m_d——试件烘干后的质量，g；

A——试件截面面积，cm²；

H——试件高度，cm。

(2)水中称量法岩石块体密度按式(1-11)~式(1-13)计算：

$$\rho_0 = \frac{m_0}{m_{sa} - m_w}\rho_w \tag{1-11}$$

$$\rho_{sa} = \frac{m_{sa}}{m_{sa} - m_w}\rho_w \tag{1-12}$$

$$\rho_d = \frac{m_d}{m_{sa} - m_w}\rho_w \tag{1-13}$$

式中 m_w——试件强制饱和后在试验用水中的质量,g;

ρ_w——试验用水的密度,g/cm³,可取 1 g/cm³;

其他符号意义同前。

(3)蜡封法岩石块体密度按式(1-14)、式(1-15)计算:

$$\rho_0 = \frac{m_0}{\dfrac{m_1 - m_2}{\rho_w} - \dfrac{m_1 - m_0}{\rho_N}} \tag{1-14}$$

$$\rho_d = \frac{m_d}{\dfrac{m_1 - m_2}{\rho_w} - \dfrac{m_1 - m_d}{\rho_N}} \tag{1-15}$$

式中 m_1——蜡封试件质量,g;

m_2——蜡封试件在试验水中的质量,g;

ρ_N——石蜡的密度,g/cm³。

(4)试验结果精确至 0.01 g/cm³。

(5)试验记录。

内容包括:项目名称、工程名称、取样地点、岩石名称、试验编号、试件编号、试件描述、试验方法、试件在各种含水状态下的质量、试件水中称量、试件尺寸、石蜡密度、试验人员、试验日期。

8. 工程实例

岩石块体密度试验记录(水中称量法)见表 1-9。

表 1-9 岩石块体密度试验记录

工程名称:××高速公路路基工程　　　　合同编号:辽高××合字 2024 第 9 号

承包单位	中××集团有限公司		委托单编号	LJ××-SS-MD-××
委托单位	中××有限公司××项目经理部		分项工程	挡土墙
监理单位	辽宁××监理有限公司		试验者	××××
试验单位	××××集团有限公司工程检测中心		校核者	××××
试验规程	JTG 3431—2024		试验日期	2024-07-07
试样描述	石灰岩		报告日期	2024-07-10
岩石产地	×××	用途	砌筑工程	
水温度/℃	20	水的密度/(g/cm³)	0.998 22	

续表 1-9

<table>
<tr><th rowspan="2">试件编号</th><th rowspan="2">干燥试件的质量/g</th><th rowspan="2">吸水饱和试件的质量/g</th><th rowspan="2">吸水饱和试件在水中的质量/g</th><th rowspan="2">石料体积/cm³</th><th colspan="2">块体密度/(g/cm³)</th></tr>
<tr><th>个别值</th><th>平均值</th></tr>
<tr><td>1</td><td>230.68</td><td>232.46</td><td>147.65</td><td>85.0</td><td>2.71</td><td rowspan="3">2.72</td></tr>
<tr><td>2</td><td>246.84</td><td>248.56</td><td>157.57</td><td>91.1</td><td>2.71</td></tr>
<tr><td>3</td><td>258.46</td><td>260.47</td><td>166.04</td><td>94.6</td><td>2.73</td></tr>
<tr><td colspan="2">岩石颗粒密度/(g/cm³)</td><td colspan="2">2.79</td><td colspan="2">孔隙率/%</td><td>2.50</td></tr>
<tr><td colspan="4">结论：</td><td colspan="3">技术负责人意见：
签名：</td></tr>
<tr><td colspan="4">监理(督)工程师意见：
签名：</td><td colspan="3">试验室盖章：</td></tr>
</table>

(二)力学性质及试验检测

桥涵工程所用石料除要具备抗压、抗拉、抗剪等强度外,还应具备抗磨、抗冲击性等性能。抗磨性能包括抗磨耗和抗磨光两部分性能,将在粗集料性质中进行讨论。

石料的单轴抗压强度是反映其力学性质的重要指标。石料的单轴抗压强度值取决于石料的组成结构及试验条件。

检测项目一　石料单轴抗压强度试验

石料单轴抗压强度

1. 目的和适用范围

单轴抗压强度试验是测定规则形状岩石在无侧限条件下,受轴向压力作用破坏时,单位面积上所承受的载荷,主要用于岩石的强度分级和岩性描述。

本试验适用于能制成规则试件的各类岩石。

2. 仪具与材料

(1)材料试验机:示值误差不超过±1%,如图 1-4(a)所示。

(2)钻石机、切石机[见图 1-4(b)]、磨石机等岩石试件加工设备。

(3)测量平台。

(4)游标卡尺:量程 200 mm,分度值 0.02 mm。

(5)直角尺、放大镜等试件检查设备。

(6)烘箱、干燥器和饱和设备等。

3. 试件制备

(1)试件可用岩芯或岩块加工制成。在采取、运输岩样或制备试件时应避免产生人

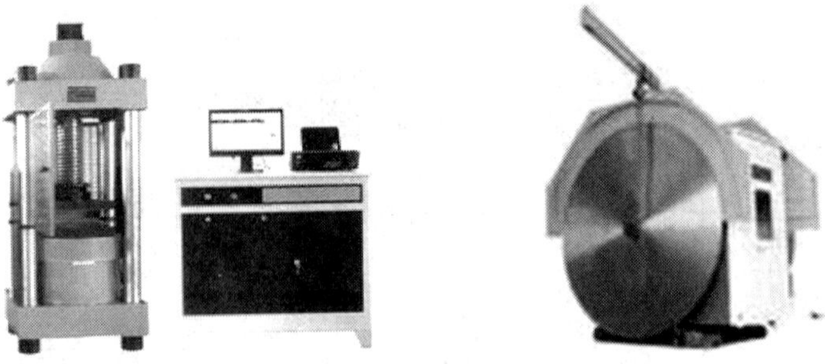

(a)万能试验机　　(b)切石机

图 1-4　材料试验机及切石机

为裂隙。对于各向异性的岩石,应按要求的方向制备试件;对于干缩湿胀和遇水崩解的岩石,应采用干法制备试件。

(2)试件尺寸。

①岩石试验采用圆柱体作为标准试件,直径为(50±2)mm,高度与直径之比为2.0。

②砌体工程用的石料试验,采用立方体试件,边长取(70±2)mm。

③混凝土骨料试验,采用圆柱体或立方体试件,边长或直径取(50±2)mm。

(3)试件的含水状态可根据需要选择烘干状态、天然状态、饱和状态、冻融循环后状态、干湿循环后状态。

(4)当单独测定单轴抗压强度时,不同状态每组试件为6个;当测定软化系数时,烘干状态和饱和状态下的试件个数分别为3个。

4. 试验步骤

(1)用游标卡尺量取试件尺寸:对立方体试件,在顶面和底面各量取其边长,以各个面上相互平行的两个边长的算术平均值计算其承压面积;对圆柱体试件,在顶面和底面分别测量两个相互正交的直径,并以其各自的算术平均值分别计算底面和顶面的面积,取其顶面和底面面积的算术平均值作为计算抗压强度所用的截面面积 A。测量准确至0.1 mm。

(2)按岩石强度性质,选定合适的材料试验机。将试件置于材料试验机的承压板中心,对正上、下承压板,不得偏心,承压板边长不大于2倍试件边长,垫板面积等于或略小于承压板面积,厚度为2~3 cm。

(3)开动材料试验机,使试件端面与上、下承压板接触均匀密合,然后在试件周围挂上铁丝网或有机玻璃防护罩。

(4)以0.5~1.0 MPa/s的速率进行加载,直至破坏,记录破坏载荷 P 及加载过程中出现的现象。对于软质岩应适当降低加载速率。

(5)试验结束后,应描述试件的破坏形态。

5. 结果整理

(1)标准试件的岩石单轴抗压强度 R 按式(1-16)计算:

$$R = \frac{P}{A} \tag{1-16}$$

式中　R——岩石的单轴抗压强度,MPa;

P——试件破坏时的极限荷载,N;

A——试件的截面面积,mm^2。

(2)岩石的软化系数按式(1-17)计算:

$$K_P = \frac{R_C}{R_d} \tag{1-17}$$

式中　K_P——软化系数;

R_C——岩石饱和状态下的单轴抗压强度平均值,MPa;

R_d——岩石烘干状态下的单轴抗压强度平均值,MPa。

(3)单轴抗压强度试验结果取算术平均值,并取3位有效数字。有显著层理的岩石应分别报告垂直与平行层理方向的试验结果及各向异性指标。

软化系数计算值精确至0.01,每个状态的3个试件应平行测定,取算术平均值;3个值中最大值与最小值之差不应超过平均值的30%,否则,应另取第4个试件,并在4个试件中取最接近的3个值的平均值作为试验结果,同时在报告中将4个值全部给出。

(三)耐久性及试验检测

石料的耐久性指它的抗冻性。石料的耐久性是指石料抵抗自身和自然环境双重因素长期破坏作用的能力,即保证其经久耐用的能力。石料的耐久性采用抗冻性和坚固性试验进行评价。抗冻性试验是指试件在浸水条件下,经多次冻结与融化交替作用后测定试件的质量损失率及单轴饱水抗压强度的变化。抗冻性用冻融系数和质量损失系数来表示。冻融系数是冻融试验后的试件饱水抗压强度与冻融试验前的试件饱水抗压强度的比值;质量损失系数是冻融试验前后的试件干质量差与冻融试验前试件干质量的比值,用百分数表示。

检测项目一　石料抗冻性试验

1. 目的和适用范围

岩石的抗冻性是用来评估岩石在饱和状态下经受规定次数的冻融循环后抵抗破坏的能力,岩石抗冻性对于不同的工程环境气候有不同的要求。本试验采用直接冻融法,适用于能制成规则试件的各类岩石。

2. 仪具与材料

(1)切石机、钻石机及磨石机等岩石试件加工设备。

(2)测量平台、角尺、游标卡尺。

(3)冻融装置:应能控制最低温度达-24 ℃。

(4)天平:分度值0.01 g。

(5)烘箱:能使温度控制在105~110 ℃。

(6)干燥器:内装氯化钙或硅胶等干燥剂。

(7)试件饱和及融解设备。

(8)白铁皮盒和铁丝架。

(9)材料试验机。

3. 试件制备

(1)要求与单轴抗压强度规定一致。

(2)每组试件应为6个。

4. 试验步骤

(1)将试件编号,测量每个试件的尺寸,计算受压面积。将试件放入烘箱,在105~110 ℃下烘24 h,取出放入干燥器内冷却至室温,称试件干质量m_d。

(2)使试件强制吸水饱和,取出擦去表面水分,放在铁盘中备用,试件与试件之间应留有一定间距。

(3)取3个经过强制饱和的试件测定冻融前的饱和单轴抗压强度R_c。

(4)另外3个经强制饱和的试件,待冻融装置温度下降到-18 ℃以下时,将铁盘连同试件一起放入冻融装置,并立即开始计时。在(-20±2)℃温度下,冻结4 h后取出试件,放入(20±2)℃的恒温水中融解4 h,如此反复冻融至规定次数。冻融循环次数应根据工程需要而定,严寒地区(最冷月的月平均气温低于-15 ℃)为25次;寒冷地区(最冷月的月平均气温-15~-5 ℃)为15次。

(5)每隔一定的冻融循环次数,详细检查各试件有无剥落、裂缝、分层及掉角等现象并记录检查情况。

(6)称量冻融试验后的试件饱水质量m'_f,再将其烘干至恒量,称其质量m_f,并按抗压强度试验方法测定冻融试验后的试件饱水抗压强度R_f。

(7)称量准确至0.01 g。

5. 结果整理

(1)按式(1-18)计算岩石冻融后的质量损失率,试验结果精确至0.1%。

$$L=\frac{m_d - m_f}{m_d}\times 100 \tag{1-18}$$

式中 L——冻融后质量损失率(%);

m_d——冻融试验前烘干试件质量,g;

m_f——冻融试验后烘干试件质量,g。

冻融后的质量损失率取3个试件试验结果的算术平均值。

(2)岩石冻融后的吸水率按式(1-19)计算,试验结果精确至0.1%。

$$\omega'_{sa}=\frac{m'_f - m_f}{m_f}\times 100 \tag{1-19}$$

式中 ω'_{sa}——岩石冻融后的吸水率(%);

m'_f——冻融试验后的试件饱水质量,g。

(3)按式(1-20)计算岩石冻融系数,试验结果精确至0.01。

$$K_f=\frac{\overline{R_f}}{\overline{R_c}} \tag{1-20}$$

式中　K_f——冻融系数；

$\overline{R}_f$——经若干次冻融试验后的试件平均饱和单轴抗压强度，MPa；

$\overline{R}_c$——未经冻融试验的试件平均饱水单轴抗压强度，MPa。

判断岩石抗冻性能好坏的标准有三个指标，即冻融后强度变化、质量损失、外形变化。一般抗冻性系数大于75%，质量损失率小于2%，为抗冻性好的岩石；吸水率小于0.5%，软化系数大于0.75及饱水系数小于0.8的岩石，具有足够的抗冻能力。对于一般公路工程，依据上述标准来确定是否需要进行岩石的抗冻性试验。

(4)取3个试件试验结果的算术平均值作为测定值。

(四)化学性质

石料的化学性质很大程度上影响着混合料的物理力学性质。在沥青混合料中，由于矿质集料的化学性质变化，对沥青混合料的物理力学性质起着极为重要的作用。按 SiO_2 含量的多少将岩石划分为酸性岩石、碱性岩石及中性岩石。岩石化学组成中 SiO_2 含量大于65%的岩石称为酸性岩石，SiO_2 含量在52%~65%的岩石称为中性岩石，SiO_2 含量小于52%的岩石称为碱性岩石。为保证沥青混合料的强度，在选择岩石时应优先考虑采用碱性岩石，当地缺乏碱性岩石而必须采用酸性岩石时，可掺加抗剥剂以提高沥青与岩石的黏性。

任务二　集　料

一、集料的概念及分类

集料

集料是在混合料中起骨架和填充作用的粒料，包括碎石、砾石、机制砂、石屑、天然砂等。集料按来源分为天然开采的、人工轧制及工业冶金矿渣等。按照粒径的大小和所起的作用不同，工程上以粒径的大小为界，通常将集料分粗集料和细集料。在水泥混凝土中粗集料是指粒径大于4.75 mm的碎石、砾石、破碎砾石；细集料是指粒径小于4.75 mm的天然砂、人工砂。在沥青混合料中，粗集料是指粒径大于2.36 mm的碎石、破碎砾石、筛选砾石和矿渣等；细集料是指粒径小于2.36 mm的天然砂、人工砂(包括机制砂)及石屑等。在沥青混合料中起填充作用的、粒径小于0.075 mm的矿物质粉末，称为填料，通常是指石灰岩等碱性料加工磨细得到的矿粉，水泥、消石灰、粉煤灰等矿物质有时也可作为填料使用。涉及集料的一些概念如下。

砾石：是指风化岩石经水流长期搬运而成的粒径大于4.75 mm的岩石颗粒。

碎石：是由天然岩石(或卵石)经机械破碎、筛分而得的粒径大于4.75 mm的岩石颗粒。

天然砂：由自然风化、水流冲刷、堆积形成的，粒径小于4.75 mm的岩石颗粒，按产源分河砂、海砂、山砂等。

人工砂：经人为加工处理得到的符合规格要求的细集料，通常指石料加工过程中采取真空抽吸等方法除去大部分土和细粉，或将石屑水洗得到的洁净细集料。从广义上分类，机制砂、矿渣砂和煅烧砂都属于人工砂。

机制砂：由碎石及砾石经制砂机反复破碎加工至粒径小于 2. 36 mm 的人工砂，亦称破碎砂。

石屑：指石场加工碎石时通过最小孔径（2. 36 mm 或 4. 75 mm）的筛下部分，也称筛屑。

矿粉：由石灰岩等碱性石料经磨细加工得到的，在沥青混合料中起填料作用的以碳酸钙为主要成分的矿物质粉末。

标准筛：对颗粒性材料进行筛分试验用的符合标准形状和尺寸规格要求的系列样品筛。标准筛筛孔为正方形（方孔筛），筛孔尺寸依次为 75 mm、63 mm、53 mm、37. 5 mm、31. 5 mm、26. 5 mm、19 mm、16 mm、13. 2 mm、9. 5 mm、4. 75 mm、2. 36 mm、1. 18 mm、0. 6 mm、0. 3 mm、0. 15 mm、0. 075 mm。

集料最大粒径：指集料的 100%都要求通过的最小的标准筛筛孔尺寸。

集料公称最大粒径：指集料可能全部通过或允许有少量不通过（一般容许筛余不超过 10%）的最小标准筛筛孔尺寸。通常比集料最大粒径小一个粒级。

二、集料的技术性质及试验检测

细集料技术性质

集料的技术性质可分为物理性质、力学性质及化学性质等。

（一）物理性质

集料是散状矿质颗粒的混合物，包括矿质实体、矿质间孔隙及矿质颗粒间的空隙。其体积和质量关系如图 1-5 所示。

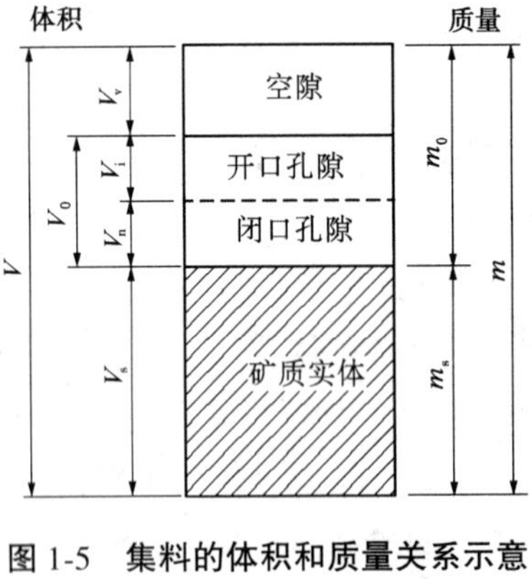

图 1-5 集料的体积和质量关系示意

1. 表观密度

表观密度也称视密度，是单位体积（含材料的实体矿物成分和闭口孔隙体积）物质颗粒的干质量，按式（1-21）计算：

$$\rho_a = \frac{m_s}{V_s + V_n} \tag{1-21}$$

式中　ρ_a——集料的表观密度,g/cm^3;

m_s——矿质集料烘干质量,g;

V_s——矿质实体体积,cm^3;

V_n——矿质实体中闭口孔隙体积,cm^3。

表观密度的测定方法,粗集料采用网篮法;当颗粒较小时可采用容量瓶法;细集料(主要指天然砂、石屑、机制砂)采用容量瓶法,仅适用于含有少量大于2.36 mm颗粒的细集料。

2. 毛体积密度

毛体积密度是指单位体积(含材料的实体矿物成分及其闭口孔隙、开口孔隙等颗粒表面轮廓线所包围的毛体积)物质颗粒的干质量。

毛体积密度测定采用网篮法或容量瓶法,按式(1-22)计算:

$$\rho_b = \frac{m_s}{V_s + V_n + V_i} = \frac{m_s}{V_s + V_0} \tag{1-22}$$

式中　ρ_b——集料毛体积密度,g/cm^3;

V_i——矿质实体中开口孔隙体积,cm^3;

其他符号意义同前。

3. 堆积密度

集料的堆积密度是指单位体积(含物质颗粒固体及其闭口孔隙体积、开口孔隙体积及颗粒间空隙体积)物质颗粒的质量。集料的堆积密度有松散堆积密度和振实堆积密度,按式(1-23)计算:

$$\rho = \frac{m_s}{V_s + V_n + V_i + V_v} = \frac{m_s}{V} \tag{1-23}$$

式中　ρ——集料的堆积密度,g/cm^3;

V_v——矿质实体颗粒间空隙体积,cm^3;

其他符号意义同前。

4. 集料空隙率

集料空隙率是提集料的颗粒之间空隙体积占集料体积(含材料的实体矿物成分、闭口孔隙和开口孔隙中尚未完全被水填充的孔隙体积)的百分比,按式(1-24)计算:

$$n = \frac{V_v + V_i}{V} \tag{1-24}$$

空隙率也可用堆积密度和表观密度表示,按式(1-25)计算:

$$n = \left(1 - \frac{\rho}{\rho_a}\right) \times 100\% \tag{1-25}$$

式中　n——粗集料的空隙率;

ρ_a——粗集料的表观密度,g/cm^3;

ρ——粗集料的自然(或紧密)堆积密度,g/cm^3。

(二)集料的物理性质试验检测

检测项目一　粗集料密度及吸水率试验(网篮法)

粗集料密度试验(网篮法)

1. 目的与适用范围

本方法适用于测定各种粗集料的表观相对密度、表干相对密度、毛体积相对密度、表观密度、表干密度、毛体积密度及吸水率。

2. 仪具与材料

(1)浸水天平[见图1-6(a)]:可悬挂吊篮测定试样的水中质量,感量不大于称量质量的0.1%。

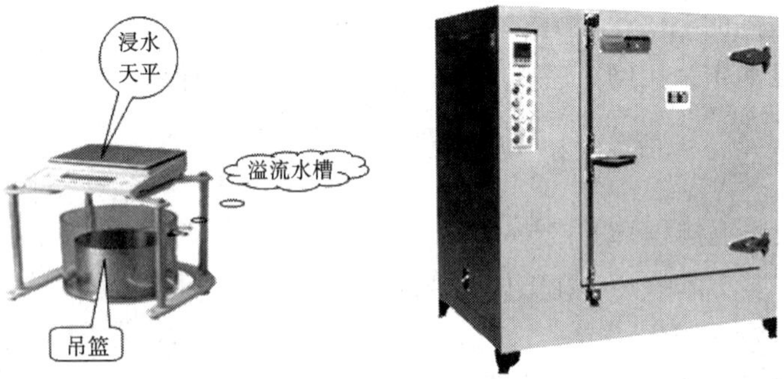

(a)浸水装置　　(b)烘箱

图1-6　浸水装置与烘箱

(2)吊篮:由耐锈蚀材料制成,直径、高度不小于150 mm的网篮,四周及底部为1~2 mm的筛网或密集孔眼;或者由耐锈蚀材料制成,直径不小于200 mm、孔径不大于1.18 mm的筛网。

(3)溢流水槽:有溢流孔,能够使水面保持恒定高度;耐锈蚀材料制成的水槽,容积应足够大;挂上吊篮,加水至溢流孔位置时,应保证吊篮底部与水槽底部、四周侧壁间距均不小于50 mm。

(4)烘箱[见图1-6(b)]:恒温(105±5)℃。烘干能力不小于25 g/h。烘干能力验证方法:清空烘箱,1 L玻璃烧杯盛500 g水[起始水温为(20±1)℃]放入烘箱,在(105±5)℃烘干4 h,计算每个小时水质量损失。应检验烘箱中各支撑架的四角及中部。

(5)吸湿软布:纯棉制毛巾,或纯棉的汗衫布等。

(6)温度计:量程0~50 ℃,分度值0.1 ℃;量程0~200 ℃,分度值1 ℃。

(7)试验筛:孔径为4.75 mm、2.36 mm的方孔筛。

(8)盛水容器:浸泡试样用容器,如不锈钢的金属盆。

(9)吊线:耐锈蚀、不吸湿的细线,连接浸水天平和吊篮;线直径不大于1 mm,其长度应该保证水槽加水至溢流孔位置时,吊篮顶部离水面距离不小于50 mm。

(10)恒温水槽:恒温(23±2)℃。

(11)试验用水:饮用水,使用之前煮沸后冷却至室温。

(12)其他:金属盘、刷子等。

3. 试验准备

(1)将样品用 4.75 mm 试验筛(对于 3~5 mm、3~10 mm 集料,采用 2.36 mm 试验筛)充分过筛,取筛上颗粒缩分至表 1-10 要求质量的试样两份。

表 1-10　粗集料密度及吸水率(网篮法)试验的试样质量

公称最大粒径/mm	4.75	9.5	13.2	16	19	26.5	31.5	37.5	53	63	75
每一份试样的最小质量/kg	0.5	1.0	1.0	1.1	1.3	1.8	2.0	2.5	4.0	5.5	8.0

(2)将试样浸泡在水中,借助金属丝刷将试样颗粒表面洗刷干净,经多次漂洗至水清澈。清洗过程中不得散失颗粒。

(3)样品不得烘干处理。经过拌和楼等加热后的样品,试验之前,应室温条件下放置不少于 12 h。

4. 试验步骤

(1)将试样装入盛水容器中,注入洁净的水,水面应高出试样 20 mm;搅动试样,排除附着试样上的气泡。浸水(24±0.5)h[可在室温下浸水后,再移入(23±2)℃恒温水槽继续浸水。其中恒温水槽浸水不少于 2 h]。

(2)将吊篮用细线挂在天平的吊钩上,浸入溢流水槽中,向水槽中加水至吊篮完全浸没,吊篮顶部至水面距离不小于 50 mm。用上、下升降吊篮的方法排除气泡,吊篮每秒升降约 1 次,升降 25 次,升降高度约 25 mm,且吊篮不得露出水面。也可以采用其他方法去除气泡。向水槽中加水至水位达到溢流孔位置;待天平读数稳定后,将天平调零。试验过程中水槽水温稳定在(23±2)℃。

(3)将试样移入吊篮中,按照上述步骤(2)相同方法排除气泡。待水槽中水位达到溢流孔位置、天平读数稳定后,称取试样水中质量(m_w)。

(4)提起吊篮,稍沥干水后,将试样完全移至拧干的软布上,用另外一条软布在试样表面搓滚,吸走颗粒表面及颗粒之间的自由水,至颗粒表面自由水膜消失、看不到发亮的水迹,即为饱和面干状态。对较大粒径的粗集料,宜逐颗擦干颗粒表面自由水,此时拧湿毛巾时不要太用劲,防止拧得太干。

(5)擦拭时,既要将颗粒表面自由水擦掉,又不能使颗粒内部水(开口孔隙中吸收的水)散失,因此对擦拭完成的试样,立即称量饱和面干质量(m_f)。如果擦拭过干,则放入水中浸泡约 30 min,再次擦拭。

(6)将集料置于金属盘中,在(105±5)℃的烘箱中烘干至恒重。冷却至室温后称取试样的烘干质量(m_a)。

(7)试验过程中不得丢失试样。

5. 结果整理

(1)试样的表观相对密度、表干相对密度、毛体积相对密度按(1-26)~式(1-28)计算,准确至 0.001。

$$\gamma_a = \frac{m_a}{m_a - m_w} \tag{1-26}$$

$$\gamma_s = \frac{m_f}{m_f - m_w} \tag{1-27}$$

$$\gamma_b = \frac{m_a}{m_f - m_w} \tag{1-28}$$

式中 γ_a——试样的表观相对密度,无量纲;

γ_s——试样的表干相对密度,无量纲;

γ_b——试样的毛体积相对密度,无量纲;

m_a——试样的烘干质量,g;

m_f——试样的表干质量,g;

m_w——试样的水中质量,g。

(2)试样的吸水率按式(1-29)计算,准确至0.01%。

$$w_x = \frac{m_f - m_a}{m_a} \times 100 \tag{1-29}$$

式中 w_x——试样的吸水率,%。

(3)试样的表观密度(视密度)、表干密度、毛体积密度,按式(1-30)~式(1-32)计算,准确至0.001 g/cm³。不同水温条件下测量的粗集料表观密度需进行水温修正,不同试验温度下水的密度ρ_T按表1-11选用。

$$\rho_a = \gamma_a \rho_T \tag{1-30}$$

$$\rho_s = \gamma_s \rho_T \tag{1-31}$$

$$\rho_b = \gamma_b \rho_T \tag{1-32}$$

式中 ρ_a——试样的表观密度,g/cm³;

ρ_s——试样的表干密度,g/cm³;

ρ_b——试样的毛体积密度,g/cm³;

ρ_T—试验温度T时水的密度,g/cm³。

表1-11　不同水温时水的密度ρ_T

水温/℃	15	16	17	18	19	20
水的密度ρ_T/(g/cm³)	0.999 13	0.998 97	0.998 80	0.998 62	0.998 43	0.998 22
水温/℃	21	22	23	24	25	
水的密度ρ_T/(g/cm³)	0.998 02	0.997 80	0.997 57	0.997 33	0.997 07	

(4)取两份试样的测定值算术平均值作为试验结果,相对密度准确至0.001。密度准确至0.001 g/cm³,吸水率准确至0.01%。

6. 允许差值

相对密度和密度重复性试验的允许误差为0.030。吸水率重复性试验的允许误差为0.30%。

7. 工程示例

粗集料密度及吸水率试验(网篮法)记录见表1-12。

表 1-12　粗集料密度及吸水率试验(网篮法)记录

工程名称:×××高速公路路基工程　　　　合同编号:辽高××合字 2024 第 2 号

承包单位	中铁××集团有限公司	委托书编号	LJ××-SS-MD-××
委托单位	中铁××集团有限公司×××项目经理部	分项工程	桥面铺装
监理单位	辽宁省×××监理有限公司	试验者	×××
试验单位	辽宁×××公路工程质量检测检测中心	校核者	×××
试验规程	JTG 3432—2024	试验日期	2024-08-07
试样描述	×××碎石　洁净无杂质	报告日期	2024-08-08
集料用途	水泥混凝土	集料产地	×××

试样编号	124	取样地点	中心拌和站	集料规格	碎石 1-3

试验数据及吸水率

水温/℃	集料水中质量/g	集料表干质量/g	集料烘干质量/g	吸水率单值/%	吸水率平均值/%
18.0	938.5	1 613.3	1 528.7	5.534	5.573
18.0	937.7	1 611.2	1 525.6	5.611	

密度

集料表观相对密度		集料表干相对密度		集料毛体积相对密度		集料表观密度/(g/cm^3)		集料表干密度/(g/cm^3)		集料毛体积密度/(g/cm^3)	
单值	平均值	单值	平均值	单值	平均值	单值	平均值	单值	平均值	单值	平均值
2.590	2.593	2.391	2.392	2.265	2.265	2.586	2.589	2.388	2.389	2.262	2.262
2.595		2.392		2.265		2.591		2.389		2.262	

结论:	技术负责人意见: 签名:
监理(督)工程师签字: 签名:	试验室盖章:

检测项目二　粗集料堆积密度及空隙率试验

1. 适用范围

(1)本方法适用于测定粗集料的松散堆积密度、振实堆积密度和捣实堆积密度及空隙率。

(2)本方法不适用于测定公称最大粒径大于37.5 mm粗集料的捣实堆积密度,此时可用振实堆积密度替代。

2. 仪具与材料

(1)天平:感量不大于称量质量的0.1%。

(2)容量筒:耐腐蚀的金属圆筒,内表面光滑,顶部边缘光滑、水平,且与底部平行,其尺寸应符合表1-13的要求。

(3)平头铁锹、铲子。

表1-13　容量筒的尺寸要求

粗集料公称最大粒径/mm	容量筒容积/L	容量筒规格/mm			筒壁厚度/mm
		内径	净高	底厚	
≤16	3	155±2	160±2	≥5.0	≥2.5
19~26.5	10	205±2	305±2	≥5.0	≥2.5
31.5~37.5	15	255±5	295±5	≥5.0	≥3.0
53~75	30	355±5	305±5	≥5.0	≥3.0

(4)烘箱:能控温(105±5)℃。

(5)振动台:频率为(3 000±200)次/min负荷下的振幅为0.35 mm,空载时的振幅为0.5 mm。

(6)捣棒:直径16 mm、长600 mm、一端为圆头的钢棒。

(7)温度计:量程0~50 ℃,分度值0.1 ℃;量程0~200 ℃,分度值1 ℃。

(8)试验用水:饮用水,使用之前煮沸后冷却至室温。

(9)直尺、玻璃片及直径25 mm圆钢筋。

堆积密度所需仪器见图1-7。

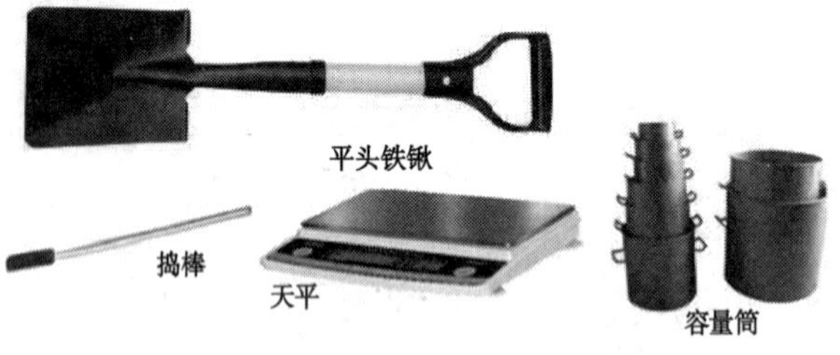

图1-7　堆积密度所需仪器

3. 试验准备

(1)将样品缩分出两份试样,每一份试样的质量应满足填满容量筒所需质量的120%~150%;(105±5)℃烘干至恒重,并冷却至室温。

(2)当测定捣实状态下的粗集料骨架间隙率时,应按配合比中比例取各档粗集料混合成集料混合料,充分混合、搅拌均匀,筛除其中粗集料骨架分界筛孔以下颗粒后缩分试样两组,每组两份。其中一组按试验准备(1)处理,另外一组测定粗集料毛体积密度。

(3)粗集料骨架分界筛孔通常为 4.75 mm、2.36 mm 和 1.18 mm,如 SMA-13、SMA-16、SMA-20 混合料为 4.75 mm,SMA-10 混合料为 2.36 mm,而 SMA-5 混合料为 1.18 mm。

4. 试验步骤

1)松散堆积密度

将容量筒在试验室平台上水平放置。取试样一份,用平头铁锹(或铲子)将试样从容量筒正上方 50 mm 处徐徐倒入,让试样自由下落,当容量筒四周溢满时,即停止加料。用直尺等将多余的试样沿筒口中心线向两个相反方向刮平,并以合适的颗粒填入凹陷空隙使表面稍凸起部分和凹陷部分的体积大致相等;此时不应触动容量筒,且不得挤压容量表面集料。称取试样和容量筒总质量(m_2)。

2)振实堆积密度

(1)人工振实法。

取试样一份,分 3 层装入容量筒。装完第一层后,在容量筒底垫放一根直径为 25 mm 的钢筋,按住筒左右交替颠击地面各 25 下;然后装入第二层,用同样的方法振实(但容量筒底所垫钢筋的方向应与第一层放置方向垂直);再装入第三层,按照同样方法振实。待 3 层试样装填完毕后,按照松散堆积密度步骤再加试样至容量筒四周溢满。用直尺等将多余的试样沿筒口中心线向两个相反方向刮平,并以合适的颗粒填入凹陷空隙,使表面稍凸起部分和凹陷部分的体积大致相等;此时不应触动容量筒,且不得挤压容量筒表面集料。称取试样和容量筒总质量(m_2)。

(2)振动台振实法。

按松散堆积密度试验步骤,将装满试样的容量筒放在振动台上,振动 3 min。按照同样的方法加试样至容量筒四周溢满,用直尺等将多余的试样沿筒口中心线向两个相反方向刮平,并以合适的颗粒填入凹陷空隙,使表面稍凸起部分和凹陷部分的体积大致相等:此时不应触动容量筒,且不得挤压容量筒表面集料。称取试样和容量筒总质量(m_2)。

3)捣实堆积密度

(1)将容量筒在试验室平台上水平放置。取试样一份,分 3 层装入容量筒,每层装入高度约为容量筒 1/3 高度。装完第一层后,用捣棒由边至中均匀捣实 25 次。然后装入第二层,用捣棒均匀地捣实 25 次。

(2)再装入第三层,装料时应该至容量筒四周溢满,用同样方法捣实。每层捣实时,捣棒深度约至该层位的底部;在捣实第一层时,不要太用力至捣棒敲到容量筒底部;捣实第二、三层时,用力可大一些,捣棒应贯入该层位的底部但是不要贯入下层中。

(3)第三层捣实完成后,按照松散堆积密度步骤加试样至容量筒四周溢满。用直尺等将多余的试样沿筒口中心线向两个相反方向刮平,并以合适的颗粒填入凹陷空隙,使表面稍凸起部分和凹陷部分的体积大致相等;此时不应触动容量筒,且不得挤压容量筒表面集料。称取试样和容量筒总质量(m_2)。

4)容量筒容积的标定

(1)称取洁净、干燥的容量筒质量(m_0)。

(2)在容量筒顶部边缘涂抹薄薄的油脂。称取洁净、干燥的容量筒和玻璃片的质量(m_1)。

(3)用(23±2.0)℃水装满容量筒至稍微溢出,用玻璃片沿容量筒表面迅速滑行,紧贴上部边缘水面,玻璃片与水面之间不得有空隙。擦干玻璃片上部及容量筒外壁的水,称取容量筒、玻璃片和水的总质量(m_3)。同时,快速测定容量筒中水的温度 T。

5. 结果整理

(1)容量筒的容积按式(1-33)计算,准确至 0.1 cm^3。

$$V=\frac{m_3-m_1}{\rho_T} \tag{1-33}$$

(2)试样的堆积密度(包括松散堆积密度、振实堆积密度、捣实堆积密度)按式(1-34)计算,准确至 0.001 g/cm^3。

$$\rho_{bl}=\frac{m_2-m_0}{V} \tag{1-34}$$

式中 ρ_{bl}——试样的堆积密度,g/cm^3;

m_0——容量筒的质量,g;

m_1——容量筒与试样的总质量,g;

V——容量筒的容积,cm^3。

(3)试样的空隙率按式(1-35)计算。

$$V_c=(1-\frac{\rho_{bl}}{\rho_a})\times 100 \tag{1-35}$$

式中 V_c——试样的空隙率,%;

ρ_a——粗集料的表观密度,g/cm^3。

(4)试样捣实状态下粗集料骨架间隙率按式(1-36)计算。

$$VCA_{DRC}=\left(1-\frac{\rho_{bl}}{\rho_b}\right)\times 100 \tag{1-36}$$

式中 VCA_{DRC}——捣实状态下粗集料骨架间隙率(%);

ρ_{bl}——粗集料骨架的捣实堆积密度,g/cm^3;

ρ_b——粗集料骨架的毛体积密度,g/cm^3。

(5)取两份试样测定值的算术平均值作为试验结果,堆积密度准确至 0.001 g/cm^3,空隙率准确至 0.1%,粗集料骨架间隙率准确至 0.01%。

(6)允许误差。

堆积密度重复性试验的允许误差为 0.025 g/cm^3。

6. 工程示例

粗集料堆积密度及空隙率试验记录如表 1-14 所示。

表 1-14　粗集料堆积密度及空隙率试验记录

工程名称:××高速公路路基工程　　　　合同编号：辽高××合字 2024 第 2 号

承包单位	中铁××集团有限公司	委托单编号	LJ××-SS-MD-××
委托单位	中铁××集团有限公司××项目经理部	分项工程	桥面铺装、构件浇筑
监理单位	辽宁××监理有限公司	试验者	×××
试验单位	中铁××集团有限公司工程检测中心	校核者	×××
试验规程	JTG 3432—2024	试验日期	2024-07-07
试样描述	×××碎石　洁净无杂质	报告日期	2024-07-08
用途	水泥混凝土	规格	5~20

试样编号	124	集料产地	×××碎石场	代表数量/m^3	380

堆积密度	试验次数	容量筒质量/kg	容量筒和堆积试样总质量/kg	容量筒容积/L	试样的堆积密度/(t/m^3)	
	1	4	33.96	19.772	1.52	1.52
	2	4	33.98	19.772	1.52	

紧装密度	试验次数	容量筒质量/kg	容量筒和紧装试样总质量/kg	容量筒容积/L	试样的紧装密度/(t/m^3)	
	1	4	34.64	19.772	1.55	1.55
	2	4	34.67	19.772	1.55	

空隙率	试验次数	表观密度/(t/m^3)	堆积空隙率/%		振实空隙率/%	
			单值	平均值	单值	平均值
	1	2.760	45	45	44	44
	2	2.760	45		44	

捣实密度及间隙率	试验次数	容量筒质量/kg	容量筒和捣实试样总质量/kg	容量筒容积/L	捣实密度/(t/m^3)		毛体积密度/(t/m^3)	骨架间隙率/%	
					单值	平均值		单值	平均值
	1	4	34.66	19.772	1.55	1.55	2.725	43.0	43.0
	2	4	34.65	19.772	1.55		2.725	43.0	

结论：	技术负责人意见： 签名：
监理(督)工程师签字： 签名：	试验室盖章：

检测项目三　水泥混凝土用粗集料针、片状颗粒含量试验(规准仪法)

1. 适用范围

(1)本方法适用于测定粗集料的针、片状颗粒含量。

(2)本方法测定的针状颗粒是指最大长度与该颗粒相应粒级的平均粒径之比大于 2.4 的颗粒,片状颗粒是指最大厚度与该颗粒相应粒级的平均粒径之比小于 0.4 的颗粒。

(3)本方法主要适合于水泥混凝土用粗集料针、片状颗粒含量测定。

2. 仪具与材料

(1)规准仪:针状规准仪[见图 1-8(a)]和片状规准仪[见图 1-8(b)],尺寸应符合表 1-15 的要求。片状规准仪的钢板基板厚度 3 mm。

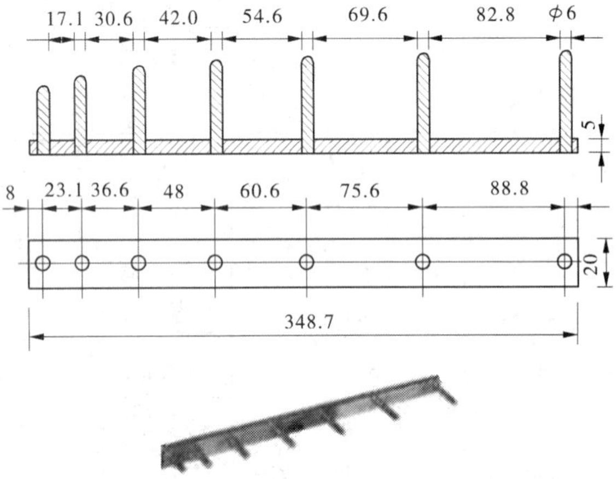

(a)针状规准仪

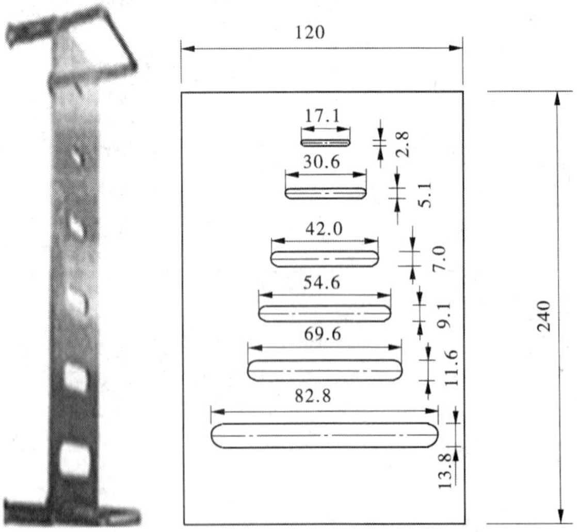

(b)片状规准仪

图 1-8　规准仪　(单位:mm)

表 1-15　粒级划分及其相应的规准仪孔宽或间距

单位:mm

粒级(方孔筛)	4.75~9.5	9.5~16	16~19	19~26.5	26.5~31.5	31.5~37.5
针状规准仪上相对应的立柱之间的间距宽	17.1	30.6	42.0	54.6	69.6	82.8
片状规准仪上相对应的孔宽	2.8	5.1	7.0	9.1	11.6	13.8

(2)天平:感量不大于称量质量的 0.1%。

(3)试验筛:根据集料粒级选用不同孔径的方孔筛,见图 1-9。

(4)卡尺、金属盘等。

图 1-9　标准筛

3. 试验准备

将样品用 4.75 mm 试验筛充分过筛,取筛上颗粒缩分至表 1-16 要求质量的试样一份,烘干或室内风干。

表 1-16　粗集料针状和片状颗粒含量试验的试样质量

公称最大粒径/mm	9.5	13.2	16	19	26.5	31.5	37.5	53	63	75
一份试样的最小质量/kg	0.2	0.4	0.5	1.0	1.7	3	5	12	20	28

4. 试验步骤

(1)取一份试样,称量质量(m_0)。根据表 1-15 规定的粒级,采用干筛法进行充分筛分。

(2)按表 1-15 所规定的粒级,分别用规准仪逐颗检验。凡颗粒长度大于针状规准仪上相应间距的,为针状颗粒;凡颗粒厚度小于片状规准仪上相应孔宽的,为片状颗粒。

(3)对于公称最大粒径大于 37.5 mm 的试样,可采用卡尺逐颗检验。

(4)称量由各粒级挑出的针状颗粒和片状颗粒的总质量为 m_1。

5. 计算

针、片状颗粒含量按式(1-37)计算,精确至 0.1%。

$$Q_{e+f}=\frac{m_1}{m_0}\times 100 \tag{1-37}$$

式中　Q_{e+f}——针、片状颗粒含量(%)；

m_1——试样中针状颗粒与片状颗粒的总质量，g；

m_0——试样总质量，g。

注：如果需要可以分别计算针状颗粒和片状颗粒的含量百分数。

6. 工程示例

粗集料针、片状颗粒含量试验(规准仪法)记录如表1-17所示。

表1-17　粗集料针、片状颗粒含量试验(规准仪法)记录

工程名称：××高速公路路基工程　　　　合同编号：辽高××合字2024第2号

<table>
<tr><td>承包单位</td><td colspan="3">中铁××集团有限公司</td><td>委托单编号</td><td colspan="2">LJ××-SS-ZPZ-××</td></tr>
<tr><td>委托单位</td><td colspan="3">中铁××集团有限公司×××项目经理部</td><td>分项工程</td><td colspan="2">桥面铺装、构件浇筑</td></tr>
<tr><td>监理单位</td><td colspan="3">辽宁××监理有限公司</td><td>试验者</td><td colspan="2">×××</td></tr>
<tr><td>试验单位</td><td colspan="3">中铁××集团有限公司工程检测中心</td><td>校核者</td><td colspan="2">×××</td></tr>
<tr><td>试验规程</td><td colspan="3">JTG 3432—2024</td><td>试验日期</td><td colspan="2">2024-07-07</td></tr>
<tr><td>试样描述</td><td colspan="3">××碎石　洁净无杂质</td><td>报告日期</td><td colspan="2">2024-07-08</td></tr>
<tr><td>集料产地</td><td colspan="2">××碎石场</td><td>试样用途</td><td colspan="3">水泥混凝土</td></tr>
<tr><td>代表数量/m³</td><td>380</td><td>规格/mm</td><td colspan="4">5~20</td></tr>
<tr><td rowspan="2">组号</td><td rowspan="2">试样编号</td><td rowspan="2">取样地点</td><td rowspan="2">试样总质量/g</td><td rowspan="2">针、片状颗粒质量/g</td><td colspan="2">针、片状含量/%</td></tr>
<tr><td>单值</td><td>平均值</td></tr>
<tr><td>1</td><td>1</td><td>中心拌和站</td><td>5 000.0</td><td>102.5</td><td>2.0</td><td rowspan="2">2.0</td></tr>
<tr><td>2</td><td>2</td><td>中心拌和站</td><td>5 000.0</td><td>98.6</td><td>2.0</td></tr>
<tr><td colspan="4">结论：</td><td colspan="3">技术负责人意见：

签名：</td></tr>
<tr><td colspan="4">监理(督)工程师签字：

签名：</td><td colspan="3">试验室盖章：</td></tr>
</table>

检测项目四　粗集料针、片状颗粒含量试验(游标卡尺法)

针、片状颗粒含量试验(游标卡尺法)

1. 目的与适用范围

(1)本方法适用于卡尺法测定粗集料的针、片状颗粒含量。

(2)本方法测定的针、片状颗粒,是指用最大长度与最小厚度之比大于3的颗粒。当采用其他比例时,应在试验报告中注明。

(3)本方法主要适合于沥青混合料、无结合料粒料材料和无机稳定材料用粗集料针片状颗粒含量测定。

2. 仪具与材料

(1)试验筛:根据集料粒级选用不同孔径的方孔筛。

(2)卡尺:可采用常规游标卡尺,精密度为0.1 mm。也可选用固定比例卡尺。

(3)天平:感量不大于称量质量的0.1%

3. 试验步骤

(1)将样品用4.75 mm试验筛充分过筛,取筛上颗粒缩分至表1-16要求质量的试样两份,且每份试样不少于100颗,烘干或室内风干。

(2)取一份试样称取质量(m_0)。

(3)将试样平摊于试验台上,用目测直接挑出接近立方体的颗粒。

(4)如图1-10所示,将疑似针、片状颗粒平放在桌面上呈一稳定的状态。

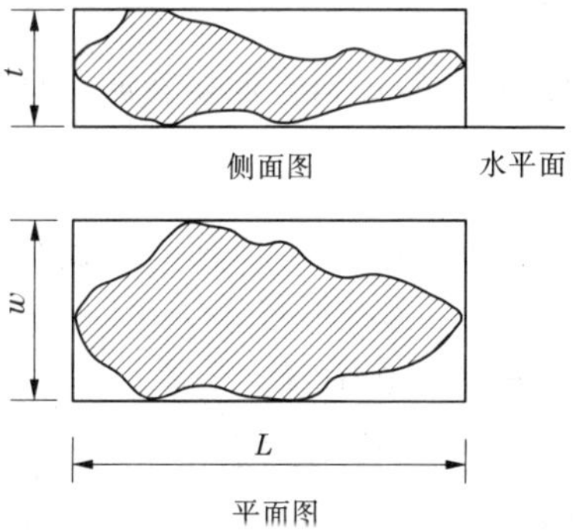

图1-10　颗粒尺寸示意图

平面图中垂直于颗粒长度方向的两个切割颗粒表面的平行平面之间最大距离为颗粒长度L;垂直于宽度方向的两个切割颗粒表面的平行平面之间最大距离为颗粒宽度W;侧面图中垂直于颗粒厚度方向的两个切割颗粒表面的平行平面之间最大距离为颗粒厚度T。各尺寸满足$L \geqslant W \geqslant T$。

(5)用游标卡尺测量颗粒的平面图中轮廓长度L及侧面图中轮廓长度T。当$L/T \geqslant 3$时,判断该颗粒为针、片状颗粒。

(6)当采用固定比例卡尺时,调整比例卡尺,使比例卡尺L方向尺间隙正好与颗粒长度方向轮廓尺寸相等,固定卡尺;检查颗粒厚度方向轮廓尺寸是否能够通过比例卡尺E方向尺间隙,如果能够通过,则判定该颗粒为针、片状颗粒。

(7)按照以上方法逐颗判定所有集料是否为针、片状颗粒。称取所有针、片状颗粒质量m_1;称取所有非针、片状颗粒质量m_2。

4. 计算

(1)试样的损耗率按式(1-38)计算,准确至0.1%。

$$p_s = \frac{m_0 - m_1 - m_2}{m_0} \times 100 \tag{1-38}$$

式中 p_s——试样的损耗率(%);

m_0——试验前的干燥试样总质量,g;

m_1——试样中针、片状颗粒的总质量,g;

m_2——试样中非针、片状颗粒的总质量,g。

(2)试样的针、片状颗粒含量按式(1-39)计算,准确至0.1%。

$$Q_{ef} = \frac{m_1}{m_1 + m_2} \times 100 \tag{1-39}$$

式中 Q_{ef}——试样的针、片状颗粒含量(%)。

(3)取两份试样的针、片状颗粒含量的算术平均值作为试验结果,准确至0.1%。

(4)若两份试样的针、片状颗粒含量之差超过平均值的20%,应追加一份试样进行试验,直接取3份试样的针、片状颗粒含量的算术平均值作为试验结果,准确至0.1%。

5. 允许误差

筛分损耗率应不大于0.5%。

检测项目五　粗集料含泥量及泥块含量试验

1. 目的与适用范围

本方法适用于测定粗集料的含泥量及4.75 mm以上泥块含量。

2. 仪具与材料

(1)天平:感量不大于称量质量的0.1%。

(2)烘箱:鼓风干燥箱,恒温(105±5)℃。

(3)试验筛:孔径为4.75 mm、2.36 mm和1.18 mm的方孔筛各1只。

(4)盛水容器:浸泡试样用容器,不锈钢的金属盆或塑料桶等,容积足够大,试验时试样不致溅出。

(5)金属盘、毛刷。

3. 试验准备

按规范规定的方法取样,将样品缩分至表1-18要求质量的试样两份,(105±5)℃烘干至恒重,并冷却至室温。注意防止细粉丢失及压碎所含泥块。

表1-18　含泥量及泥块含量试验所需试样最小质量

公称最大粒径/mm	4.75	9.5	13.2	16	19	26.5	31.5	37.5	63	75
试样的最小质量/kg	1.5	1.0	1.0	1.0	3.0	3.0	5.0	5.0	10	15

4. 试验步骤

1) 含泥量试验步骤

(1) 称取一份试样(m_0)移入盛水容器内摊平,加水至水面高出试样 150 mm,并充分搅拌均匀,然后浸泡 2 h。根据集料粒径选择 4.75 mm、0.075 mm 或 2.36 mm、0.075 mm 组成一组套筛,其底部为 0.075 mm 试验筛。试验前筛子的两面应先用水润湿。

(2) 用手在水中淘洗颗粒,使尘屑、淤泥和黏土与较粗颗粒分开,并使之悬浮于水中;淘洗后立即将浑浊液缓缓倒入套筛上,滤去小于 0.075 mm 的颗粒。倾倒时不得将粗颗粒一起倒出而损坏筛面。

(3) 采用水冲洗等方法,将两只筛上颗粒并入盛水容器中。再次加水于盛水容器中,重复步骤(2),直至浸没的水目测清澈。

(4) 将两只筛上及容器中的试样全部回收到一个金属盘中。当容器和筛上黏附有集料颗粒时,在容器中加水、搅动使细粉悬浮在水中,并快速全部倒入套筛上;再将筛子倒扣在金属盘上,用少量的水并助以毛刷将颗粒刷落入盘中。待细粉沉淀后,泌去金属盘中的水,注意不要散失细粉。

(5) 将金属盘连同试样一起置(105±5)℃烘箱中烘干至恒重,冷却至室温后称取试样的质量(m_1)。

2) 泥块含量试验步骤

(1) 取一份试样,用 4.75 mm 试验筛过筛,称取筛上试样质量(m_2)。

(2) 将试样在容器中摊平,加水至水面高出试样 150 mm,并充分搅拌均匀;浸泡(24±0.5)h 后把水全部放出,用手捻压逐个颗粒,将泥块碾碎。捻压时将颗粒放在大拇指与食指之间捻压,不得用指甲挤压或在硬表面手指按压或颗粒与颗粒之间挤压等方式至颗粒破碎。

(3) 将试样放到 2.36 mm 筛上,一边用力摇动筛子一边用水冲洗,直至洗出的水目测清澈。

(4) 将 2.36 mm 筛上试样装入金属盘,置于(105±5)℃烘箱中烘干至恒重,冷却至室温后称取试样的质量(m_3)。

5. 结果整理

(1) 试样的含泥量按式(1-40)计算,准确至 0.1%。

$$Q_n = \frac{m_0 - m_1}{m_0} \times 100 \tag{1-40}$$

式中　Q_n——试样的含泥量(%);

m_0——试验前烘干试样质量,g;

m_1——试验后烘干试样质量,g。

以两次试验的算术平均值作为测定值,两次结果的差值超过 0.2% 时,应重新取样进行试验,对沥青路面用集料,此含泥量记为小于 0.075 mm 颗粒含量。

(2) 试样的泥块含量按式(1-41)计算,准确至 0.1%。

$$Q_k = \frac{m_2 - m_3}{m_2} \times 100 \tag{1-41}$$

式中　Q_k——试样的泥块含量(%)；

m_2——4.75 mm 筛上试样质量，g；

m_3——试验后 2.36 mm 筛上试样烘干质量，g。

取两份试样测定值的算术平均值作为试验结果，准确至 0.1%。

6. 工程示例

粗集料含泥量和泥块含量试验记录如表 1-19 所示。

表 1-19　粗集料含泥量和泥块含量试验记录

工程名称：××高速公路路基工程　　　　合同编号：辽高×××合字 2024 第 2 号

承包单位	中铁××集团有限公司		委托单编号	LJ××-SS-HNL-××	
委托单位	中铁××集团有限公司××项目经理部		分项工程	桥面铺装、构件浇筑	
监理单位	辽宁××监理有限公司		试验者	×××	
试验单位	中铁××集团有限公司工程检测中心		校核者	×××	
试验规程	JTG 3234—2024		试验日期	2024-07-07	
试样描述	××碎石　洁净无杂质		报告日期	2024-07-08	
集料产地	×××碎石场	集料种类	石灰岩	集料规格	5~20
试样编号	124	取样地点	中心拌和站	集料用途	水泥混凝土
含泥量	试验前烘干试样质量/g	试验后烘干试样质量/g	含泥量/%	平均含泥量/%	
	10 000	9 961.5	0.4	0.4	
	10 000	9 960.3	0.4		
泥块含量	试验前烘干试样质量/g	4.75 mm 筛筛余量/g	试验后烘干试样质量/g	泥块含量/%	平均泥块含量/%
	12 000	2 500	2 500	0	0
	12 000	2 500	2 500	0	
结论：			技术负责人意见： 签名：		
监理(督)工程师签字： 签名：			试验室盖章：		

检测项目六　细集料密度试验

细集料密度试验

1. 目的与适用范围

本方法适用于用容量瓶法测定细集料的表观密度和表观相对密度。

2. 仪具与材料

(1) 天平：称量不小于 1 kg，感量不大于 0.1 g。见图 1-11。

(2)容量瓶:500 mL,见图 1-11。

容量瓶

天平

烧杯

锥形漏斗

图 1-11 细集料密度所需仪器

(3)烘箱:鼓风干燥箱,恒温(105±5)℃。

(4)恒温水槽:恒温(23±2)℃。

(5)试验筛:根据集料粒级选用不同孔径的方孔筛。

(6)烧杯:500 mL。

(7)试验用水:饮用水,使用之前煮沸后冷却至室温。

(8)其他:干燥器(内装变色硅胶)、金属盘、铝制料勺、温度计等。

3. 试验准备

将样品缩分至约 325 g 的试样两份。

注:浸泡之前样品不得采用烘干处理;经过拌和楼等加热、干燥后的样品,试验之前,应在室温条件下放置不少于 12 h。

4. 试验步骤

(1)将试样装入预先放入部分水的容量瓶中,再加水至约 450 mL 刻度处。

(2)通过旋转、翻转容量瓶或玻璃棒搅动消除气泡。用滴管滴水使黏附在瓶内壁上的颗粒进入水中,塞紧瓶塞,浸水静置(24±0.5)h[可在室温下静置一段时间后、移入(23±2)℃恒温水槽继续浸水,其中恒温水槽浸水不少于 2 h]。

注:消除气泡不少于 15 min,此时会产生气泡聚集在瓶颈,可用纸巾尖端浸入瓶中沾除或使用少于 1 mL 的异丙醇来分散。操作时手与瓶之间应垫毛巾。

(3)浸水完成后,再通过旋转、翻转容量瓶或玻璃棒搅动消除气泡。用滴管加(23±2)℃水,使水面与瓶颈 500 mL 刻度线平齐,擦干瓶颈内部及瓶外附着水分,称其总质量(m_2)。

注:消除气泡不少于 5 min,此时会产生气泡聚集在瓶颈,可用纸巾尖端浸入瓶中沾除或使用少于 1 mL 的异丙醇来分散。操作时手与瓶之间应垫毛。

(4)将水和试样移入金属盘中,用水将容量瓶冲洗干净,一并倒入金属盘中;向容量瓶内注入(23±2)℃温度的水至瓶颈 500 mL 刻度线平齐,擦干瓶颈内部及瓶外附着水分,称其总质量(m_1)。

(5)待细粉沉淀后,泌去金属盘中的水,注意不要散失细粉。将金属盘连同试样放入(105±5)℃的烘箱中烘干至恒重、冷却至室温后,称取试样烘干质量(m_0)。

5. 结果整理

(1)试样的表观相对密度按式(1-42)计算,准确至0.001。

$$\gamma_a = \frac{m_0}{m_0 + m_1 - m_2} \tag{1-42}$$

式中 γ_a——试样的表观相对密度;

m_0——试样的烘干质量,g;

m_1——水及容量瓶的总质量,g;

m_2——试样、水及容量瓶的总质量,g。

(2)试样的表观密度按式(1-43)计算,准确至0.001 g/cm³。

$$\rho_a = \gamma_a \rho_T \tag{1-43}$$

式中 ρ_a——试样的表观密度,g/cm³;

ρ_T——试验温度 T 时水的密度,g/cm³,按表1-11取用。

(3)取两份试样的相对密度、密度的算术平均值作为试验结果,分别准确至0.001和0.001 g/cm³。

6. 允许误差

相对密度重复性试验的允许误差为0.02。

检测项目七 细集料堆积密度及空隙率试验

细集料堆积密度试验

1. 适用范围

本方法适用于测定细集料松散堆积密度、振实堆积密度及空隙率。

2. 仪具与材料

(1)天平:称量不小于5 kg,感量不大于1 g。

(2)容量筒:带底的金属圆筒,内径(108±2)mm,净高(109±2)mm,筒壁厚不小于2 mm,筒底厚不小于5 mm,容积为1 L。

(3)标准漏斗(见图1-12)。

1—漏斗;2—ϕ 20 mm管子;3—活动门;4—容量筒。

图1-12 标准漏斗 (单位:mm)

(4)烘箱:鼓风干燥箱,恒温(105±5)℃。

(5)试验筛:孔径为4.75 mm的方孔筛。

(6) 试验用水：饮用水，使用之前煮沸后冷却至室温。

(7) 其他：ϕ 10 mm 钢筋、料勺、直尺、金属盘等。

3. 试验准备

(1) 将样品缩分至约 2 500 g 的试样两份，(105±5)℃烘干至恒重，并冷却至室温。

(2) 容量筒的标定：

①称取洁净、干燥的容量筒的质量(m_0)。

②在容量筒顶部边缘涂抹薄薄的油脂，以防止加水时边缘高度不一致至盖玻璃片时无法清除空气。称取洁净、干燥的容量筒和玻璃片的质量(m_1)。

③用(23±2.0)℃水装满容量筒至稍微溢出，用玻璃片沿容量筒表面迅速滑行，紧贴上部边缘水面，玻璃片与水面之间不得有空隙。擦干玻璃片上部及容量筒外壁的水，称取容量筒、玻璃片和水的总质量(m_3)。同时，快速测定容量筒中水的温度。

④用式(1-44)计算筒的容积 V，精确至 0.001。

$$V=\frac{m_3-m_1}{\rho_T} \tag{1-44}$$

式中　V——容量筒的容积，L；

m_1——容量筒、玻璃片总质量，kg；

m_3——容量筒、玻璃片与水总质量，kg；

ρ_T——试验温度 T 时水的密度，按表 1-11 选用，g/cm^3。

4. 试验步骤

(1) 松散堆积密度：将试样松散地装入标准漏斗中，打开底部的活动门，使试样流入容量筒中，当容量筒四周溢满时，即停止加料。也可直接用料勺装料，从容量筒正上方 50 mm 处将试样徐徐倒入，让试样自由下落，至容量筒四周溢满时停止。用直尺等将多余的试样沿筒口中心线向两个相反方向刮平，并以合适的颗粒填入凹陷空隙，使表面稍凸起部分和凹陷部分的体积大致相等，此时不应触动容量筒，且不得挤压容量筒表面集料。称取试样和容量筒总质量(m_2)。

(2) 振实堆积密度：将试样分相等的质量两层装入容量筒。装完一层后，在容量筒底垫放一根直径为 10 mm 的钢筋，将容量筒按住，左右交替颠击地面各 25 下，然后装入第二层。第二层装满后用同样方法振实(但容量筒底所垫钢筋的方向应与第一层放置方向垂直)。两层装完并振实后，直接用料勺装料，从容量筒正上方 50 mm 处将试样徐徐倒入让试样自由下落，至容量筒四周溢满时停止。用直尺等将多余的试样沿筒口中心线向两个相反方向刮平，并以合适的颗粒填入凹陷空隙，使表面稍凸起部分和凹陷部分的体积大致相等，此时不应触动容量筒，且不得挤压容量筒表面集料。称取试样和容量筒总质量(m_2)。

5. 结果整理

(1) 试样的堆积密度(包括松散密度、振实堆积密度)按式(1-45)计算，准确至 0.001 g/cm^3。

$$\rho_{\mathrm{bl}}=\frac{m_2-m_0}{V} \tag{1-45}$$

式中 ρ_{bl}——试样相应状态下的堆积密度,g/cm^3;

m_0——容量筒的质量,kg;

m_2——容量筒与试样的总质量,kg。

(2)试样的空隙率按式(1-46)计算,精确至0.1%。

$$V_C = \left(1 - \frac{\rho_{bl}}{\rho_a}\right) \times 100 \tag{1-46}$$

式中 V_C——试样相应状态下的空隙率(%);

ρ_a——细集料的表观密度,g/cm^3。

(3)取两份试样堆积密度的算术平均值作为试验结果,准确至0.001 g/cm^3。

(4)取两份试样空隙率的算术平均值作为试验结果,准确至0.1%。

6. 允许误差

堆积密度重复性试验的允许误差为0.035 g/cm^3。

检测项目八　细集料含泥量试验(筛洗法)

1. 适用范围

(1)本方法仅用于测定天然砂中粒径小于0.075 mm的黏土、淤泥和尘屑的含量。

(2)本方法不适用于机制砂、石屑及特细砂等细集料。

2. 仪具与材料

(1)天平:称量不小于1 kg,感量不大于0.1 g。

(2)烘箱:鼓风干燥箱恒温(105±5)℃。

(3)试验筛:孔径为1.18 mm、0.075 mm的方孔筛。

(4)盛水容器,浸泡试样用容器,不锈钢的金属盆或塑料桶,容积足够大,试验时试样不致溅出。

(5)其他:金属盘、毛刷等。

3. 试验准备

将样品缩分至约400 g的试样两份,置于(105±5)℃烘箱中烘干至恒重,并冷却至室温。

4. 试验步骤

(1)称取一份试样(m_0)装入盛水容器内摊平,加水至水面高出试样150 mm,并充分搅拌均匀,然后浸泡2 h。

(2)用手在水中淘洗颗粒,使尘屑、淤泥和黏土与试样颗粒分开,并使之悬浮于水中;缓缓地将浑浊液倒入1.18 mm及0.075 mm的套筛上,滤去小于0.075 mm的细粉;试验前筛子的两面应先用水湿润,在整个试验过程中,应注意避免试样颗粒丢失。

注:不得直接将试样放在0.075 mm筛上用水冲洗,或者将试样放在0.075 mm筛上后在水中淘洗以避免造成试样颗粒丢失。

(3)采用水冲洗等方法,将两只筛上的颗粒并入盛水容器中。再次加水于盛水容器中重复上述(2)步骤,直到洗出的水目测清澈。

(4)将两只筛上及盛水容器中的试样全部回收到一个金属盘中。当盛水容器和筛上黏附有集料颗粒时，在盛水容器中加水、搅动使细粉悬浮在水中，并快速全部倒入套筛上；再将筛子倒扣在金属盘上，用少量的水并助以毛刷将颗粒刷落入盘中，待细粉沉淀后，泌去金属盘中的水，注意不要散失细粉。

(5)将金属盘连同试样一起置于(105±5)℃烘箱中烘干至恒重，冷却至室温后称取试样的质量(m_1)。

5. 结果整理

(1)试样的含泥量按式(1-47)计算，准确至0.01%。

$$Q_n = \frac{m_0 - m_1}{m_0} \times 100 \qquad (1\text{-}47)$$

式中　Q_n——试样的含泥量(%)；

m_0——试验前的烘干试样质量，g；

m_1——试验后的烘干试样质量，g。

(2)取两份试样的含泥量算术平均值作为试验结果，准确至0.1%。

6. 允许误差

含泥量重复性试验的允许误差为0.5%。

(三)集料力学性质

路用集料经受反复车轮碾压，所以要具备一定的强度和刚度，同时还要具备耐磨、抗磨耗及抗冲击性能，这些性能主要是以压碎值、磨光值、磨耗值、冲击值等指标来表征的。

压碎值：集料的压碎值是指集料在连续增加荷载的试验条件下，抵抗被压碎的能力，评价其相对承载能力。压碎值越大，集料抗压碎能力越差。

磨光值：指集料抵抗轮胎磨光作用能力的指标。集料耐磨光性好，就能满足长期使用时高速行驶车辆对路面抗滑的要求。磨光值越高，表示集料的抗滑性越好。

磨耗值：指集料抵抗车轮磨耗的能力。磨耗值越小，表示集料抗磨性越好。

冲击值：指集料抵抗多次且连续重复冲击荷载的能力。冲击值越小，表示集料的抗冲击性能越好。

(四)集料力学性质试验检测

粗集料压碎值试验(一)

检测项目一　粗集料压碎值试验

1. 目的与适用范围

本方法适用于测定粗集料压碎值，以评价集料的抗破碎能力。

2. 仪具与材料

(1)压碎值试模：由两端开口的钢制圆形试筒、压柱和底板组成，其形状和尺寸见图1-13和表1-20。试筒内壁、压柱的底面及底板的上表面等与集料接触的表面都应进行热处理，使表面硬化，硬度达到58HRC，且表面保持光滑。

粗集料压碎值试验(二)

(2)金属棒：直径(16±1)mm，长(600±5)mm，一端加工成半球形。

(3)天平：称量不小于5 kg，感量不大于1 g。

(4)试验筛：孔径为13.2 mm、9.5 mm、2.36 mm的方孔筛。

(5)压力机:量程 500 kN,示值相对误差不大于 2%,同时应能 10 min±30 s 均匀加载到 400 kN,(4±1)min 均匀加载到 200 kN。压力机应设有防护网。

(6)金属筒:圆柱形,内径(112.0+1)mm,高(179.5±1)mm,容积约 1 767 cm^3;此容积相当于压碎值试筒中装料至 100 mm 位置时的容积。

(7)其他:金属盘、毛刷、橡胶锤等。

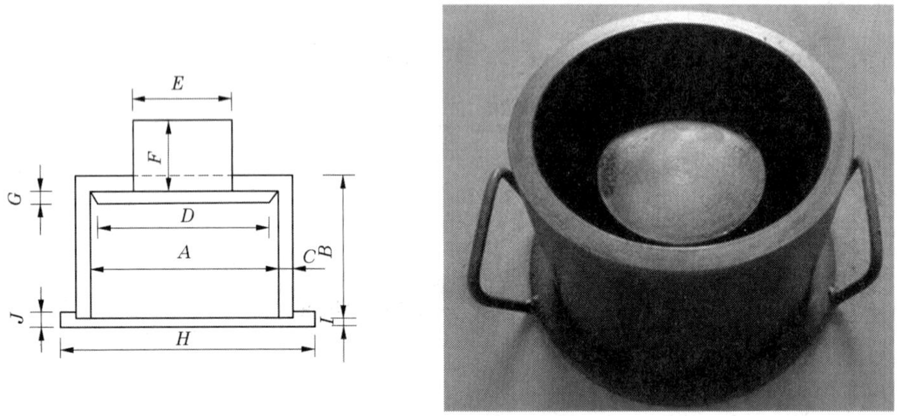

图 1-13　压碎值试模

表 1-20　压碎值试模尺寸

部位	符号	名称	尺寸/mm
试筒	*A*	内径	150±0.3
	B	高度	125~128
	C	壁厚	≥12
压柱	*D*	压头直径	149±0.2
	E	压杆直径	100~149
	F	压柱总长	100~110
	G	压头厚度	≥25
底板	*H*	直径	200~220
	I	厚度(中间部分)	6.4±0.2
	J	边缘厚度	10±0.2

3. 试验准备

(1)将样品用 9.5 mm 和 13.2 mm 试验筛充分过筛,取 9.5~13.2 m 粒级缩分至约 3 000 g 试样 3 份。对于结构物水泥混凝土用粗集料,可剔除 9.5~13.2 mm 粒级中的针、片状颗粒后,再缩分至约 3 000 g 的试样 3 份。

(2)将试样浸泡在水中,借助金属丝刷将颗粒表面洗刷干净,经多次漂洗至水清澈。沥干,置于(105±5)℃烘箱中烘干至表面干燥,烘干时间不超过 4 h,然后冷却至室温。温度敏感性再生材料等，可采用(40±5)℃烘干。

(3)取一份试样，分3次等量装入金属筒中。每次装料后，将表面整平，用金属棒半球面端从试样表面上50 mm高度处自由下落均匀夯击试样，应在试样表面均匀分布夯击25次。最后一次装料时，应装料至溢出，夯击完成后用金属棒将表面刮平。金属筒中试样用减量法称取质量(m_0')后，予以废弃。

4. 试验步骤

(1)取试样，从中取质量为m±5 g试样一份，称取其质量，记为m_0。

(2)将试筒安放在底板上。将称取质量的试样分3次等量装入试模中，按试验准备(3)方法夯击，最后将表面整平。

(3)将装有试样的试筒安放在压力机上，同时将压柱放到试筒内压在试样表面，注意压柱不得在试筒内卡住。

(4)操作压力机，均匀地施加荷载，并在10 min±30 s内加到400 kN，然后立即卸除荷载，对于结构物水泥混凝土用粗集料，可在3~5 min内加到200 kN，稳压5 s后卸载，但应在报告中予以注明。

(5)从压力机上取下试筒，将试样移入金属盘中；必要时使用橡胶锤敲击试筒外壁以便于试样倒出；用毛刷清理试筒上的集料颗粒一并移入金属盘中。

(6)按干筛法采用2.36 mm试验筛充分过筛。

(7)称取2.36 mm筛上集料质量(m_1)和2.36 mm筛下集料质量(m_2)。

(8)取另外一份试样，按上述步骤进行试验。

5. 结果整理

(1)试样的损耗率按式(1-48)计算，精确至0.1%。

$$p_s = \frac{m_0 - m_1 - m_2}{m_0} \times 100 \tag{1-48}$$

式中　p_s——试样的损耗率，%；

m_0——试验前的干燥试样总质量，g；

m_1——试样的2.36 mm筛上质量，g；

m_2——试样的2.36 mm筛下质量，g。

(2)试样的压碎值按式(1-49)计算，精确至0.1%。

$$\mathrm{ACV} = \frac{m_2}{m_1 + m_2} \times 100 \tag{1-49}$$

式中　ACV——试样压碎值(%)。

(3)取两份试样的压碎值算术平均值作为测定结果，准确至1%。

6. 允许误差

(1)试样的损耗率应不大于0.5%。

(2)压碎值重复性试验的允许误差为平均值的10%。

7. 工程示例

水泥混凝土用粗集料压碎值试验记录如表1-21所示。

表 1-21　水泥混凝土用粗集料压碎值试验记录

工程名称:×××高速公路路基工程　　　　　　　　合同编号:辽高×××合字 2024 第 2 号

承包单位	中铁×××集团有限公司				委托单编号	LJ××-SS-YSZ-××
委托单位	中铁××集团有限公司×××标项目经理部				分项工程	桥面铺装、构件浇筑
监理单位	辽宁××监理有限公司				试验者	×××
试验单位	中铁××集团有限公司工程检测中心				校核者	×××
试验规程	JTG 3432—2024				试验日期	2024-07-07
试样描述	×××碎石　洁净无杂质				报告日期	2024-07-08
集料产地	××碎石场		集料种类	石灰岩	规格	9.5~13.2
集料用途		水泥混凝土				
试样编号	取样地点	试验前试样质量/g	试验后试样质量/g	石料压碎值 Q_n/%	石料压碎值平均值/%	换算后压碎平均值/%
124	中心拌和站	3 000	2 465	17.8	17.5	9.3
		3 000	2 472	17.6		
		3 000	2 485	17.2		
结论:			技术负责人意见: 签名:			
监理(督)工程师意见: 签名:			试验室盖章:			

检测项目二　粗集料磨耗试验(洛杉矶法)

粗集料磨耗试验(一)

1. 目的与适用范围

本方法适用于测定粗集料洛杉矶磨耗值,以评价集料抗破碎能力。

2. 仪具与材料

(1)洛杉矶磨耗试验机。

①圆筒:结构钢材质的中空、内部光滑圆筒,两端封闭。圆筒内径

(711±5) mm,内侧长(508±5) mm,壁厚(12.0±0.5) mm。将圆筒的两端固定安装在两个短轴上,短轴不得伸入圆筒中,同时两个短轴应该在一个轴线上,且轴线与水平倾角不得大于1%。

粗集料
磨耗试验(二)

②投料口:在圆筒表面宽度为(150±3) mm 的开口;带可开启、关闭的结构钢材质盖子,通过紧固螺栓和橡胶垫与圆筒紧闭密封,盖子的宽度约为190 mm;开口和盖子的长度与圆筒内侧长度相等。盖子内侧应该光滑,在关闭时其内侧与圆筒内壁处于同一个圆形轮廓线上。

③隔板:结构钢材质的矩形钢板,通过螺栓固定在圆筒内壁上,隔板向圆筒轴心凸出尺寸为(89±2) mm,厚度为(25±1) mm,长度方向应该足够长,其端面离圆筒内侧间隙不大于2.5 mm。安装时应使隔板垂直于圆筒内表面。隔板安装位置应该不致影响投料口的使用,同时便于更换,可离投料口开口边缘距离为400~850 mm(在圆筒外侧沿旋转方向)。应定期检查隔板损坏情况,当隔板任何一点凸出尺寸小于85 mm 或厚度小于23 mm,均需要更换隔板。

④电机:电机应该使试验时圆筒匀速转动,转速为30~33 r/min。

⑤转数计数器:自动记录、显示圆筒旋转次数。

(2)钢球:单个钢球直径为45.6~47.6 mm、质量为390~445 g。一组钢球大小稍有不同,平均直径约为46.8 mm、平均质量为420 g,以便按要求组合成符合要求的总质量。

(3)天平:感量不大于称量质量的0.1%。

(4)试验筛:根据集料规格选用不同孔径的方孔筛,同时孔径为1.7 mm 方孔筛一个。

(5)烘箱:鼓风干燥箱,恒温(105±5)℃。

(6)其他:金属盘、毛刷等。

3. 试验准备

(1)将样品缩分得到一组子样。将子样浸泡在水中,借助金属丝刷将颗粒表面洗刷干净,经多次漂洗至水目测清澈。沥干,置于(105±5)℃烘箱中烘干至表面干燥,烘干时间不超过4 h,然后冷却至室温。温度敏感性再生材料等,可采用(40±5)℃烘干。

(2)从表1-22中根据最接近的粒级组成选择试验筛,将烘干的子样筛分出不同粒级。

4. 试验步骤

(1)将圆筒内部清理干净。按表1-22要求,选择规定数量及总质量的钢球放入圆筒中。

(2)按表1-22要求,称量不同粒级颗粒组成一份试样。当某一粒级颗粒含量较多时需要缩分至要求质量的颗粒。称取试样总质量(m_1)后装入圆筒中,盖好试验机盖子、紧固密封。

(3)将转数计数器调零,按表1-22要求设定转动次数。开动试验机,以30~33 r/min 转速转动至要求的次数。

(4)打开试验机盖子,将钢球及所有试样移入金属盘中;从试样中捡出钢球。

(5)将试样用1.7 mm 方孔筛充分过筛,然后将筛上试样用水冲干净、沥干,置于105 ℃±5 ℃烘箱中烘干至恒重、室温冷却后称量(m_2)。

注:温度敏感性再生材料等,烘干采用恒温(40±5)℃。

表 1-22　粗集料洛杉矶试验条件

粒度类别	粒级组成/mm	试样质量/g	试样总质量/g	钢球数量/个	钢球总质量/g	转动次数/r	适用的粗集料	
							规格	公称粒径/mm
A	26. 5～37. 5 19～26. 5 16～19 9. 5～16	1 250±25 1 250±25 1 250±10 1 250±10	5 000±10	12	5 000±25	500		
B	19～26. 5 16～19	2 500±10 2 500±10	5 000±10	11	4 850±25	500	S6 S7 S8	15～30 10～30 10～25
C	9. 5～16 4. 75～9. 5	2 500±10 2 500±10	5 000±10	8	3 320±20	500	S9 S10 S11 S12	10～20 10～15 5～15 5～10
D	2. 36～4. 75	5 000±10	5 000±10	6	2 500±15	500	S13 S14	3～10 3～5
E	63～75 53～63 37. 5～53	2 500±50 2 500±50 5 000±50	10 000±100	12	5 000±25	1 000	S1 S2	40～75 40～60
F	37. 5～53 26. 5～37. 5	5 000±50 5 000±25	10 000±75	12	5 000±25	1 000	S3 S4	30～60 25～50
G	26. 5～37. 5 19～26. 5	5 000±25 5 000±25	10 000±50	12	5 000±25	1 000	S5	20～40

注:1. 粒级组成中 16 mm 可用 13. 2 mm 代替;

2. A 级适用于水泥混凝土用集料和未筛分碎石混合料;

3. C 级中,对于 S12 可仅采用 5 000 g 的 4. 75～9. 5 mm 粒级颗粒,S9 及 S10 可仅采用 5 000 g 的 9. 5～16 mm 粒级颗粒;E 级中,对于 S2 可采用等质量的 53～63 mm 粒级颗粒代替 63–75 mm 粒级颗粒;

4. 当样品中某一个粒级颗粒含量小于 5%时,可以取等质量的最近粒级颗粒或相邻两个粒级各取 50%代替。

5. 结果整理

(1)试样的洛杉矶磨耗值按式(1-50)计算,准确至 0.1%。

$$LA = \frac{m_1 - m_2}{m_1} \times 100 \tag{1-50}$$

式中　LA——洛杉矶磨耗值(%);

m_1——试验前试样总质量,g;

m_2——试验后在 1.7 mm 筛上干燥试样质量,g。

(2)取两份试样的洛杉矶磨耗值的算术平均值作为试验结果,准确至 0.1%。

6 允许误差

(1)对于 A~D 级粒度,洛杉矶磨耗值重复性试验的允许误差为 2%

(2)对于 E~G 级粒度,洛杉矶磨耗值重复性试验的允许误差为 4%。

检测项目三　粗集料磨光值试验

1. 目的与适用范围

本方法适用于测定粗集料的磨光值,以评价表面层用粗集料的抗车轮磨光性能。

2. 仪具与材料

(1)加速磨光试验机:应安放在固定的基座上,如图 1-14 所示。

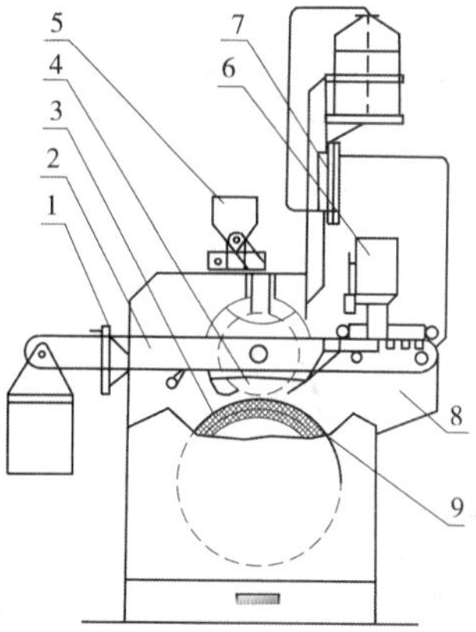

1—荷载调整系统;2—调整臂(配重);
3—道路轮;4—橡胶轮;5—微粉贮料斗;
6—粗砂贮沙斗;7—供水系统;8—机体;
9—试件(14块)。

图 1-14　加速磨光试验机及示意图

①道路轮:具有夹紧装置,用于安装 14 块试件;外径(406±3)mm(以安装 14 块试件后颗粒表面形成的外圆轮廓为基准),宽度(44.5±1)mm;磨光时转速为(320±5)r/min 。

②橡胶轮:可拆换的两个实心橡胶轮,直径(200±3)mm,宽(38±2)mm。橡胶轮表面初期硬度为(69±3)IRHD。橡胶轮应作明显标记,用于磨粗砂的橡胶轮标记为 C,用于微

粉的橡胶轮标记为 X。

③道路轮和橡胶轮的安装：通过荷载调整系统，使橡胶轮施加于道路轮的总荷载为(725±10)N，并在磨光过程中保持恒定。橡胶轮在道路轮带动下能够绕轴自由旋转，其轴与道路轮的轴平行。道路轮与橡胶轮的旋转平面重合，并满足以下要求：

ⓐ两轮的旋转平面倾角不超过 0.33°(200 mm 偏差不超过 1 mm)。

ⓑ两轮中间的旋转平面距离不超过 0.8 mm。

④粗砂供给系统：在靠近道路轮与橡胶轮接触点之前，按照规定的速度，将粗砂和水直接供应在道路轮上，使其连续、稳定而均匀分布在橡胶轮和试件接触表面。

⑤微粉供给系统：在靠近道路轮与橡胶轮接触点之前，按照规定的速度，将微粉和水直接供应到道路轮上，使其连续、稳定而均匀分布在橡胶轮和试件接触表面。

⑥试模：金属试模应该使得制作的试件满足其纵向弯曲，外侧面曲率半径(203±1.5)mm、弧面长度(90.6±0.5)mm，内侧面曲面尺寸与道路轮尺寸相同；宽度(44.5±0.5)mm，厚度为(16±0.5)mm[对于 4.75~9.5 mm 粒级为(13±0.5)mm]。一套为 28 副试模。

⑦试模盖：金属试模盖，外侧面为平面，内侧面与试模表面形状匹配，曲率半径(189±0.5)mm，其尺寸稍大于试模尺寸。试模盖上应钻有多个小孔。

(2)指针式摆式摩擦系数测定仪示意如图 1-15 所示。

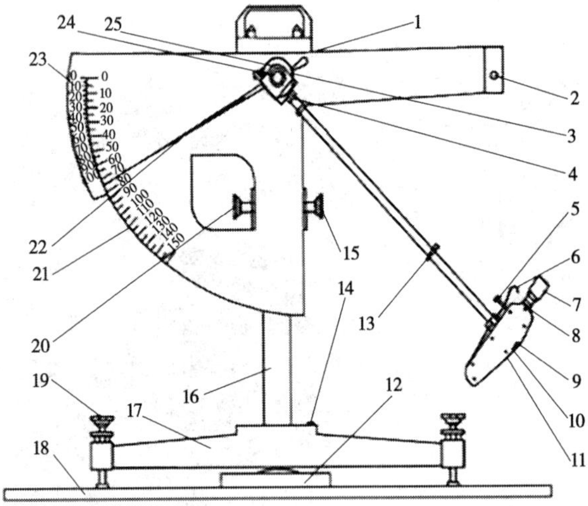

1—紧固把手；2—释放开关；3—弹簧片或毡垫；4—连接螺母；5—定位螺丝；6—提升柄；7—平衡锤；8—并紧螺母；9—滑溜块；10—橡胶片；11—止滑螺丝；12—试件固定器；13—卡环；14—水准泡；15、20—升降把手；16—立柱；17—底座；18—底板；19—调平螺栓；21—大刻度盘(126 mm 滑溜长度)；22—指针；23—小刻度盘(76 mm 滑溜长度)；24—转向节螺盖；25—调节螺母。

图 1-15　指针式摆式摩擦系数测定仪示意图

①摆及滑溜块：摆(包括滑溜块)总质量为(1 500±30)g，其质心位于摆杆的轴线上，且质心距离摆的旋转轴心距离为(410±5)mm。滑溜块装在摆的端部，并固定在具有中心旋转轴的刚性基座上；滑溜块能够绕轴自由旋转，下端部向上活动范围应不少于 10 mm；提升柄提起滑溜块时，滑溜块上提的高度应不少于 6.5 mm；滑溜块(含橡胶片和铝制支承

板）质量为（20±5）g。

注：滑溜长度（126±1）mm，时，采用宽橡胶片，此时滑溜块（含橡胶片和铝制支承板）质量为（32±5）g。

②滑溜块的安装：合理安装滑溜块，满足以下要求：

ⓐ调整摆，使在摆运动到最低点时，仅橡胶片的工作面边缘与水平面接触，接触点处橡胶片底面与水平面夹角为26°±3°，此时橡胶片工作边缘与水平面接触点处于摆杆轴线延伸线上，且与摆的旋转轴心距离为（510±5）mm。

ⓑ在摆运动到最低点时，滑块通过弹簧施加压力，压在试件表面，此时名义静压力为（22.2±0.5）N，同时滑块上相应静态应力变化率不超过0.2 N/mm。

③指针：指针（不包括垫圈）质量不大于85 g，名义长度为（300±1）mm。

④刻度盘：含两个刻度盘。小刻度盘（F盘）的刻度为0~100、大刻度盘（C盘）的刻度为0~150。其中小刻度盘对应滑溜长度为（76±1）mm，适合本方法测定粗集料磨光值；大刻度盘对应滑溜长度为（126±1）mm，适合室内外测定表面摩擦系数。刻度线位于大刻度盘外侧圆弧上，大刻度盘圆弧半径标称值为305 mm［控制标准（305±1）mm］。0刻度线为摆轴安装孔中心线以下10.16 mm处［控制标准（10±1）mm］。刻度盘分度值为2个单位。

⑤橡胶片：橡胶片的宽度（与摆的摆动方向垂直）、长度（与摆的摆动方向一致）和厚度为（31.75±0.5）mm×（25.4±0.5）mm×（6.35 ±0.5）mm。橡胶片工作边缘为直角，棱角分明；橡胶片无磨料、油等污染，使用过程中不得用手直接接触橡胶片工作边缘。

注：滑溜长度（126±1）mm时，采用宽橡胶片，此时尺寸为（76.2±0.5）mm×（25.4±0.5）mm×（6.35 ±0.5）mm。

（3）天平：感量不大于称量质量的0.1%。

（4）烘箱：鼓风干燥箱，恒温（105±5）℃和（40±5）℃。

（5）试验筛：孔径为13.2 mm、9.5 mm、4.75 mm、0.3 mm方孔筛。

（6）温度计：量程0~100 ℃，分度值0.1 ℃；量程0~200 ℃，分度值1 ℃。

（7）滑溜长度量尺：长度76 mm。

（8）槽型钢直尺，其尺寸可根据加速磨光机结构调整。

（9）刷子：细刷两把，直径约为3 mm；硬毛刷一把。

（10）一次性杯子，不少于2 kg配重、抹刀、洗耳球等。

（11）磨光值集料标准样品：标准样品的磨光值标称值应为40~45，精度为±5。

注：标准样品应由专业单位生产，料源明确，进行严格质量控制，标称值等性质指标稳定，同时提供证书，给定磨光值标称值PSV、上限PSY_{bmax}和下限PSV_{bmin}。标准样品标称值应经交通运输部公路科学研究院进行定值。

（12）磨料：粗砂为30号棕刚玉，微粉为380号绿碳化硅。磨料只允许使用一次，不得重复使用，且使用前应置于（105±5）℃烘箱中烘干，冷却至室温。

（13）黏结剂：可选用树脂（低收缩率的聚合物树脂或快凝型环氧树脂）和固化剂，使用前按比例搅拌均匀。为调整黏结剂的稠度，可掺加少量填料。

(14)细砂:天然砂用清水淘洗,并全部通过 0.3 mm 筛,置于(105±5)℃烘箱中烘干为洁净、干燥的砂。

(15)溶剂:丙酮和煤油混合物(体积比为 90:10),用于清洗试验后的仪器。

(16)隔离剂:防止黏结剂与试模黏结在一起,可用硅油脱模剂或液体汽车上光剂等。

(17)柔性薄片:塑料片或橡胶片。

(18)摩擦系数标准样品:带有斜边和磨光边缘的浮法玻璃板,摩擦系数标称值为 3~15,精度为±3;经过处理的陶瓷板,摩擦系数标称值为 25~40,精度为±3;抛光薄膜,摩擦系数标称值为 50~75,精度为±3。标准样品表面无污染、无划痕,尺寸为不小于 150 mm×100 mm×10 mm。

注:标准样品应由专业单位生产,料源明确,进行严格质量控制,标称值等性质指标稳定,同时提供证书,给定摩擦系数标称值及其上限、下限。标准样品标称值应经交通运输部公路科学研究院进行定值。

(19)摩擦系数标定固定器:铝制,用于固定摩擦系数标准样品。

(20)计时器:量程不少于 48 h,精度 0.1 s。

(21)试验用水:自来水。

(22)其他:浮法玻璃板,尺寸为不小于 200 mm×100 mm×10 mm。

3. 试验准备

1)磨光机

(1)每年应清理、润滑道路轮和橡胶轮的转轴,每年检查道路轮的转速、每个橡胶轮作用在道路轮上的总荷载。

(2)每年校准道路轮和橡胶轮的相对位置标定。

(3)每半年检查水流速。

(4)每次磨光之前应检查粗砂和微粉流速。

(5)每次磨光之前,磨光机 、道路轮、磨料及磨光用水应在(20±5)℃室温条件下恒温 120 min 以上。

2)橡胶轮

(1)每一个新橡胶轮应有检验报告,同时应标注生产日期。

(2)当橡胶轮不用时,在(20±5)℃条件下避光存放。

(3)每个新橡胶轮在应用之前,应进行预磨。

(4)对于预磨好的橡胶轮,进行标记。采用粗砂磨光的标记为 C,采用微粉磨光的标记为 X,同时用箭头标注旋转方向。

(5)橡胶轮每年或每磨光达 20 组(标记为 X 橡胶轮为 25 组)试件时,应检查尺寸和磨损情况,用标准试件检查性能。

(6)磨光试验中出现以下情况时,应及时更换橡胶轮:

①橡胶轮因磨损尺寸不满足要求,或出现表面不均匀磨损;

②橡胶轮使用或存放超过生产日期 2 年;

③在磨光值试验中标准试件磨光值低于 $PSV_{bmin}-1$ 连续出现 2 次。

(7)每次磨光之前,橡胶轮应在(20±5)℃室温条件下恒温 120 min 以上;当橡胶轮存放温度低于 15 ℃时,则磨光之前应在(20±5)℃条件下恒温 24 h 以上。

(8)每年检查 1 次橡胶轮尺寸。

3)摆式摩擦系数测定仪

(1)每年进行摆式摩擦系数测定仪的标定,包括摆(包括滑溜块)、滑溜块和指针的质量,摆质心至摆旋转轴心的距离,设定弹簧有效张力等。

(2)每次磨光值测定之前,摆式摩擦系数测定仪、湿润用水应在(20±2)℃室温条件下恒温 120 min 以上。

(3) 每次磨光值测定前,应检验橡胶片底面与试件表面的夹角。

(4)每次测定之前、测定之后,采用摩擦系数标准样品进行标定。

4)橡胶片

(1)每一个新橡胶片应有检验报告,同时应标注生产日期。

(2)橡胶片应在不超过 15 ℃温度条件下袋中密封、避光存放。

(3)新的橡胶片在使用之前应进行工作边缘预摩擦。

(4)每次进行磨光值测定前,应进行橡胶片工作边缘的校准。

(5)磨光试验中出现以下情况之一时,应及时更换橡胶片:

①存放或使用时间超过生产日期 1 年;

②橡胶片的工作边缘出现磨圆或刻痕;

③采用校准试件校准不能满足橡胶片的校准要求。

(6)每次磨光值测定之前,橡胶片应在(20±5)℃室温条件下恒温 120 min 以上;当橡胶片存放温度低于 15 ℃时,则应在(20±5)℃条件下恒温 24 h 以上。

(7)每测定 1 组 14 个试件,需要检查橡胶片底面与试件表面的夹角。

5)校准试件

6)磨料

4. 试件制备

(1)将样品用 9.5 mm、13.2 mm 试验筛充分过筛,取 9.5~13.2 mm 粒级颗粒缩分试样一份,剔除针、片状颗粒,表面过于粗糙或过于光滑的颗粒,不规则或高度大于试模厚度的颗粒。将试样浸泡在水中,借助金属丝刷将试样颗粒表面洗刷干净,经多次漂洗至水清澈。沥干,置于(40±5)℃烘箱中烘干至表面干燥。

注:试验不应采用室内破碎机破碎集料样品进行试验。

(2)拼装好试模,注意使端板与模体齐平(使弧线平滑);逐个选取集料颗粒,将最大平面朝下、单层紧密排满试模底部;颗粒应随机摆放,不宜太有规律摆放。每块试件可含 19~31 颗集料。

(3)将细砂填入试模集料颗粒间隙中,至集料颗粒高度 2/3~3/4 处。用细刷或洗耳球轻吹使之填充密实,去除试件表面黏附的细砂,但注意不得扰动集料颗粒。在试模露出的内壁、顶部边缘,端板,以及试模盖内壁用细刷轻涂隔离剂;隔离剂不要涂抹太多,且不得被集料吸收。

(4)按比例将树脂和固化剂在一次性纸杯中搅拌,制备黏结剂。黏结剂应有合适的稠度,能够在集料颗粒之间自由流动。黏结剂稠度不宜太低而浸透入细砂或将细砂黏结到试件表面,此时可加入适量填料,降低流动性;当黏结剂稠度太高时,可加入丙酮进行稀释,增加流动性。将黏结剂填入试模至稍有溢出,立即用试模盖盖住试模,挤压试模盖从孔中挤出多余的黏结剂。用小刀将试模边缘多余的黏结剂去除。

(5)在试模盖上加 2 kg 配重或采用夹具固定试件,防止黏结剂固结过程中试件变形。

(6)当黏结剂固结、冷却后(一般为拌和 30 min 后)将试件从试模中取出。用硬刷刷、水冲洗去除试件上松散的细砂;试件磨光之前应在室温下放置 30 min 以上。若试件表面有黏结剂、尖锐突起,颗粒松动,或厚度不满足要求,应废弃。

(7)每种集料应制备 4 块试件。在挑选的试件侧面或底部进行标识。

(8)脱模后及时清理试模等。

5. 磨光试验

(1)在磨光之前,试件、磨光机、磨料及磨光用水应在(20±5)℃室温条件下恒温不少于 2 h;在整个磨光过程中室温应控制在(20±5)℃。

(2)试件安装。

①道路轮每次磨光时应放置 14 块试件,其中包括 2 块标准试件;每一种集料一次磨光 2 块试件,因此一次可磨光 6 种检测集料共 12 块试件。

②用记号笔在 12 块集料试件弧形侧边上依次作 1~12 标记,同一种集料的 2 块试件为相邻两个编号;标准试件编号为 13 号、14 号。

③按表 1-23 的序号将试件排列在道路轮上,其中 1 号位和 8 号位为标准试件。在所有试件同一侧用箭头标注方向,箭头方向应与道路轮的旋转方向相反。试件的磨光表面应形成连续的集料颗粒带,直径为 406 mm 的圆周,橡胶轮在试件表面应无碰撞或打滑情况。为避免磨光过程中试件断裂或松动,试件之间、试件与道路轮之间、夹紧装置之间加垫一片或数片柔性薄片。

表 1-23 试件在道路轮上的排列次序

位置号	1	2	3	4	5	6	7	8	9	10	11	12	13	14
试件号	13	9	3	7	5	1	11	14	10	4	8	6	2	12

④道路轮一次磨光 14 块试件为一组,每次试验要求磨光两组。一个道路轮上一次磨光用集料样品达不到 6 种时,不够的试件可采用已经磨光过的试件替代。但对每一种待检测的集料,应分两组磨光,每组 2 块试件。

(3)粗磨。

①准备好粗砂,装入粗砂贮料斗,磨光机底座下放一积砂盘。关闭调节流量阀,储水罐加满水。

②调节粗砂和水流速,按动粗砂调速按钮,待粗砂溜出稳定后,用接料斗在出料口接住 2 min 内溜出粗砂量,称取粗砂质量,计算粗砂流速应为(27±3)g/min;否则应进行调整。调节流量计控制水流速,使得粗砂和水正好连续、稳定而均匀分布在试件表面全宽度

上,可按粗砂相同流速控制。

③把标记 C 的橡胶轮安装在磨光机上,且安装方向与橡胶轮预磨时方向一致;转动荷载调整手轮,使橡胶轮完全压在试件表面,并使施加的总荷载为(725±10)N,且在磨光过程中保持恒定。

④按下电源开关,道路轮以(320±5)r/min 速度运转,并带动橡胶轮运转,同时立即打开储料斗和供水控制闸,按动粗砂调速按钮,调节流量计控制粗砂和水流速达到要求。

⑤在磨光到(60±5)min 和(120±5)min 时,自动中止磨光,清除积砂盘中的粗砂,同时检查试件是否夹紧。在总磨光时间达到(180±1)min 或总转数达到 57 600 r 时,终止磨光。

⑥当磨光结束后,应立即转动荷载调整手轮,卸下橡胶轮。将橡胶轮冲洗干净,在低于 25 ℃条件下避光存放。

⑦用水冲洗磨光机和试件,去除所有残留的粗砂(必要时从道路轮上取下试件冲洗)。

⑧粗磨后试件可立即进行细磨。如果预估在 1 d 内一次性无法完成磨光、浸泡和测试磨光值的整个试验过程,则在粗磨之后中断,将试件放在(20±2)℃水中浸泡至第二天再进行细磨、浸泡和磨光值的测试。

(4)细磨。

①准备好微粉,装入微粉贮料斗。关闭调节流量阀,储水罐加满水。

②调节微粉和水流速:按动微粉调速按钮,待微粉溜出稳定后,用接料斗在出料口接住 2 min 内溜出微粉量,称取质量,计算微粉流速应为(3±1)g/min;否则应进行调整。水流速应使得微粉和水正好连续、稳定而均匀分布在试件表面全宽度上,可按 2 倍微粉流速±1 mL/min 控制。

③安装标记 X 的橡胶轮,按照粗磨的第③~④步进行磨光。在总磨光时间达到(180±1)min 或总转数达到 57 600 r 时,终止磨光;中途不中断。

④当磨光结束后,应立即转动荷载调整手轮,卸下橡胶轮。将橡胶轮冲洗干净,在低于 25 ℃条件下避光存放。

⑤清理磨光机。

(5)磨光值测定前试件的处理。

①试件完成磨光后,从道路轮上卸下试件,用硬毛刷刷、水冲洗,清除表面及颗粒缝隙中的磨料。

②试件完成清洗后,立即放入(20±2)℃恒温水中,将试件磨光表面向下浸泡 30~120 min。浸泡完成之后,立即从水中取出,测定磨光值。在测定磨光值之前,试件不得干燥。

(6)磨光值测定。

①在试验前摆式摩擦仪、橡胶片和喷水壶中水应在(20±2)℃环境条件下恒温 2 h 以上,试验过程中环境温度应控制在(20±2)℃。进行正式试验之前,先校准橡胶片。

②将摆式摩擦仪放置在水平台上,松开紧固把手,转动升降把手使摆升高并能自由摆

动，然后锁紧紧固把手，转动调平螺栓，使水准泡居中。

③将摆固定在右侧悬臂上，使摆处于水平位置。把指针拨至右端与摆杆贴紧。右手按下释放开关，使摆向左带动指针摆动，当摆达到最高位置后刚开始下落时，用左手将摆杆接住，此时指针应指零。若指针不指零，通过拧紧或放松调节螺母进行调整，重复前述步骤，直至指针指零，调零允许误差为±1。

④试件磨光值测定。

ⓐ将试件固定在试件固定器的固定槽内，试件侧面标记的箭头方向应与磨光值测定时摆的摆动方向一致。让摆处于悬空、自然下垂静止状态，调整试件及试件固定器使试件与橡胶片、摆杆轴线中线对中，并满足以下要求：在试件宽度方向上，试件中线与橡胶片中线的偏差不超过±2 mm。在试件长度方向上，试件中线与摆杆轴线中线的偏差不超过±1 mm。

ⓑ让摆处于自然下垂状态，松开紧固把手，转动升降把手使摆下降，并提起举升柄使摆向左侧移动，然后放下举升柄使橡胶片工作边缘轻轻触地，在紧靠接触点侧边摆放滑溜长度量尺，使量尺左端对准接触点；再提起举升柄使摆向右侧移动，然后放下举升柄使橡胶片工作边缘轻轻触地，检查接触点是否与滑溜长度量尺的右端齐平。若齐平，则说明滑溜长度符合(76±1)mm 的要求。左右两次橡胶片工作边缘应以刚刚接触试件表面为准，不可借摆的力量向前滑溜。

ⓒ若橡胶片两次触地与滑溜长度量尺两端不齐平，调整摆的高度，重复ⓑ步骤使滑溜长度达到(76±1)mm。

ⓓ将摆固定在右侧悬臂上，使摆处于水平位置。把指针拨至右端与摆杆贴紧。用喷水壶喷洒清水润湿试件和橡胶片表面。注意在试验过程中，试件应一直保持湿润。按下释放开关使摆滑过试件表面，当摆达到最高位置后下落时，用左手接住摆杆，读取指针所指(F 盘)位置上的值，准确到 1 个单位。

ⓔ一块试件重复测试 5 次，每次测试均需要喷洒清水润湿试件表面。记录最后 3 次读数，取 3 次读数的平均值作为该试件磨光值(PSV_{ri}，对于标准试件记为 PSV_{bi})，准确至 0.1 个单位。当连续测定时读数不断增加，且超过 1 个单位，则可能滑溜长度在增加，重新调整滑溜长度再测试。5 个值中最大值与最小值的差值不得大于 3。

ⓕ按试件编号 13、1、10、3、5、12、8 顺序测定第一组中的 7 块试件的磨光值；然后换个橡胶片的工作边缘，按试件编号 7、11、6、4、9、2、14 顺序测定第一组中的另外 7 块试件的磨光值。

ⓖ按ⓐ～ⓕ步骤测定第二组 14 个试件的磨光值；试验过程中采用同一橡胶片。

ⓗ当标准试件磨光值满足要求时，可留存为校准试件。4 块标准试件分别记录 PSV_{bi}，风干后，标识密封保存。

6. 结果整理

(1) 计算每组 2 块标准试件的磨光值算术平均值和 4 块标准试件的磨光值算术平均值，准确至 0.1 个单位。4 块标准试件的磨光值算术平均值记为 PSV_{bra}。

(2)标准试件的每组磨光值算术平均值应介于 PSV_{bmin}~ PSV_{bmax},且两组间的磨光值算术平均值之差不大于5,否则所有被测集料试件试验结果无效。

(3)计算每组2块被测集料试件的磨光值算术平均值和每种被测集料4块试件的磨光值算术平均值,准确至0.1个单位。每种被测集料4块试件的磨光值算术平均值记为 PSV_{ra}。

(4)被测集料两组试件的间磨光值算术平均值之差应不大于5,否则该被测集料试验结果无效。

(5)被测集料的磨光值PSV按式(1-51)计算,取整数:

$$PSV = PSV_{ra} + PSV_{b} - PSV_{bra} \tag{1-51}$$

式中　PSV——集料的磨光值;

PSV_{ra}——被测集料4块试件磨光值的算术平均值;

PSV_{b}——标准集料磨光值标称值;

PSV_{bra}——4块标准试件的磨光值的算术平均值。

检测项目四　粗集料坚固性试验

1.目的与适用范围

(1)本方法适用于测定饱和硫酸钠溶液或饱和硫酸镁溶液浸泡和干燥循环作用下集料质量损失,以间接评价粗集料的坚固性。

(2)本方法不适用于测定含水泥的再生集料,或含碳酸钙、碳酸镁或隐晶石英集料。

2.仪具与材料

(1)烘箱:鼓风干燥箱,恒温(105±5)℃。

(2)天平:感量不大于称量质量的0.1%。

(3)试验筛:根据集料粒级选用不同孔径的方孔筛。

(4)容器:带盖的瓷缸、塑料桶、金属桶等,其容积不小于50 L。

(5)三脚网篮:网篮为铜丝或不锈钢丝制成。一般内径为100 mm,高为150 mm,网孔径不大于2.36 mm;对于37.5 mm及以上粒级,内径和高均为250 mm,网孔径不大于2.36 mm;对于2.36~4.75 mm粒级,内径及高均为70 mm,网孔径不大于1.18 mm。

(6)温控装置:(21±1)℃恒温水槽或恒温箱,能够容纳容积不小于50 L的容器,同时应有温度记录功能。

(7)比重计:液体比重计,相对密度精度0.001。

(8)温度计:量程0~100 ℃,分度值0.1 ℃;量程0~200 ℃,分度值1 ℃。

(9)计时器:量程不少于48 h,精度0.1 s。

(10)试剂:饱和硫酸钠坚固性试验为无水硫酸钠(Na_2SO_4);饱和硫酸镁坚固性试验为7水硫酸镁($MgSO_4 \cdot 7H_2O$)。

(11)试剂:10%氯化钡溶液。

(12)试验用水,蒸馏水或去离子水。

(13)其他:玻璃棒、金属盘、毛刷等。

3. 试验准备

1)饱和硫酸钠溶液的配制

(1)取一定量水加温至30~50 ℃,缓慢加入无水硫酸钠(Na_2SO_4),边加入边用玻璃棒充分搅拌。加入的无水硫酸钠(Na_2SO_4)应至溶液达到饱和并出现结晶,每1 000 mL水加入无水硫酸钠(Na_2SO_4)不少于350 g。然后将盛有饱和溶液的容器放入温控装置中,使饱和溶液冷却至(21±1)℃,使用前在此温度下静置不少于48 h。

(2)饱和溶液从冷却至(21±1)℃开始至所有浸泡试验结束的整个过程中均恒温在(21±1)℃,并及时盖住容器,减少水分蒸发或污染。每次使用溶液浸泡之前,均应将容器中的结晶弄碎,搅拌饱和溶液、静置30 min后检查饱和溶液相对密度,应达到1.151~1.174。

(3)当溶液颜色发生变化或溶液相对密度达不到要求时,可过滤一遍;如果检查其相对密度仍然达不到要求,则不得使用。

(4)溶液的配制,可采用试验浸泡集料的容器,也可采用单独的容器。

2)饱和硫酸镁溶液的配制

每1 000 mL水加入7水硫酸镁($MgSO_4 \cdot 7H_2O$)不少于1 500 g;每次使用溶液浸泡之前,饱和溶液相对密度应满足1.286~1.306。其他同1)饱和硫酸钠溶液的配制。

3)试样的制备

(1)将样品用2.36 mm试验筛充分过筛,取筛上颗粒缩分试样两份。将试样浸泡在水中,借助金属丝刷将试样颗粒表面洗刷干净,经多次漂洗至水清澈。沥干后(105±5)℃烘干至恒重,并冷却至室温。

(2)按表1-24各粒级筛网组成套筛,将每份试样干筛法充分筛分,称量各粒级的颗粒质量M_i,计算各粒级的质量百分率a_i。

(3)按表1-24要求质量,每份试样各粒级称取一份集料颗粒(m_i),同时记录各粒级中大于19 mm颗粒数(N_i)。

表1-24 粗集料坚固性试验各粒级试样质量要求

公称粒级/mm	2.36~4.75	4.75~9.5	9.5~16	16~19	19~31.5	31.5~37.5	37.5~53	53~63	63~75
试样质量/g	200±5	400±10	500±10	600±10	600±25	900±50	1 200±300	1 800±399	5 000±500

注:1. 当某一粒级的质量百分率a_i小于5%时,则该粒级可不进行试验。如10~25 mm集料中,4.75~9.5 mm、9.5~16 mm、16~19 mm和19~37.5 mm粒级的质量百分率分别为1.4%、90.3%、7.2%和1.1%,则4.75~9.5 mm和19~37.5 mm粒级可不予试验,仅进行9.5~16 mm和16~19 mm两个粒级的试验。

2. 9.5~16 mm粒级颗粒可采用等质量的9.5~13.2 mm粒级颗粒代替;19~31.5 mm粒级颗粒可采用等质量的19~26.5 mm粒级颗粒或26.5~31.5 mm粒级颗粒代替。

3. 2.36~4.75 mm与4.75~9.5 mm、9.5~16 mm与16~19 mm、19~31.5 mm与31.5~37.5 mm、37.5~53 mm与53~63 mm可两个粒级合并进行试验,但合并之前各粒级质量应分别满足表1-24中要求。

4. 硫酸钠饱和溶液坚固性试验步骤

(1)将待测粒级集料颗粒分别装入不同的三脚网篮、浸入盛有硫酸钠饱和溶液的容器中,三脚网篮浸入溶液时应先上下升降25次(升降高度约25 mm,且集料颗粒不得露出溶液液面)以排除气泡,然后静置于该容器中。各粒级集料颗粒浸入饱和溶液之前,温度应为(21±1)℃;同时饱和溶液容积应不小于各粒级集料颗粒总体积的5倍。各粒级浸入饱和溶液后,三脚网篮底面距容器底面(由网篮脚高控制)间距、三脚网篮外壁距容器内壁间距、三脚网篮之间间距均不少于20 mm;且饱和溶液液面至少高出集料颗粒面20 mm。

(2)及时盖住容器,并保持饱和溶液恒温在(21±1)℃,静置浸泡(20±0.25)h。从饱和溶液中提出三脚网篮,沥干(15±5)min后,置于(105±5)℃的烘箱中烘干(4±0.25)h;及时盖住容器,并继续进行饱和溶液恒温。从烘箱中取出各粒级集料颗粒,冷却(2±0.25)h至(21±1)℃;可通过环境箱、空调或电风扇等加速降温。至此,完成了第一个饱和溶液浸泡、加热烘干试验循环。

(3)将容器中结晶硫酸盐弄碎,搅拌饱和溶液、静置30 min后检查饱和溶液相对密度再按照该试验步骤(1)~(2)进行4个循环,但浸泡时间调整为(4±0.25)h。

(4)完成第五次循环后,将各粒级集料颗粒置于46~49 ℃的水中浸泡、洗净结晶硫酸盐。再将各粒级集料颗粒放入(105±5)℃的烘箱中烘干至恒重,待冷却至室温后,用相应粒级下限筛孔过筛,并称量其筛余质量m_i'。

注:取洗各粒级集料颗粒的水约10 mL,滴入几滴10%氯化钡溶液,若未出现白色浑浊说明已洗净。

(5)对粒径大于19 mm的颗粒,同时进行外观检查,描述各颗粒的裂缝、剥落、掉边和掉角等情况及其所占的颗粒数量。

(6)如中途需要暂停试验,可在烘箱完成烘干后冷却阶段中止试验,总中止时间不超过72 h。

5. 硫酸镁饱和溶液坚固性试验步骤

(1)将待测粒级集料颗粒分别装入不同的三脚网篮、浸入盛有饱和溶液的容器中,三脚网篮浸入溶液时应先上下升降25次(升降高度约25 mm,且集料颗粒不得露出溶液面)以排除气泡,然后静置于该容器中。各粒级集料颗粒浸入饱和溶液之前,其温度应为(21±1)℃;同时饱和溶液容积应不小于各粒级集料颗粒总体积的5倍。各粒级集料颗粒浸入饱和溶液后,三脚网篮底面距容器底面(由网篮脚高控制)间距、三脚网篮外壁距容器内壁间距、三脚网篮之间间距均不少于20 mm;且饱和溶液液面至少高出集料颗粒表面20 mm。

(2)及时盖住容器,并保持饱和溶液恒温在(21±1)℃,静置浸泡(16.5±0.25)h。饱和溶液中提出三脚网篮,沥干(30±5)min后,置于(105±5)℃的烘箱中烘干(6±0.25)h;及时盖住容器,并继续进行饱和溶液恒温。从烘箱中取出各粒级集料颗粒,冷却(2±

0.25)h 至(21±1)℃;可通过环境箱、空调或电风扇等加速降温。至此,完成了第一个饱和溶液浸泡、加热烘干试验循环。

(3)将容器中结晶硫酸盐弄碎,搅拌饱和溶液、静置 30 min 后检查饱和溶液相对密度再完全按照该试验步骤(1)~(2)进行 4 个循环。

(4)完成第五次循环后,将各粒级集料颗粒置于 46~49 ℃的水中浸泡、洗净结晶硫酸盐。再将各粒级集料颗粒放入(105±5)℃的烘箱中烘干至恒重,待冷却至室温后,用相应粒级下限筛孔过筛,并称量其筛余质量 m'_i。

注:取洗各粒级集料颗粒的水约 10 mL,滴入几滴 10%氯化钡溶液,若未出现白色浑浊说明已洗净

(5)对粒径大于 19 mm 的颗粒,同时进行外观检查,描述各颗粒的裂缝、剥落、掉边和掉角等情况及其所占的颗粒数量。

(6)如中途需要暂停试验,可在烘箱完成烘干后冷却阶段中止试验,总中止时间不超过 72 h。

6. 结果整理

(1)试样的各粒级质量百分率按式(1-52)计算。

$$a_i = \frac{M_i}{\sum_{k=1}^{9} M_k} \times 100 \tag{1-52}$$

式中 a_i——试样第 i 粒级集料颗粒的质量百分率(%);

i、k——1、2、…、9,代表 2.36~4.75 mm、4.75~9.5 mm、9.5~16 mm、…、63~75 mm 中某一粒级;

M_i——第 i 粒级的集料颗粒质量,g。

(2)试样的各粒级质量损失百分率按式(1-53)计算,准确至 0.1%。

$$Q_i = \frac{m_i - m'_i}{m_i} \times 100 \tag{1-53}$$

式中 Q_i——试样第 i 粒级的集料颗粒质量损失百分率(%);

m_i——试验前,第 i 粒级集料颗粒烘干质量,g;

m'_i——5 次循环试验后,第 i 粒级筛余集料颗粒的质量,g。

(3)硫酸镁溶液试验的试样质量损失百分率 S_{sm} 按式(1-54)计算,准确至 0.1%

$$S_{sm} = \frac{\sum a_i Q_i}{\sum a_i} \tag{1-54}$$

(4)硫酸钠溶液试验的试样质量损失百分率 S_{sn} 按式(1-55)计算,准确到 0.1%。

$$S_{sn} = \frac{\sum a_i Q_i}{\sum a_i} \tag{1-55}$$

任务三　矿质混合料组成设计

天然或人工轧制的集料很难满足混合料中对粒径尺寸的要求。所以,在工程上想满足某一目标级配范围的混合料需由两种或者两种以上的集料进行掺配。这样掺配而成的混合料称为矿质混合料(简称矿料)。矿料组成设计就是根据目标级配范围要求,确定每种集料在矿料中的合理比例。

一、集料的级配及矿质混合料的级配理论

(一)集料的级配

级配是集料各级粒径颗粒的搭配情况,可通过筛分试验确定。筛分试验就是将一定质量的集料通过标准筛,称出筛余质量,根据集料试样的质量与存留在各筛孔上的集料质量,就可求得一系列与集料级配有关的参数,如分计筛余率、筛余率、通过率。

1. 分计筛余率

试样的各号筛的分计筛余率是各号筛分计筛余量占试样总质量的百分率,准确至0.01%,可按式(1-56)求得:

$$p'_i = \frac{m_i}{M} \times 100 \tag{1-56}$$

式中　p'_i——各号筛的分计筛余率(%);

m_i——各号筛的分计筛余量,g;

M——试样的总质量,g。

2. 筛余率

试样的各号筛筛余率是该号筛及以上各号筛的分计筛余率之和,精确至0.01%,按式(1-57)求得:

$$A_i = p'_1 + p'_2 + p'_3 + \cdots + p'_i \tag{1-57}$$

式中　A_i——各号筛的筛余率(%);

3. 通过率

试样各号筛的质量通过率 p_i 等于100减去该号筛的筛余率,准确至0.1%,按式(1-58)求得:

$$p_i = 100 - A_i \tag{1-58}$$

式中　p_i——各号筛的通过率(%);

A_i——各号筛的筛余率(%)。

4. 粗度

粗度是评价细集料粗细程度的一种指标,通常用细度模数表示。理论上细度模数与集料的对数平均粒径成正比,所以它反映的是集料平均颗粒大小,细度模数越大,表示天然砂的颗粒越粗。细度模数按式(1-59)计算,精确至0.01。

$$M_X = \frac{(A_{2.36} + A_{1.18} + A_{0.6} + A_{0.3} + A_{0.15}) - 5A_{4.75}}{100\% - A_{4.75}} \tag{1-59}$$

式中　M_X——细集料的细度模数；

$A_{4.75}$、$A_{2.36}$、…、$A_{0.15}$——4.75 mm、2.36 mm、…、0.15 mm 各号筛上的筛余率(%)。

根据细度模数大小可将细集料分为以下四级：

粗砂：细度模数在 3.1~3.7。

中砂：细度模数在 2.3~3.0。

细砂：细度模数在 1.6~2.2。

特细砂：细度模数在 0.7~1.5。

【例题 1-1】　某工地进了一批配制水泥混凝土的砂样，现取样进行筛分试验，筛分结果如表 1-25 所示，试计算砂的细度模数，并分级。

表 1-25　筛分结果

筛孔尺寸/mm	4.75	2.36	1.18	0.6	0.3	0.15	0.075
筛余量/g	25	35	90	140	115	70	25

解：　　集料总质量 = 25+35+90+140+115+70+25 = 500(g)

计算各号筛分计筛余率：

$$p'_{4.75} = \frac{25}{500} \times 100\% = 5\%$$

$$p'_{2.36} = \frac{35}{500} \times 100\% = 7\%$$

$$p'_{1.18} = \frac{90}{500} \times 100\% = 18\%$$

$$p'_{0.6} = \frac{140}{500} \times 100\% = 28\%$$

$$p'_{0.3} = \frac{115}{500} \times 100\% = 23\%$$

$$p'_{0.15} = \frac{70}{500} \times 100\% = 14\%$$

计算各号筛的筛余率：

$$A_{4.74} = 5\%$$

$$A_{2.36} = p'_{4.75} + p'_{2.36} = 5\% + 7\% = 12\%$$

同理：

$$A_{1.18} = 5\% + 7\% + 18\% = 30\%$$

$$A_{0.6} = 5\% + 7\% + 18\% + 28\% = 58\%$$

$$A_{0.3} = 5\% + 7\% + 18\% + 28\% + 23\% = 81\%$$

$$A_{0.15} = 5\% + 7\% + 18\% + 28\% + 23\% + 14\% = 95\%$$

计算细度模数：

$$M_X = \frac{(A_{2.36} + A_{1.18} + A_{0.6} + A_{0.3} + A_{0.15}) - 5A_{4.75}}{100\% - A_{4.75}}$$

$$= \frac{(12\% + 30\% + 58\% + 81\% + 95\%) - 5 \times 5\%}{100\% - 5\%} = 2.64$$

因为细度模数在 2.3~3.0，所以该砂为中砂。

检测项目一　粗集料筛分试验

粗集料及集料混合料的筛分试验

1. 目的与适用范围

(1) 本方法适用于测定粗集料的颗粒组成，本方法也可适用于测定集料混合料的颗粒组成。

(2) 对水泥混凝土用粗集料可采用干筛法筛分；对沥青混合料、粒料材料、无机稳定类材料等用粗集料应采用水洗法筛分。

2. 仪具与材料

(1) 试验筛：方孔筛，孔径根据集料规格选用。2.36 mm 及以下孔径试验筛，应采用满足《试验筛 技术要求和检验 第 1 部分：金属丝编织网试验筛》(GB/T 6003.1—2022) 中规定的金属丝编织网试验筛，其筛框直径可选择 200 mm 或 300 mm。4.75 mm 及以上孔径试验筛，应采用满足《试验筛 技术要求和检验 第 2 部分：金属穿孔板试验筛》(GB/T 6003.2—2012) 中规定的金属穿孔板试验筛，其中 4.75 ~37.5 mm 试验筛，其筛框直径为 300 mm，而 53 mm 及以上孔径试验筛，筛框直径应不小于 300 mm（见图 1-16）。

(2) 天平：量程满足称量要求，感量不大于称量质量的 0.1%（见图 1-16）。

(3) 烘箱：鼓风干燥箱，恒温 (105±5) ℃。烘干能力不小于 25 g/h。烘干能力验证方法：清空烘箱，1 L 玻璃烧杯盛 500 g 自来水 [起始水温为 (20±1) ℃] 放入烘箱，在 (105±5) ℃烘干 4 h，计算每个小时水的质量损失。应检验烘箱中各支撑架的四角及中部。

(4) 盛水容器：浸泡试样用容器，如不锈钢的金属盆。

(5) 温度计：量程 0~200 ℃，分度值 1 ℃。

(6) 摇筛机（见图 1-16）。

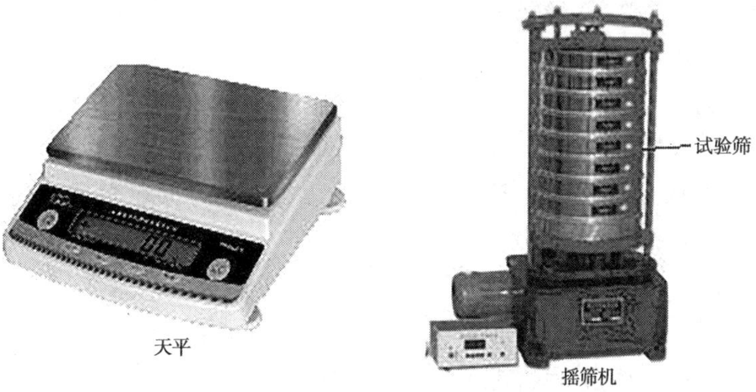

图 1-16　天平、摇筛机、试验筛

(7)其他：金属盘、铲子、毛刷、搅棒等。

3. 试验准备

将样品缩分至表1-26要求质量的试样两份，置于(105±5)℃烘箱中烘干至恒重，并冷却至室温。

表1-26 粗集料筛分试验的试样质量

公称最大粒径/mm	75	63	53	37.5	31.5	26.5	19	16	13.2	9.5	4.75
一份试样的最小质量/kg	25.0	17.0	11.0	6.5	5.0	4.0	2.0	1.5	1.0	1.0	0.5

4. 干筛法试验步骤

(1)取一份干燥试样，称其总质量(m_0)。

(2)将试样移入按筛孔大小从上到下组合的套筛(附筛底)上，盖上筛盖后采用摇筛机或人工筛分约10 min。

(3)试样经套筛筛分一定时间后，取下各号筛，加筛底和筛盖后再逐个进行人工补筛。人工补筛时，需使集料在筛面上同时有水平方向及上下方向的不停顿的运动，使小于筛孔的颗粒通过筛孔。将通过的颗粒并入下一号筛上，并和下一号筛中的试样一起过筛，顺序进行，直至各号筛全部筛完。

(4)人工补筛时应筛至每分钟各号筛的分计筛余量变化小于试样总质量的0.1%，并按照如下方式确认：将单个筛(含筛底和筛盖)，一只手拿着筛子(含筛底和筛盖)，使筛面稍微倾斜；将筛子一侧斜向上猛力敲击另一只手的掌根，每分钟约150次；同时每25次旋转一次筛面，每次旋转约60°。

(5)各号筛的分计筛余量不得超过以下确定的剩留量，否则应将该号筛上的筛余试样分成两小份或数小份，分别进行筛分，并以其筛余量之和作为该号筛的分计筛余量。

①对于筛孔小于4.75 mm的试验筛，剩留量(kg)为7 kg/m^2×筛框面积(m^2)；

②对于筛孔为4.75 mm或以上试验筛，剩留量(kg)为2.5 kg/(mm·m^2)×筛孔直径(mm)×筛框面积(m^2)；

③对于轻集料，剩留量为筛上满铺一层时试样的质量。

(6)当筛余颗粒粒径大于19 mm时，筛分过程中允许用手指拨动颗粒，但不得逐颗塞过筛孔。当筛上的颗粒粒径大于37.5 mm时，可采用人工转动颗粒逐个确定其可通过的最小筛孔，但不得逐颗塞过筛孔。

(7)称取每号筛的分计筛余量(m_i)和筛底质量($m_{底}$)。

5. 水洗法试验步骤

(1)取一份干燥试样，称其总质量(m_0)。将试样移入盛水容器中摊平，加入水至高出试样150 mm。根据需要可将浸没试样静置一定时间，便于细粉从大颗粒表面分离。普通集料浸没水中不使用分散剂。特殊情况下，如沥青混合料抽提得到的集料混合料等可采用分散剂，但应在报告中说明。

(2)根据集料粒径选择4.75 mm、0.075 mm，或2.36 mm、0.075 mm组成一组套筛，其底部为0.075 mm试验筛。试验前筛子的两面应先用水润湿。

(3)用搅棒充分搅动试样，使细粉完全脱离颗粒表面、悬浮在水中，但应注意试样不得破碎或溅出容器。搅动后立即将浑浊液缓缓倒入套筛上，滤去小于0.075 mm的颗粒。倾倒时避免将粗颗粒一起倒出而损坏筛面。

(4)采用水冲洗等方法，将两只筛上颗粒并入容器中。再次加水于容器中，重复(3)中的步骤，直至浸没的水目测清澈。

(5)将两只筛上及容器中的试样全部回收到一个金属盘中。当容器和筛上黏附有集料颗粒时，在容器中加水、搅动使细粉悬浮在水中，并快速全部倒入套筛上；再将筛子倒扣在金属盘上，用少量的水并助以毛刷将颗粒刷落入金属盘中。待细粉沉淀后，泌去金属盘中的水，注意不要散失颗粒。

(6)将金属盘连同试样一起置于(105±5)℃烘箱中烘干至恒重，称取水洗后的干燥试样总质量($m_{洗}$)。

(7)将回收的干燥集料按干筛法步骤进行筛分，称取每号筛的分计筛余量(m_i)和筛底质量($m_{底}$)。

6. 结果整理(干筛法筛分)

(1)试样的筛分损耗率按式(1-60)计算，精确至0.01%。

$$p_s = \frac{m_0 - m_{底} - \sum m_i}{m_0} \times 100 \tag{1-60}$$

式中　p_s——试样的筛分损耗率(%)；

m_0——筛分前的干燥试样总质量，g；

$m_{底}$——筛底质量，g；

m_i——各号筛的分计筛余量，g；

i——依次为0.075 mm、0.15 mm…至集料最大粒径的排序。

(2)试样的各号筛分计筛余率按式(1-61)计算，精确至0.01%。

$$p'_i = \frac{m_i}{m_{底} + \sum m_i} \times 100 \tag{1-61}$$

式中　p'_i——试样的各号筛分计筛余率(%)。

(3)试样的各号筛筛余率A_i为该号筛及以上各号筛的分计筛余率之和，精确至0.01%。

(4)试样的各号筛通过率P_i为100减去该号的筛余率，精确至0.1%。

7. 工程示例

粗集料筛分试验记录(干筛法)如表1-27所示。

表 1-27　粗集料筛分试验记录(干筛法)

工程名称:×××高速公路路基工程　　　　　　　合同编号:辽高××合字 2024 第 2 号

承包单位	中铁×××集团有限公司	委托单编号	LJ××-SS-SF-××
委托单位	中铁×××集团有限公司项目经理部	分项工程	桥面铺装、构件浇筑
监理单位	辽宁××监理有限公司	试验者	×××
试验单位	中铁××集团有限公司工程检测中心	校核者	×××
试验规程	JTG 3432—2024	试验日期	2024-06-07
试样描述	×××碎石　参配比例(5~10):(10~20)=40%:60%	报告日期	2024-06-08

试样质量	3 000 g	适用范围	水泥混凝土	级配范围	5~20
试验编号	124	取样地点	中心拌和站	代表数量/m³	380

筛孔尺寸/mm	分计筛余量/g		分计筛余率/%		筛余率/%		通过率/%		平均通过率/%
	1	2	1	2	1	2	1	2	100
19	0	0	0	0	0	0	100	100	76.7
16	697.3	699.4	23.24	23.33	23.24	23.33	76.76	76.67	62.3
13.2	431.9	434.6	14.4	14.50	37.64	37.83	62.36	62.17	35.5
9.5	801	802.3	26.7	26.76	64.34	64.59	35.66	35.41	2.6
4.75	989.8	985.3	33	32.86	97.34	97.45	2.66	2.55	0.3
2.36	71.1	68.5	2.37	2.28	99.71	99.73	0.29	0.27	0
1.18	8.2	7.9	0.27	0.26	99.98	99.99	0.02	0.01	0
0.6	0.50	0.2	0.02	0.01	100.0	100.0	0	0	0
0.3	0	0	0	0	100.0	100.0	0	0	0
0.15	0	0	0	0	100.0	100.0	0	0	0
0.075	0	0	0	0	100.0	100.0	0	0	0
筛底 $m_{底}$	0	0	0	0	100.00	100.00		0	
筛分后总量 $\sum m_i$/g	2 999.8	2 998.2	100	100					
损耗 m_5/g	0.2	1.8							
损耗率/%	0.01	0.06							

结论:	技术负责人意见: 签名:
监理(督)工程师签字: 签名:	试验室盖章:

检测项目二　细集料筛分试验

1. 目的与适用范围

(1)本方法适用于测定细集料的颗粒组成、计算细度模数。

(2)对水泥混凝土、水泥砂浆用细集料可采用干筛法进行筛分试验,也可用水洗法进行筛分试验;当0.075 mm通过率大于5%时,宜采用水洗法进行筛分试验。对沥青混合料、无结合料粒料材料及无机稳定材料用细集料应采用水洗法进行筛分试验。

(3)对于轻集料,应采用干筛法进行筛分试验。

2. 仪具与材料

(1)试验筛:根据集料粒级选用不同孔径的方孔筛,带筛底、筛盖。

(2)天平:称量不小于1 kg,感量不大于0.1 g。

(3)摇筛机。

(4)烘箱:鼓风干燥箱,恒温(105±5)℃。

(5)盛水容器:浸泡试样用容器,不锈钢的金属盆等。

(6)其他:金属盘、铲子、毛刷、搅棒等。

3. 试验准备

将样品缩分至表1-28要求质量的试样两份,置于(105±5)℃烘箱中烘干至恒重冷却至室温备用。

表1-28　细集料筛分试验的试样质量

公称最大粒径/mm	4.75	≤2.36
一份试样的最小质量/g	500	300
轻集料一份试样的最小体积/L	0.3	

注:特细砂试样的最小质量可减少为100 g。

4. 试验步骤

1)干筛法试验步骤

(1)取一份干燥试样,称取试样总质量(m_0)。

(2)按粗集料筛分方法中干筛法试验步骤进行筛分,称量每号筛的分计筛余量(m_i)和筛底质量($m_{底}$)。

2)水洗法试验步骤

(1)取一份干燥试样,称取试样总质量(m_0)。

(2)按粗集料筛分方法中水洗法试验步骤进行水洗、烘干、筛分,称取水洗后的干燥试样总质量($m_{洗}$),每号筛的分计余量(m_i)和筛底质量($m_{底}$)。

5. 结果整理

(1)试样的筛分损耗率、分计筛余率、筛余率和通过率按照粗集料筛分中计算方法计算。

(2)试样的细度模数按式(1-59)计算,准确至0.01。

(3)若一份试样的筛分损耗率大于0.5%,其试验结果无效。

(4)取两份试样的各号筛通过率的算术平均值作为样品通过率的试验结果,准确至0.1%。

(5)取两份试样的细度模数的算术平均值作为样品细度模数试验结果,准确至0.1。

6. 允许误差

(1)一份试样的筛分损耗率应不大于0.5%。

(2)0.075 mm通过率重复性试验的允许误差为1%。

(3)细度模数重复性试验的允许误差为0.2。

7. 工程示例

细集料筛分试验记录(干筛法)如表1-29所示。

表1-29 细集料筛分试验记录(干筛法)

工程名称:×××高速公路路基工程　　合同编号:辽高××合字2024第2号

承包单位	中铁×××集团有限公司			委托单编号	LJ03-SS-SF-124
委托单位	中铁×××集团有限公司项目经理部			分项工程	构件浇筑
监理单位	辽宁××监理有限公司			试验者	×××
试验单位	中铁××集团有限公司工程检测中心			校核者	×××
试验规程	JTG 3432—2024			试验日期	2024-06-07
试样描述	×××天然砂			报告日期	2024-06-08
试样质量	500 g	适用范围	水泥混凝土	取样地点	中心拌和站

筛孔尺寸/mm	1				2				通过率平均值/%
	分计筛余质量/g	分计筛余率/%	筛余率/%	通过率/%	分计筛余质量/g	分计筛余率/%	筛余率/%	通过率/%	
4.75	25	5.00	5.00	95.00	22	4.40	4.40	95.60	95.3
2.36	95	19.00	24.00	76.00	98	19.60	24.00	76.00	76.0
1.18	110	22.00	46.00	54.00	112	22.40	46.40	53.60	53.8
0.6	140	28.00	74.00	26.00	138	27.60	74.00	26.00	26
0.3	60	12.00	86.00	14.00	58	11.60	85.60	14.40	14.2
0.15	45	9.00	95.00	5.00	44	8.80	94.40	5.60	5.3
筛底	25	5.00	100.00	0.00	28	5.60	100	0.00	0.0
筛分后总量 $\sum m_i$/g	500				500				
损耗 m_5/g	0				0				
损耗率/%	0				0				
细度模数 M_x	3.16				3.16				3.16

续表 1-29

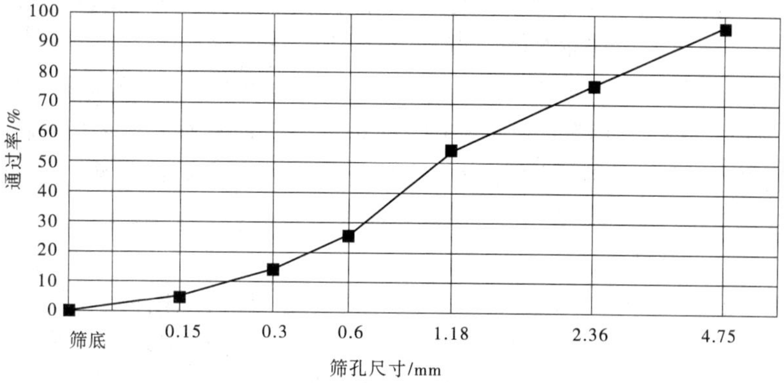

结论：	技术负责人意见： 签名：
监理(督)工程师签字： 签名：	试验室盖章：

(二)矿质混合料的级配理论

1. 级配理论

对沥青混合料的矿料级配范围，按照粗细集料、沥青与矿粉组成的两大结合料，其构成的理论有以下两种。

一种是以富勒(W. B. Fuller)曲线为代表的最大密度理论，它认为集料与结合料组成的是一个密实的整体，颗粒间级配连续且相互嵌挤密实有适当的空隙率。这种级配形式称为连续级配。

富勒曲线的基本公式为：

$$p = \left(\frac{d}{D}\right)^{n} \times 100\% \tag{1-62}$$

式中　p——相应于各级矿料粒径 d 的通过百分率；

D——最大粒径，mm；

d——欲计算的某级矿料的粒径，mm；

n——试验指数。

n 在富勒曲线中被认定为 0.5，后来美国 FHWA、AASHTO、AI 及在 Supenrpave 中都使用了 0.45，一直延续至今。对于沥青混合料，当指数为 0.45 时，其密度最大；对于水泥混凝土，指数在 0.25～0.45 时，工作性更好。之后包括我国在内的许多国家对 n 值或者该表达式做了很多研究，虽出现许多新的变化了的公式，但其基本意义没有改变。所以，矿料级配计算公式指数通常在 0.3～0.7，允许其在一定范围内变动。该理论是目前在世界上应用最普遍的级配理论。

另一种理论是建立在粒子干涉理论基础上而形成的矿料级配原理，如魏矛斯理论及贝雷法理论等。我国一些学者将集料假设为一定规则形状的颗粒，颗粒间的空隙由次一级的填充，更小一级的颗粒填充剩余的空隙，最后由结合料填充。为避免填充的颗粒间出现干涉现象，就需要各矿料有一定的比例使其形成密实的混合料。实际上，该理论很难应用于实际中。因为一方面计算所得级配范围很难适用于所有筛孔，使用起来有难度。另一方面在实际工程中需根据路面结构组成及混合料所处层次对级配作不同调整。因此，选择理论的系数就很困难，要有实践得出的经验作为指导。

2. 级配曲线绘制方法及级配范围

我国采用半对数坐标绘制级配曲线。首先，按对数计算出各种颗粒粒径在横坐标上的位置，通过率则由普通算术坐标表示。绘制好坐标后，将计算所得各颗粒粒径的通过率在坐标上点绘出来，将绘完的点用光滑曲线连接起来，如图 1-17 所示。

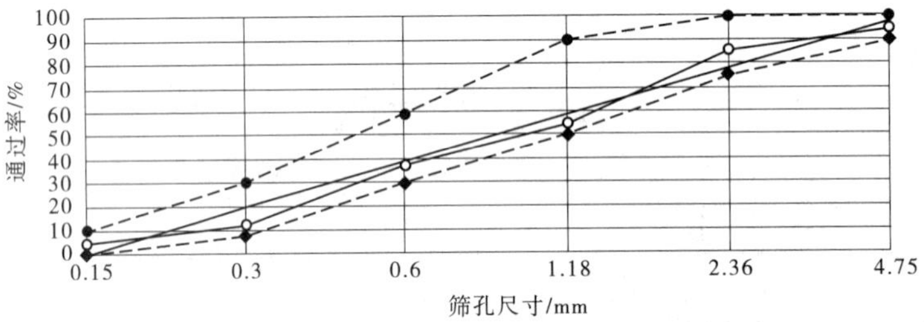

图 1-17　混合料矿料组成级配曲线示例

泰勒曲线的标准画法，其指数 $n=0.45$，横坐标按 $X=d_i^{0.45}$ 计算，如表 1-30 所示，纵坐标为普通坐标，可利用计算机的电子表格功能来绘制。

表 1-30　级配曲线的横坐标（按 $X=d_i^{0.45}$ 计算）

筛孔 d_i/mm	0.075	0.15	0.3	0.6	1.18	2.36	4.75
横坐标 X	0.312	0.426	0.582	0.795	1.077	1.472	2.016
筛孔 d_i/mm	9.5	13.2	16	19	26.5	31.5	37.5
横坐标 X	2.754	3.193	3.482	3.762	4.370	4.723	5.109

由于矿质混合料在轧制过程中存在不均匀性，且混合料在配制时存在误差，故配制的混合料与理论级配不能完全相符，所以允许配料时合成级配在适当的范围内波动，这就是级配范围。

（三）矿质混合料的级配类型及特点

1. 连续级配

连续级配是某一矿料在标准套筛中进行筛分后，矿料的颗粒由大到小连续分布，每一级都占有适当的比例。连续级配的级配曲线平顺圆滑、有连续性，相邻集料存在一定的比例关系。级配曲线愈接近抛物线，其密度愈大。其级配特点：粗集料较少，细集料多。粗集料悬浮在细集料中不能形成嵌挤骨架，空隙率小。连续级配混合料密实耐久、内摩阻力相对较小、高温稳定性较差。

2. 间断级配

在矿质颗粒分配的整个区间里，从中间剔除一个或连续几个粒级，形成一种不连续的级配。间断级配是以一个连续级配的集料为骨架，在保证粗集料不被挤开的条件下，用另一个连续级配细集料填空隙。其级配特点：粗集料形成骨架，细集料充分填充到骨架空隙中，形成密实的骨架嵌挤结构。

3. 开级配

整个矿料颗粒分布范围较窄，从最大粒径到最小粒径仅在数个粒级上以连续的形式出现，形成连续开级配。其级配特点：粗集料较多，细集料较少，不足以充分填充到整个粗骨架的空隙中，空隙率较大。开级配混合料耐久性较差，温度稳定性较好。连续级配、间断级配及开级配曲线如图 1-18 所示。

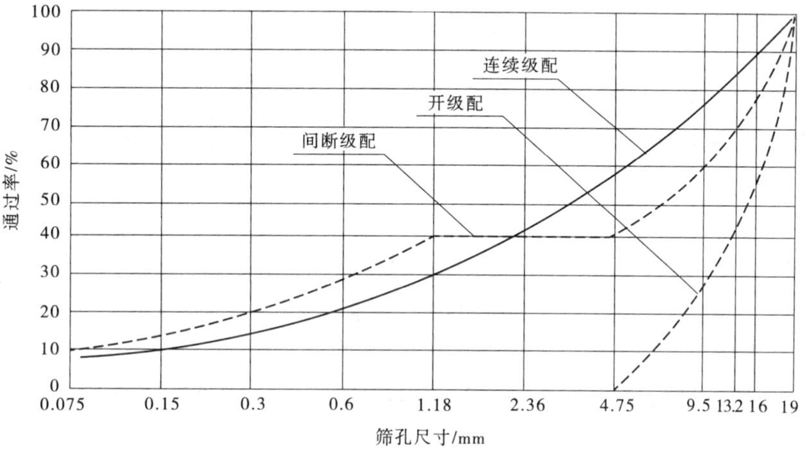

图 1-18　连续级配、间断级配及开级配曲线

二、矿质混合料组成设计

矿质混合料的组成设计方法有两种：一种是数解法；另一种是图解法。矿质混合料组成设计需要两个基本条件：第一，各档材料的筛分结果；第二，要求的集料级配范围。

（一）数解法（试算法）

根据所需矿料的分计筛余进行计算。

1. 基本假定

某一粒径的颗粒由一种集料提供，其他集料不含该粒径颗粒。该粒径的颗粒在该集料中占优势。

数解法动画

2. 计算过程

已知：有 3 种集料分别是 A、B、C，需要合成矿质混合料 M。

1）准备工作

（1）A 集料在矿质混合料 M 中占比例设为 X，B 集料在矿质混合料 M 中所占比例为 Y，C 集料在矿质混合料 M 中所占比例为 Z，则

$$X + Y + Z = 100\% \quad (1\text{-}63)$$

(2)各集料的分计筛余和矿质混合料的分计筛余分别是:A 集料在 i 孔径的分计筛余为 $a_{A(i)}$、B 集料在 i 孔径的分计筛余为 $a_{B(i)}$、C 集料在 i 孔径的分计筛余为 $a_{C(i)}$、矿质混合料 M 在 i 孔径的分计筛余为 $a_{M(i)}$,则

$$a_{A(i)} \cdot X + a_{B(i)} \cdot Y + a_{C(i)} \cdot Z = a_{M(i)} \quad (1\text{-}64)$$

2)确定每种矿料用量

(1)计算 A 集料在矿质混合料 M 中的用量 X。

在计算 A 集料在混合料中的用量时,按 A 集料在优势粒径计算,而忽略其他集料在此粒径的含量。

设按 A 集料粒径尺寸为 i(mm)的粒径来进行计算,则 B 集料和 C 集料在该粒径的含量 $a_{B(i)}$ 和 $a_{C(i)}$ 均等于 0。将其代入式(1-64),则 A 集料用量为:

$$X = \frac{a_{M(i)}}{a_{A(i)}} \times 100\% \quad (1\text{-}65)$$

(2)计算 C 集料在矿质混合料 M 中的用量 Z。C 集料在矿质混合料 M 中的 j 孔径占优势,忽略 A 集料、B 集料在 j 孔径含量,即 $a_{A(i)}$、$a_{B(i)}$ 都为零,则 C 集料用量 Z 为:

$$Z = \frac{a_{M(j)}}{a_{C(j)}} \times 100\% \quad (1\text{-}66)$$

(3)计算 B 集料在矿质混合料 M 中的用量 Y。

$$Y = 100\% - (X + Z) \quad (1\text{-}67)$$

(4)校核调整。

经上述公式计算出的三种集料的配比,经校核后应在级配要求范围内,否则调整配比,重新计算和复核。

【例 1-2】 现有碎石、石屑和矿粉 3 种矿质材料,筛分结果按分计筛余列于表 1-31,要求配制成 AC-13 级配要求的混合料,求碎石、石屑和矿粉 3 种矿质材料在混合料中的用量比例。

表 1-31 原材料分计筛余与混合料级配要求范围

原材料		筛孔尺寸/mm										
		16	13.2	9.5	4.75	2.36	1.18	0.6	0.3	0.15	0.075	<0.075
各种矿质材料分计筛余/%	碎石		5.2	41.7	50.5	2.6						
	石屑				1.6	24.0	22.5	16.0	12.4	11.5	10.8	1.2
	矿粉										13.2	86.8
AC-13 级配范围通过/%		100	95~100	70~88	48~68	36~53	24~41	18~30	12~22	8~16	4~8	—

解:(1)将混合料级配范围的通过百分率换算成分计筛余百分率,见表 1-32。

(2)由表 1-32 可看出,碎石在 4.75 mm 孔径时分计筛余百分率是 50.5%,占有优势,故而假定在 4.75 mm 孔径的料全部由碎石提供,就是说石屑和矿粉在 4.75 mm 孔径的分

计筛余是0，即令 $a_{B(4.75)}=a_{C(4.75)}=0$，那么碎石在混合料中的用量为：

表 1-32 原材料分计筛余与混合料级配要求范围

原材料		筛孔尺寸/mm										
		16	13.2	9.5	4.75	2.36	1.18	0.6	0.3	0.15	0.075	<0.075
各种矿质材料分计筛余/%	碎石		5.2	41.7	50.5	2.6						
	石屑				1.6	24	22.5	16	12.4	11.5	10.8	1.2
	矿粉										13.2	86.8
AC-13 级配范围通过率/%		100	95~100	70~88	48~68	36~53	24~41	18~30	12~22	8~16	4~8	—
要求级配范围通过率中值/%		100	97.5	79	58	44.5	32.5	24	17	12	6	—
要求级配范围筛余率中值/%		0	2.5	21	42	55.5	67.5	76	83	88	94	100
要求级配范围分计筛余中值/%		0	2.5	18.5	21	13.5	12	8.5	7	5	6	6

$$X=\frac{a_{M(4.75)}}{a_{A(4.75)}}\times 100\%=\frac{21\%}{50.5\%}\times 100\%=41.6\%$$

(3)计算矿粉在混合料中的用量。

矿粉在<0.075 mm 筛孔占优势（分计筛余百分率最大），令 $a_{A(0.075)}=a_{B(0.075)}=0$，因此

$$Z=\frac{a_{M(0.075)}}{a_{C(0.075)}}\times 100\%=\frac{6.0\%}{86.8\%}\times 100\%=6.9\%$$

(4)计算石屑在混合料中的用量。

$$Y=100\%-41.6\%-6.9\%=51.5\%$$

(5)校核：以试算所得配比，见表 1-33。

表 1-33 混合料组成计算校核

原材料		筛孔尺寸/mm											校核
		16	13.2	9.5	4.75	2.36	1.18	0.6	0.3	0.15	0.075	<0.075	
各矿质材料分计筛余/%	碎石		5.2	41.7	50.5	2.6							100
	石屑				1.6	24.0	22.5	16.0	12.4	11.5	10.8	1.2	100
	矿粉										13.2	86.8	100
各矿质材料在混合料中用量/%	碎石		2.2	17.4	21.0	1.0							41.6
	石屑				0.8	12.4	11.6	8.2	6.4	5.9	5.6	0.6	51.5
	矿粉										0.9	6.0	6.9
混合料分计筛余率/%			2.2	17.4	21.8	13.4	11.6	8.2	6.4	5.9	6.5	6.6	100
混合料筛余率/%			2.2	19.6	41.4	54.8	66.4	74.6	81.0	86.9	93.4	100	
混合料通过率/%		100	97.8	80.4	58.6	46	33.6	25.4	19.0	13.1	6.6	—	
AC-13 级配范围通过率/%		100	95~100	70~88	48~68	36~53	24~41	18~30	12~22	8~16	4~8	—	

经校核其结果符合级配范围要求。如果校核不合格,调整配比再进行校核,直到符合要求。经调整后仍不能满足级配要求时,可掺加单粒级或调换集料。

(二)图解法(修正平衡面积法)

1. 准备工作

对所使用各集料进行筛分,并计算出各自的通过率;明确设计级配要求的级配范围,并计算出其级配范围中值。

图解法动画

2. 绘制级配曲线图

级配曲线图通常采用半对数坐标系,即纵坐标通过率为算术坐标,横坐标粒径为对数坐标。按比例(纵向为通过率,取长 10 cm;横向为各筛孔位置,取长 15 cm)绘制一矩形框图,从左下向右上引对角线 OO' 作为合成级配的中值,如图 1-19 所示。纵坐标按算术标尺,标出通过率(0~100%)。

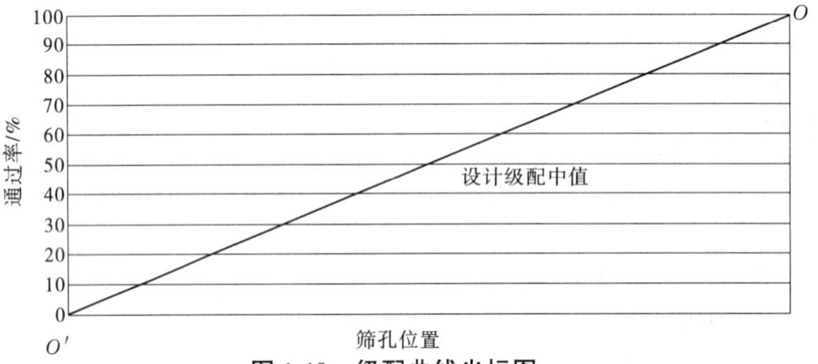

图 1-19　级配曲线坐标图

根据要求级配中值的各筛孔通过率标于纵坐标上,由纵坐标引水平线与对角线相交,再从交点作垂线与横坐标相交,其交点即为各相应筛孔尺寸。以 AC-13 通过范围为例,如图 1-20 所示为级配曲线坐标图筛孔尺寸确定。

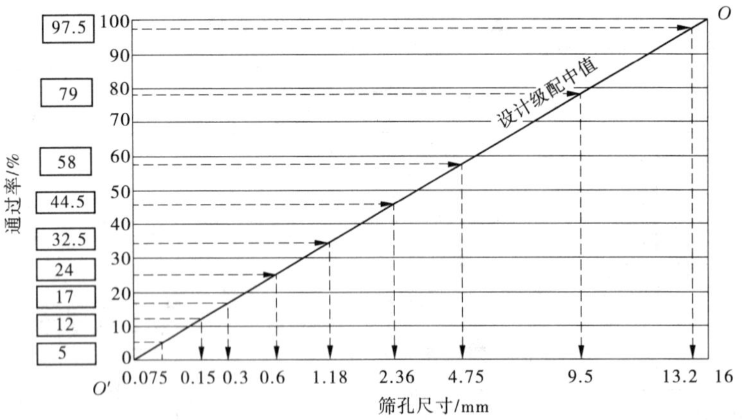

图 1-20　图解法级配曲线坐标图

3. 确定各集料的用量

将各种集料的通过量绘于级配曲线坐标图上,如图 1-21 所示。从粒径最大的集料开始,依次分析两种相邻集料的级配曲线,直到粒径最小的集料。在分析过程中,相邻的集料曲线可能会出现如图 1-22 所示的 3 种情况。

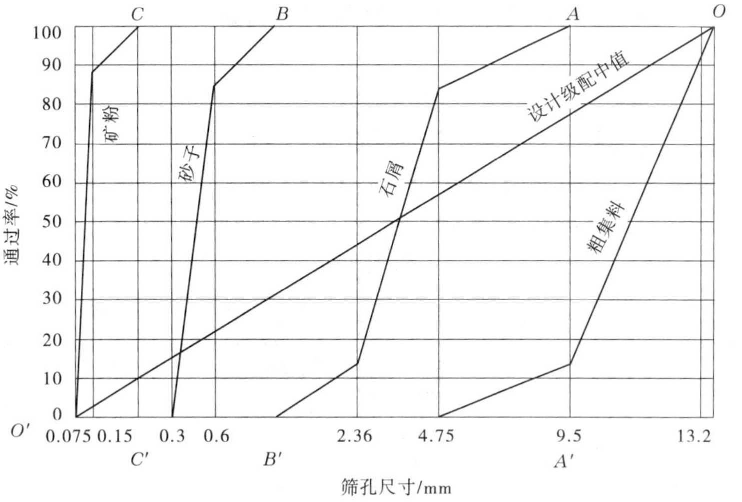

图 1-21 各矿料筛分试验结果曲线图

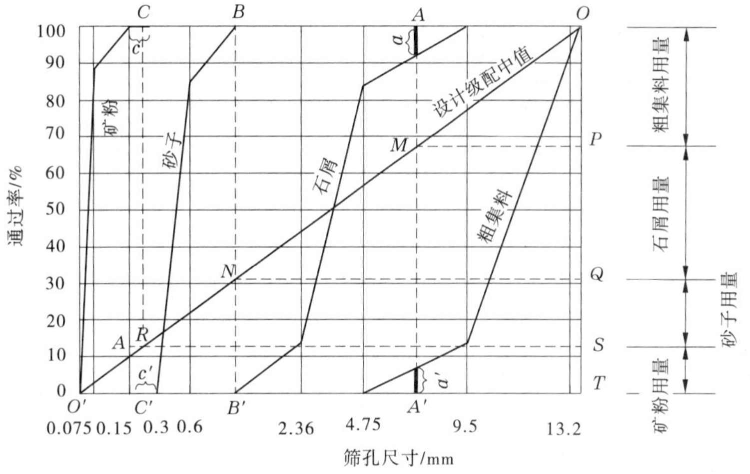

图 1-22 组成集料级配曲线和要求合成级配曲线

(1)两相邻级配曲线重叠。

如粗集料级配曲线的下部与石屑级配曲线的上部搭接,在两级配曲线之间引一根垂直于横坐标的直线 AA'(使 $a=a'$)与对角线 OO',交于点 M,通过 M 作一水平线与纵坐标交于 P 点。OP 即为粗集料的用量。

(2)两相邻级配曲线相接。

如石屑的级配曲线末端与砂子的级配曲线首端正好在一垂直线上,将前一集料曲线末端与后一集料曲线首端作垂线相连,垂线 BB' 与对角线 OO' 相交于点 N。通过 N 作一水平线与纵坐标交于 Q 点。PQ 即为石屑的用量。

(3)两相邻级配曲线相离。

如砂子的级配曲线末端与矿粉的级配曲线首端,在水平方向彼此离开一段距离,作一垂直平分相离开的距离($c=c'$)垂线 CC' 与对角线 OO' 相交于点 R,通过 R 作一水平线与纵坐标交于 S 点,QS 即为砂子的用量,剩余 ST 即为矿粉的用量。

(4)校核。

按图解法所得的各种集料用量,校核计算所得合成级配是否符合要求。如不能符合要求(超出级配范围),应调整各集料的用量,重新计算。

【例 1-3】 现有碎石、石屑、机制砂、矿粉四种矿料,其筛分试验通过率及要求的级配范围及其中值结果如表 1-34 所示,试用图解法将其配制成 LAC-20I 型沥青混凝土混合料。

表 1-34 矿质混合料组合计算

沥青混合料类型:LAC-20I													
矿质材料		通过下列筛孔(mm)的质量百分率/%											
		26.5	19.0	16.0	13.2	9.5	4.75	2.36	1.18	0.6	0.3	0.15	0.075
沥青混合料矿质材料	碎石(10~20 mm)	100	90.8	60.5	22.8	2.6	0.2	0	0	0	0	0	0
	碎石(5~10 mm)	100	100	100	100	97.8	30.1	3.4	0.9	0	0	0	0
	机制砂(3~5 mm)	100	100	100	100	100	99	9.1	8.8	0	0	0	0
	石屑(0~3 mm)	100	100	100	100	100	100	89.6	69.6	51	32.3	21.6	10.6
	矿粉	100	100	100	100	100	100	100	100	100	100	100	95.4
各矿质材料所占比例	碎石(10~20 mm)	38.0	34.5	23.0	8.7	1.0	0.1	0	0	0	0	0	0
	碎石(5~10 mm)	20.0	20.0	20.0	20.0	19.6	6.0	0.7	0.2	0	0	0	0
	机制砂(3~5 mm)	11.0	11.0	11.0	11.0	11.0	10.9	1.0	1.0	0	0	0	0
	石屑(0~3 mm)	24.0	24.0	24.0	24.0	24.0	24.0	21.5	16.7	12.2	7.8	5.2	2.5
	矿粉	7.0	7.0	7.0	7.0	7.0	7.0	7.0	7.0	7.0	7.0	7.0	6.7
混合料矿料合成级配		100.0	96.5	85.0	70.7	62.5	48.0	30.2	24.9	19.2	14.8	12.2	9.2
工程设计级配范围	级配中值	100.0	97.5	81.0	68.5	58.5	39.0	28.0	19.0	14.0	10.0	7.5	5.0
	下限	100.0	95.0	75.0	62.0	52.0	33.0	22.0	14.0	10.0	7.0	5.0	3.0
	上限	100.0	100.0	87.0	75.0	65.0	45.0	34.0	24.0	18.0	13.0	10.0	7.0

计算步骤如下:

(1)绘制级配曲线图,在纵坐标上按算术坐标绘出通过率。

(2)连对角线是相关规范要求的级配中值。在纵坐标上标出相关规范规定的矿质混合料各筛孔要求的级配中值 ,然后作水平线与对角线相交,再从各交点作垂线与横坐标相交的各点即是各筛孔在横坐标上的位置。

(3)在级配图上绘制出各矿料的级配曲线,如图1-23所示。

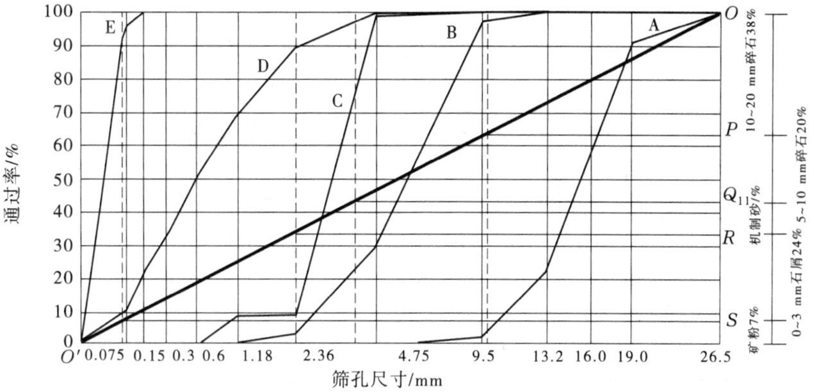

图1-23　各组成材料和要求混合料的级配

(4)10~20 mm碎石和5~10 mm碎石级配曲线属于级配曲线重叠,在重叠的部分作垂线,使其截取两个级配曲线的纵坐标值相等,自垂线与对角线相交点引一水平线,与纵坐标相交于*P*点,*OP*长度为10~20 mm碎石的用量为38%。同理,求出5~10 mm碎石用量为20%,机制砂用量为11%,石屑用量为24%,矿粉用量为7%。

(5)根据图解法求得的各集料用量百分率,列表进行校核计算,如表1-34所示。

(6)将表1-34计算得到的合成级配通过率,绘制在相关规范要求级配曲线中,如图1-24所示。从图中可看出,计算的合成级配曲线在4.75 mm、0.3 mm、0.15 mm孔径处,超出级配曲线范围时此配合比应做调整。调整后矿质混合料组合计算如表1-35所示。

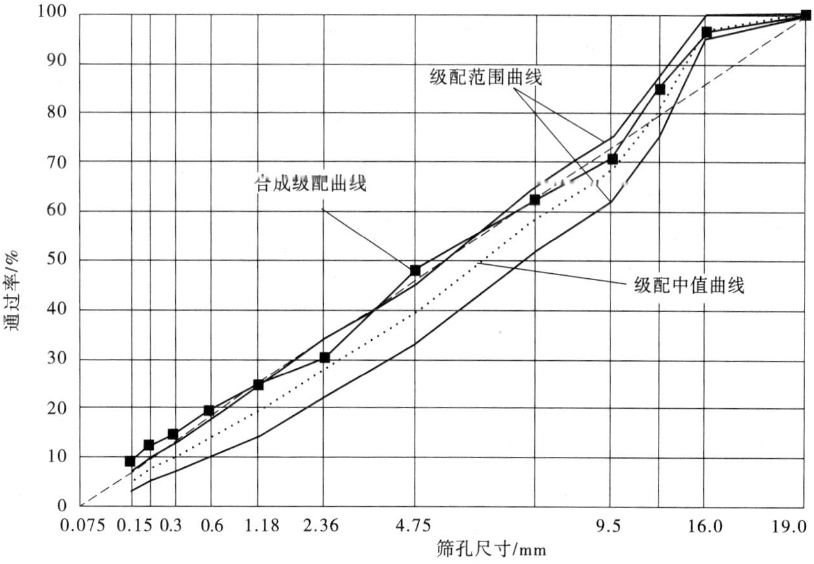

图1-24　要求级配曲线及合成级配曲线

表 1-35 调整后矿质混合料组合计算

沥青混合料类型:LAC-20I													
矿质材料		通过下列筛孔(mm)的质量百分率/%											
		26.5	19.0	16.0	13.2	9.5	4.75	2.36	1.18	0.6	0.3	0.15	0.075
沥青混合料矿质组成材料	碎石(10~20 mm)	100	90.8	60.5	22.8	2.6	0.2	0	0	0	0	0	0
	碎石(5~10 mm)	100	100	100	100	97.8	30.1	3.4	0.9	0	0	0	0
	机制砂(3~5 mm)	100	100	100	100	100	99	9.1	8.8	0	0	0	0
	石屑(0~3 mm)	100	100	100	100	100	100	89.6	69.6	51	32.3	21.6	10.6
	矿粉	100	100	100	100	100	100	100	100	100	100	100	95.4
各矿质组成材料所占比例	碎石(10~20 mm)	38.0	34.5	23.0	8.7	1.0	0.1	0	0	0	0	0	0
	碎石(5~10 mm)	27.0	27.0	27.0	27.0	26.4	8.1	0.9	0.2	0	0	0	0
	机制砂(3~5 mm)	11.0	11.0	11.0	11.0	11.0	10.9	1.0	1.0	0	0	0	0
	石屑(0~3 mm)	20.0	20.0	20.0	20.0	20.0	20.0	17.9	13.9	10.2	6.5	4.3	2.1
	矿粉	4.0	4.0	4.0	4.0	4.0	4.0	4.0	4.0	4.0	4.0	4.0	3.8
混合料矿料合成级配		100.0	96.5	85.0	70.7	62.4	43.1	23.8	19.1	14.2	10.5	8.3	5.9
工程设计级配范围	级配中值	100.0	97.5	81.0	68.5	58.5	39.0	28.0	19.0	14.0	10.0	7.5	5.0
	下限	100.0	95.0	75.0	62.0	52.0	33.0	22.0	14.0	10.0	7.0	5.0	3.0
	上限	100.0	100.0	87.0	75.0	65.0	45.0	34.0	24.0	18.0	13.0	10.0	7.0

(7)按调整后矿料配比画出要求级配曲线及合成级配曲线，如图 1-25 所示。合成级

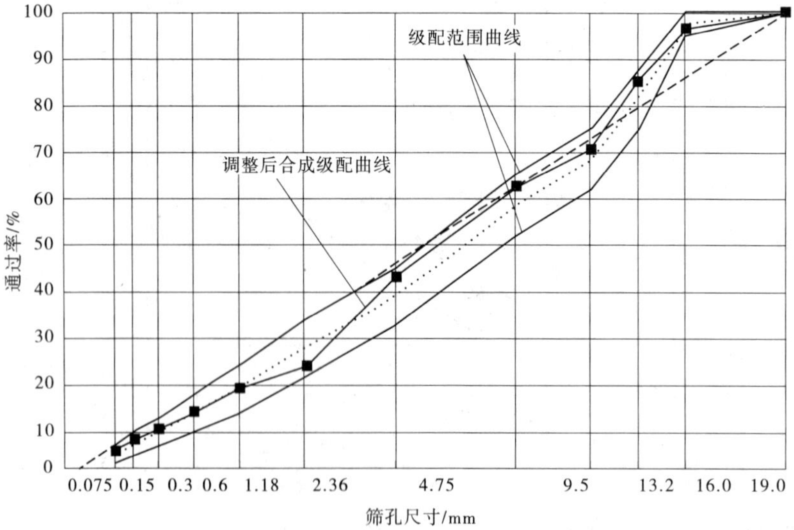

图 1-25 调整后要求级配曲线及合成级配曲线

配均在级配范围之内，并且接近中值。确定矿质混合料配比为：碎石（10~20 mm）的用量为 38%；碎石（5~10 mm）的用量为 27%；机制砂（3~5 mm）的用量为 11%；石屑（0~3 mm）的用量为 20%；矿粉的用量为 4%。

课后练习

一、填空

1. 在材料的几种密度中，最大的是（　　　　）。
2. 在材料的几种密度中，最小的是（　　　　）。
3. 沥青混合料细集料筛分可采用（　　　　）。
4. 粗集料在混合料中起（　　　　）作用。
5. 细集料在混合料中起（　　　　）作用。
6. 材料的表观密度所对应的体积包括（　　　　）。
7. 在水泥混凝土中粗集料与细集料粒径划分的界限是（　　　　）。
8. 在沥青混合料中粗集料与细集料粒径划分的界限是（　　　　）。
9. 材料的真实密度所对应的体积指的是（　　　　）。
10. 在物理常数中，与孔隙无关的是（　　　　）。

二、判断

1. 粗集料是指粒径大于 2.36 mm 的集料。（　　）
2. 岩石 SiO_2 含量为 $SiO_2<52\%$的是碱性石料。（　　）
3. 细度模数愈大，表示细集料愈粗。（　　）
4. 石料的孔隙率是石料孔隙体积占总体积的百分率。（　　）
5. 细度模数在一定程度上能反映砂的粗细程度，但并不能全面反映砂的粒径分布情况。（　　）
6. 材料的堆积密度所对应的体积包括矿质实体体积、闭口孔隙体积、开口孔隙体积、材料颗粒间空隙体积。（　　）
7. 材料的毛体积密度所对应的体积包括矿质实体体积、闭口孔隙体积、开口孔隙体积、材料颗粒间空隙体积。（　　）
8. 石料磨光值越高，其抗滑性越好。（　　）
9. 同种岩石试样，孔隙率越大，其毛体积密度越大。（　　）
10. 石料磨耗值越高，其耐磨性越差。（　　）
11. 集料的针片状含量越大，压碎值越大，表示集料强度高。（　　）

三、计算

1. 某水泥混凝土工程，取砂 500 g，进行筛分试验，结果如表 1-36 所示。

（1）计算各筛分参数（填表）；

(2)计算细度模数并确定砂的类型。

表 1-36 筛分结果(一)

筛孔/mm	4.75	2.36	1.18	0.6	0.3	0.15	<0.15
筛余质量/g							
分计筛余率/%				20		31	7
筛余率/%	2	6					100
通过率/%				65	38	7	0

2. 某砂样 500 g,其累计筛余率列于表 1-37,请完成此表内容,计算细度模数(给出计算公式),并评价其粗度。

表 1-37 筛分结果(二)

筛孔/mm	4.75	2.36	1.18	0.6	0.3	0.15	<0.15
筛余质量/g							
分计筛余率/%							
筛余率/%	5	24	46	74	86	95	100
通过率/%							

3. 某砂样 500 g,其通过率列于表 1-38,请完成此表内容,计算细度模数(给出计算公式),并评价其粗度。

表 1-38 筛分结果(三)

筛孔/mm	4.75	2.36	1.18	0.6	0.3	0.15	<0.15
筛余质量/g							
分计筛余率/%							
筛余率/%							
通过率/%	96	77	54	26	14	5	0

4. 某水泥混凝土工程,取砂 500 g,进行筛分试验,结果如表 1-39 所示。

(1)计算各筛分参数(填表 1-39);

(2)计算细度模数并确定砂的类型。

表 1-39 筛分结果(四)

筛孔/mm	4.75	2.36	1.18	0.6	0.3	0.15	<0.15
筛余质量/g		55			140		25
分计筛余率/%			19				
筛余率/%	1					95	
通过率/%		88		46	18		0

5. 某砂样筛分结果列于表 1-40，请完成此表，计算细度模数（给出计算公式），并评价其粗度。

表 1-40　筛分结果（五）

筛孔/mm	4.75	2.36	1.18	0.6	0.3	0.15	<0.15
筛余质量/g	15	35	90	120	100	105	35

6. 某砂样 500 g，其分计筛余率列于表 1-41，请完成此表内容，计算细度模数（给出计算公式），并评价其粗度。

表 1-41　筛分结果（六）

筛孔/mm	4.75	2.36	1.18	0.6	0.3	0.15	<0.15
筛余质量/g							
分计筛余率/%	5	11	18	24	22	15	5
筛余率/%							
通过率/%							

7. 某砂样筛分结果列于表 1-42，请完成此表内容，计算细度模数（给出计算公式），并评价其粗度。

表 1-42　筛分结果（七）

筛孔/mm	4.75	2.36	1.18	0.6	0.3	0.15	<0.15
筛余质量/g	5	25	40	130	140	125	35

模块二 无机结合料及其混合料

知识目标

1. 掌握石灰生产工艺、分类及技术要求。
2. 掌握水泥的分类、生产工艺、技术性质及检测。
3. 掌握水泥混凝土的定义、技术性质、硬化后的力学性质,普通水泥混凝土的组成材料及配合比设计。
4. 掌握砂浆的配合比设计及试验检测内容。

技能目标

1. 正确评价石灰,合理选取。
2. 正确选用不同环境下通用硅酸盐水泥;能对水泥的物理、力学性能进行检测。
3. 熟练水泥混凝土性能试验检测及组成材料的配合比设计。
4. 熟练砂浆的配合比设计及性能试验检测。

素质目标

1. 培养学生廉洁、正直、诚实守信、遵纪守法的职业精神。
2. 培养爱国、敬业的工匠精神。
3. 培养学生坚持、创新、吃苦耐劳的职业精神。

在建筑工程中,能以自身的物理化学作用将松散材料(如砂、石)胶结成为具有一定强度的整体结构的材料,统称为胶凝材料或胶结料。

根据化学组成的不同,胶凝材料可分为无机胶凝材料与有机胶凝材料两大类。石灰、石膏、水泥等工地上俗称为"灰"的建筑材料属于无机胶凝材料;而沥青、天然或合成树脂等属于有机胶凝材料。

无机胶凝材料按其硬化条件的不同又可分为气硬性胶凝材料和水硬性胶凝材料两类。和水成浆后,既能在空气中硬化,又能在水中硬化、保持和继续发展其强度的称为水硬性胶凝材料,这类材料通称为水泥,如硅酸盐水泥、铝酸盐水泥、硫铝酸盐水泥等。只能在空气中硬化,也只能在空气中保持和发展其强度的称为气硬性胶凝材料,如石灰、石膏和水玻璃等;气硬性胶凝材料一般只适用于干燥环境中,而不宜用于潮湿环境,更不可用于水中。

任务一 石 灰

石灰是一种以氧化钙为主要成分的气硬性无机胶凝材料。石灰是用石灰石、白云石、白垩、贝壳等碳酸钙含量高的产物，经 900~1 100 ℃煅烧而成的。石灰是人类最早应用的胶凝材料，在土木工程中应用范围很广，如作为高等级公路路面基层材料的石灰稳定土、桥梁工程中的石灰砂浆、石灰水泥砂浆等。

石灰

一、生产工艺

"千锤万凿出深山，烈火焚烧若等闲。粉骨碎身浑不怕，要留清白在人间。"这是明代诗人于谦的《石灰吟》。石灰经过"烈火焚烧"获得，这就是它的生产工艺。石灰生产工艺就是将主要成分为碳酸钙的天然岩石，在适当温度下(加热至 900 ℃以上)煅烧，排除分解出的二氧化碳后，所得的以氧化钙(CaO)为主要成分的产品即为石灰，又称生石灰。它的化学反应方程式为：

$$CaCO_3 \xrightarrow[178\ kJ/mol]{>900\ ℃} CaO+CO_2\uparrow \tag{2-1}$$

优质的石灰，色质洁白或带灰色，质量较轻，块状石灰堆积密度为 800~1 000 kg/m^3。石灰在煅烧过程中，由于石灰石原料的尺寸大或煅烧时窑中温度分布不匀或煅烧时间不足等，使得 $CaCO_3$ 不能完全分解，这种石灰即称为欠火石灰。欠火石灰的未消化残渣含量高，有效氧化钙和氧化镁含量低，使用时缺乏黏结力，欠火石灰产浆量小，质量较差，利用率降低，不会带来危害。由于烧制的温度过高或时间过长，使得石灰表面出现裂缝或玻璃状的外壳，体积收缩明显，颜色呈灰黑色，块体密度大，消化缓慢，这种石灰称为过火石灰。过火石灰熟化很慢，当被用于建筑后，能继续熟化产生体积膨胀，从而引起裂缝和局部脱落现象。所以，石灰浆应在消解坑中存放两个星期以上(称为"陈伏")，使未熟化的颗粒充分熟化。"陈伏"期间，石灰浆表面应覆盖一层水膜，以免石灰碳化。

二、石灰的分类与技术要求

(一)石灰的分类

石灰按品种分为生石灰、熟石灰粉。石灰按化学成分氧化镁的含量多少分为钙质石灰、镁质石灰，分类界限见表 2-1。

表 2-1 钙质石灰与镁质石灰分类界限 %

类别	生石灰中 MgO	生石灰粉中 MgO	消石灰粉中 MgO
钙质石灰	≤5	≤5	<4
镁质石灰	>5	>5	≥4

(二)石灰的技术指标

生石灰按有效氧化钙和氧化镁的含量、产浆量、未消解残渣和二氧化碳含量等 4 个指标,划分为优等品、一等品和合格品,具体技术指标见表 2-2。

表 2-2　生石灰技术指标

项目	钙质生石灰			镁质生石灰		
	优等品	一等品	合格品	优等品	一等品	合格品
(CaO+MgO)含量(%)≥	90	85	80	85	80	75
未消解残渣含量(5 mm)圆孔筛筛余量(%)≤	5	10	15	5	10	15
CO_2 含量(%)≤	5	7	9	6	8	10
产浆量/(L/kg)≥	2. 8	2. 3	2. 0	2. 8	2. 3	2. 0

生石灰粉按有效氧化钙和氧化镁的含量、二氧化碳及细度 3 个指标划分为优等品、一等品和合格品。生石灰粉技术指标见表 2-3。

表 2-3　生石灰粉技术指标

项目		钙质生石灰			镁质生石灰		
		优等品	一等品	合格品	优等品	一等品	合格品
(CaO+MgO)含量(%)≥		85	80	75	80	75	70
细度	0. 9 mm 筛筛余(%)≤	0. 2	0. 5	1. 5	0. 2	0. 5	1. 5
	0. 125 mm 筛筛余 (%)≤	7	12	18	7	12	18
CO_2 含量(%)≤		7	9	11	8	10	12

消石灰按有效氧化钙和氧化镁的含量、游离水含量、细度、体积安定性 4 个指标划分为优等品、一等品和合格品。消石灰技术指标见表 2-4。

表 2-4　消石灰技术指标

项目		钙质生石灰			镁质生石灰			白云质消石灰		
		优等品	一等品	合格品	优等品	一等品	合格品	优等品	一等品	合格品
(CaO+MgO)含量(%)≥		70	65	60	65	60	55	65	60	55
细度	0. 9 mm 筛筛余(%)≤	0	0	0. 5	0	0	0. 5	0	0	0. 5
	0. 125 mm 筛筛余(%)≤	3	10	15	3	10	15	3	10	15
游离水含量(%)		0. 4~2. 0			0. 4 ~ 2. 0			0. 4 ~ 2. 0		
体积安定性		合格	合格	—	合格	合格	—	合格	合格	—

任务二　水　泥

水泥是一种粉状水硬性无机胶凝建筑用材料。加水搅拌后成浆体，能在空气中硬化，也能在水中更好的硬化，并能把砂、石等材料牢固地胶结在一起，是现代化建设必不可少的材料之一。水泥的发展历史悠久。1796 年英国人派克将黏土质石灰岩磨细后制成料球，在高于烧石灰的温度下煅烧，然后进行磨细制成水泥，这就是罗马水泥。1824 年英国泥水匠阿斯谱丁发明了波特兰水泥，开启了建筑材料的新纪元。

一、水泥的分类

水泥分类

水泥按用途及性能分为以下几类：

通用水泥：一般土木建筑工程通常采用的水泥。通用水泥主要是指：《通用硅酸盐水泥》（GB 175—2023）规定的六大类水泥，按其混合料的品种和掺量分为硅酸盐水泥（国外通称波特兰水泥）、普通硅酸盐水泥、矿渣硅酸盐水泥、火山灰质硅酸盐水泥、粉煤灰硅酸盐水泥和复合硅酸盐水泥。通用硅酸盐水泥组分要求如表 2-5～表 2-7 所示。

表 2-5　硅酸盐水泥的组分要求　　%

品种	代号	组分（质量分数）		
		熟料+石膏	混合材料	
			粒化高炉矿渣/矿渣粉	石灰石
硅酸盐水泥	P·Ⅰ	100	—	—
	P·Ⅱ	95～100	0～<5	—
			—	0～<5

表 2-6　普通硅酸盐水泥、矿渣硅酸盐水泥、火山灰质硅酸盐水泥、粉煤灰硅酸盐水泥的组分要求　　%

品种	代号	组分（质量分数）				
		熟料+石膏	主要混合材料			替代混合材料
			粒化高炉矿渣/矿渣粉	粉煤灰	火山灰质混合材料	
普通硅酸盐水泥	P·O	80～<94	5～<20			0～<5
矿渣硅酸盐水泥	P·S·A	50～<79	21～<50	—	—	0～<8
	P·S·B	30～<49	51～<70	—	—	
火山灰质硅酸盐水泥	P·P	60～<79	—	21～<40	—	0～<5
粉煤灰硅酸盐水泥	P·F	60～<79	—	—	21～<40	

表 2-7 复合硅酸盐水泥的组分要求 %

品种	代号	组分(质量分数)					
		熟料+石膏	混合材料				
			粒化高炉矿渣/矿渣粉	粉煤灰	火山灰质混合材料	石灰石	砂岩
复合硅酸盐水泥	P·C	50~<79	21~<50				

专用水泥:适用于专门用途的水泥。如砌筑水泥、道路硅酸盐水泥等。

特种水泥:某种性能比较突出的水泥。如快硬硅酸盐水泥、低热矿渣硅酸盐水泥、膨胀硫铝酸盐水泥、磷铝酸盐水泥和磷酸盐水泥。

水泥按其主要水硬性物质名称分为硅酸盐水泥、铝酸盐水泥、硫铝酸盐水泥、铁铝酸盐水泥、氟铝酸盐水泥、磷酸盐水泥等。

目前,在道路建筑中以硅酸盐水泥和普通硅酸盐水泥为主,下面仅对硅酸盐水泥的成分及性能进行阐述。

二、硅酸盐水泥

硅酸盐水泥是通用硅酸盐水泥品种之一。硅酸盐水泥分为两种类型:一种是不掺加混合料的由硅酸盐水泥熟料和石膏磨细制成的水硬性胶凝材料,称Ⅰ型硅酸盐水泥,代号为P·Ⅰ;另一种是掺加不大于5%的粒化高炉矿渣或石灰石,与硅酸盐水泥熟料和石膏磨细制成的水硬性胶凝材料,称Ⅱ型硅酸盐水泥,代号为P·Ⅱ。

(一)硅酸盐水泥的生产

生产硅酸盐水泥的原料,主要是石灰质原料(如石灰石、白垩、石灰质凝灰岩等),主要提供CaO、黏土质原料(如黏土、黏土质页岩、黄土等)、Al_2O_3 及 Fe_2O_3。有时两种原料化学组成不能满足要求,还要加入少量校正原料(如黄铁矿渣)进行调整。

各原料按一定比例掺配,混合磨细,在水泥生产窑中经1 450 ℃高温煅烧,形成以硅酸钙为主要成分的水泥熟料;再往熟料中加入3%的石膏(或其他混合料),再加工磨细,就得到了硅酸盐水泥。

硅酸盐水泥生产工艺概括起来就是“两磨一烧”,包括以下流程:

(1)生料的配制和磨细。

(2)将生料煅烧,使部分熔融形成熟料。

(3)将熟料与适量石膏共同磨细成为硅酸盐水泥。

其流程如图2-1所示。

(二)硅酸盐水泥熟料中加入石膏和掺加料的原因

石膏是用来调节水泥的凝结速度的,在熟料中加入3%左右的石膏目的就是让水泥水化速度与实际需求同步。但石膏用量必须适量,石膏用量超量水泥水化过程体积膨胀,

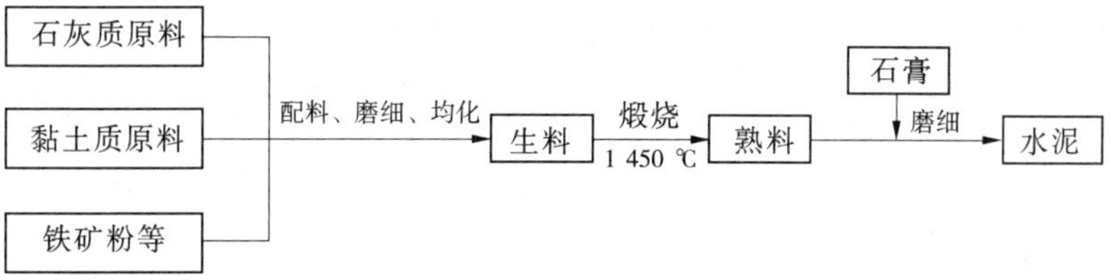

图 2-1　硅酸盐水泥生产流程

会使工程质量无法保证。水泥熟料中掺入其他混合料，主要是增加水泥产量，就地取材，降低生产成本，改善水泥品质。

（三）硅酸盐水泥熟料主要组成及特性

硅酸盐水泥熟料指由主要含 CaO、SiO_2、Al_2O_3、Fe_2O_3 的原料，按适当比例磨成细粉，烧至部分熔融，得到的以硅酸钙为主要矿物成分的水硬性胶凝物质。其中硅酸钙矿物含量（质量分数）不小于 66%，CaO 和 SiO_2 质量比不小于 2.0。

硅酸盐水泥熟料的主要矿物是硅酸三钙、硅酸二钙、铝酸三钙和铁铝酸四钙。它们在熟料中的含量和特性如下。

1. 硅酸三钙

硅酸三钙（$3CaO \cdot SiO_2$，简式为 C_3S）是硅酸盐水泥中最主要的矿物成分，含量约占 50%，对水泥的性质有重要的影响。遇水反应速度较快，水化热高，水化产物对水泥早期强度和后期强度起主要作用。

2. 硅酸二钙

硅酸二钙（$2CaO \cdot SiO_2$，简式为 C_2S）在硅酸盐水泥中含量占 10%～40%，也是主要的矿物成分，遇水时反应速度较慢，水化热较低。它的水化产物对水泥早期强度作用较小，对后期强度起重要作用，耐化学侵蚀和干缩性好。

3. 铝酸三钙

铝酸三钙（$3CaO \cdot A1_2O_3$，简式为 C_3A）在水泥中含量约占 15%以下。它遇水反应最快、水化热最高。铝酸三钙含量决定水泥的凝结速度和释热量。调节水泥凝结速度时需加石膏或铝酸三钙与石膏形成的水化物，对水泥早期强度起一定作用，耐化学侵蚀性差，干缩性大。

4. 铁铝酸四钙

铁铝酸四钙（$4CaO \cdot A1_2O_3 \cdot Fe_2O_3$，简式 C_4AF）在水泥中含量占 5%～15%，遇水反应较快、水化热高，强度较低，对水泥抗折强度起重要作用，耐化学侵蚀性好，干缩性小。

硅酸盐水泥熟料主要矿物组成性能比较见表 2-8。

不同矿物成分表现出不同特性。根据它们的这些特性，改变各种矿物成分含量的比例和它们之间的匹配，就可生产出工程所需的水泥。如大坝水泥需要水化热低的水泥，因此降低铝酸三钙及硅酸三钙的含量，要提高硅酸二钙的含量；道路工程用水泥要有较高的抗折强度、耐磨性、抗冻性及低收缩性，因此要提高硅酸三钙和铁铝酸四钙的含量。

表 2-8 硅酸盐水泥熟料主要矿物组成性能比较

矿物	强度		遇水反应速度	水化热	耐化学侵蚀性	干缩性
	早期	后期				
硅酸三钙(C_3S)	高	高	中	中	中	中
硅酸二钙(C_2S)	低	高	慢	低	良	小
铝酸三钙(C_3A)	低	低	快	高	差	大
铁铝酸四钙(C_4AF)	中	低	中	中	优	小

(四)硅酸盐水泥的凝结和硬化

当水泥与适量的水调和时,开始形成的是一种可塑性的浆体,具有可加工性。随着时间的推移,浆体逐渐失去了可塑性,变成不能流动的紧密的状态,此后浆体的强度逐渐增加,直到最后变成具有相当强度的石状固体。如果原先还掺有集合料,如砂、石子等,水泥就会把它们胶结在一起,变成坚固的整体,即常说的混凝土。这整个过程叫作水泥的凝结和硬化。水泥的凝结和硬化是连续复杂的物理化学变化过程。

硅酸盐水泥拌和水后,4 种主要熟料矿物与水反应,分述如下。

1. 硅酸三钙水化

硅酸三钙在常温下的水化反应式:

$$3CaO \cdot SiO_2 + nH_2O \longrightarrow xCaO \cdot SiO_2 \cdot yH_2O + (3-x)Ca(OH)_2 \qquad (2\text{-}2)$$

2. 硅酸二钙水化

$$2CaO \cdot SiO_2 + nH_2O \longrightarrow xCaO \cdot SiO_2 \cdot yH_2O + (2-x)Ca(OH)_2 \qquad (2\text{-}3)$$

3. 铝酸三钙水化

$$3CaO \cdot Al_2O_3 + 6H_2O = 3CaO \cdot Al_2O_3 \cdot 6H_2O \qquad (2\text{-}4)$$

由于铝酸三钙在纯水中生成的水化铝酸钙不稳定,有石膏存在时,其水化反应式为:

$$3CaO \cdot Al_2O_3 + 3(CaSO_4 \cdot 2H_2O) + 26H_2O = 3CaO \cdot Al_2O_3 \cdot 3CaSO_4 \cdot 32H_2O \qquad (2\text{-}5)$$

当石膏消耗完毕后,水泥中未被水化铝酸三钙与式(2-5)中的钙矾石生成单硫型水化铝酸钙:

$$3CaO \cdot Al_2O_3 \cdot 3CaSO_4 \cdot 32H_2O + 2[3CaO \cdot Al_2O_3] + 4H_2O = 3[3CaO \cdot Al_2O_3 \cdot CaSO_4 \cdot 12H_2O] \qquad (2\text{-}6)$$

4. 铁铝酸四钙水化

$$4CaO \cdot Al_2O_3 \cdot Fe_2O_3 + 7H_2O = 3CaO \cdot Al_2O_3 \cdot 6H_2O + CaO \cdot Fe_2O_3 \cdot H_2O \qquad (2\text{-}7)$$

水泥和水拌和后,熟料矿物发生水化反应,出现水化生成物。水泥浆体逐渐失去可塑性,进而硬化产生强度。凝结和硬化是同一过程中的不同阶段。当水泥失去流动性还具有一定塑性强度的时候就是凝结阶段。当水泥浆固化后形成具有一定机械强度时就是硬化阶段。水泥的凝结和硬化可以用图 2-2 的 4 个阶段来描述。

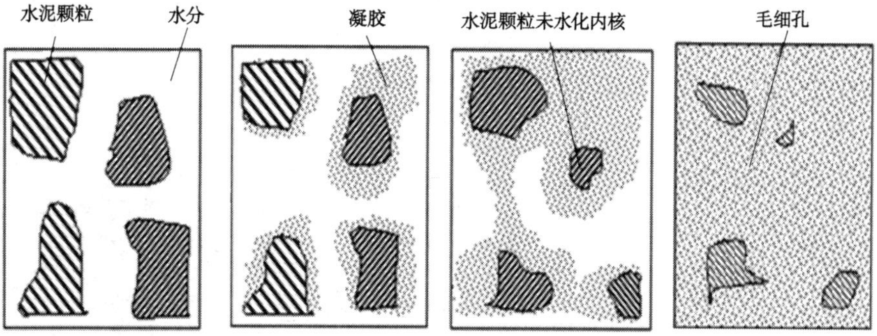

(a)第一阶段:初始反应期　(b)第二阶段:诱导期　(c)第三阶段:凝结期　(d)第四阶段:硬化期

图 2-2　水泥凝结硬化过程示意

三、水泥的技术性质及检测

水泥的技术性质包括物理性质、力学性质及化学性质。水泥的物理性质包括细度、标准稠度用水量、凝结时间和安定性。水泥的力学性质包括抗折强度和抗压强度。水泥化学性质主要讲述水泥中有害物质的影响。

(一)水泥的细度

水泥的细度大小反映水泥颗粒粗细程度或水泥的分散程度,对水泥的水化速度、用水量、和易性、放热速率及强度都有一定的影响。水泥颗粒越细,与水起反应的面积越大,水化速度越快,早期强度越高。水泥细度提高,标准稠度用水量增大,硬化后收缩变形大,水泥石发生裂缝的可能性增加。此外,细度提高导致粉磨能耗增加,成本提高。因此,对水泥细度应控制在合理范围内。

水泥细度常用测定方法有:筛析法和比表面积法。筛析法分为水筛法和负压筛法两种。对试验结果有争议时,以负压筛法为准,负压筛法属于仲裁试验。比表面积法是以单位质量水泥材料表面积的大小来表示细度。筛析法试验是通过水泥细度检测,判定水泥颗粒大小,为评定水泥品质的物理性质试验之一。

检测项目一　水泥细度试验(筛析法)

1. 目的和适用范围

本方法规定了水泥及水泥混凝土用矿物掺合料细度的试验方法。其适用于通用硅酸盐水泥、道路硅酸盐水泥及指定本方法的其他品种水泥与矿物掺合料。

水泥细度试验

2. 仪具与材料

(1)天平:量程应不小于 100 g,感量不大于 0.01 g。

(2)试验筛:由圆形筛框和筛网组成,分负压筛(筛孔 45 μm 方孔筛,并附有透明筛盖,筛盖与筛上口应有良好的密封性;筛网应紧绷在筛框上,筛网和筛框接触处应用防水胶密封,防止水泥嵌入)和水筛两种。

(3)负压筛析仪:①由负压源、收尘系统、筛座、控制指示仪和负压筛盖组成。其中筛座由转速为(30±2) r/min 的喷气嘴、负压表、控制板、微电机及壳体等部分构成,见图 2-3。②筛析仪负压可调范围为 4 000~6 000 Pa。③喷气嘴上口平面与筛网之间距离为 2~8 mm。④负压源和收尘系统由功率不小于 600 W 的工业吸尘器和小型旋风收尘筒或由其他具有相当功能的设备组成。

(4) 水筛架和喷头。

(5) 0.9 mm 方孔筛。

3. 试样准备

水泥样品充分拌匀,通过 0.9 mm 方孔筛,记录筛余物情况,要防止过筛时混进其他粉体。

4. 试验步骤

1) 负压筛法

(1) 筛析试验前,应把负压筛放在筛座上,盖上筛盖,接通电源,检查控制系统,调节负压至 4 000~6 000 Pa。

图 2-3　负压筛析仪

(2) 称取试样 10 g,精确至 0.01 g。

(3) 将试样置于洁净的负压筛中,盖上筛盖,放在筛座上,开动筛析仪连续筛析 120 s,在此期间,如有试样附着在筛盖上,可轻轻地敲击筛盖使试样落下。筛毕,用天平称量筛余物质量,精确至 0.01 g。

(4) 当工作负压小于 4 000 Pa 时,应清洁吸尘器内水泥,使负压恢复正常。

2) 水筛法

(1) 筛析试验前,调节器调整好水压及水筛架的位置,使其正常运转。喷头底面和筛网之间的距离为 35~75 mm。

(2) 称取试样 50 g,置于洁净的水筛中,立即用淡水冲洗至大部分细粉通过后,将水筛放在水筛架上,用水压为(0.05±0.02) MPa 的喷头连续冲洗 180 s。筛毕,用少量水把筛余物冲到蒸发皿中,等水泥颗粒全部沉淀后,小心倒出清水,烘干并用天平称量筛余物质量,精确至 0.01 g。

3) 试验筛的清洗

试验筛必须保持洁净,筛孔通畅,使用 10 次以后要进行清洗。金属框筛、铜丝网筛清洗时应用专门清洗剂,不可用弱酸浸泡。

5. 结果计算

(1) 水泥试样的筛余百分数,按式(2-8)计算:

$$F = \frac{R_s}{m} \times 100 \tag{2-8}$$

式中　F——水泥试样的筛余百分数,结果计算精确至 0.1%;

R_s——水泥筛余物的质量,g;

m——水泥试样的质量,g。

(2) 结果处理。

①以两次平行试验结果的算术平均值为测定值,结果精确至 0.1%;当两次筛余结果相差大于 0.3%时,试验数据无效,需重新试验。

②负压筛法与水筛法测定的结果发生争议时,以负压筛法为准。

检测项目二　水泥比表面积测定(勃氏法)

1. 目的和适用范围

(1)本方法规定采用勃氏法进行水泥比表面积测定。

(2)本方法适用通用硅酸盐水泥及指定采用本方法的其他粉状物料。其比表面积为 2 000~6 000 cm^2/g(200~600 m^2/kg);不适用于测定多孔材料及超细粉状物料。

2 仪具与材料

(1)滤纸:用中速定量滤纸。

(2)勃氏透气仪(见图 2-4):分为自动型和手动型两种。

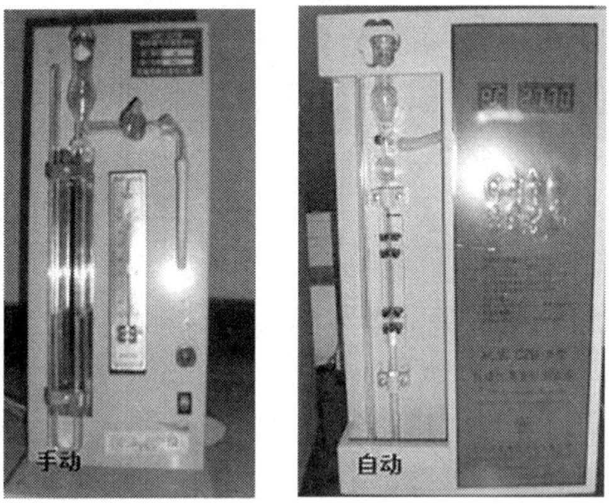

(a)手动　(b)自动

图 2-4　勃氏透气仪

(3)天平:感量为 0.001 g。

(4)秒表:分度值为 0.5 s。

(5)压力计液体:采用带颜色的蒸馏水。

(6)基准材料:采用符合《水泥细度和比表面积标准样品》(GSB 14-1511)或相同等级的标准物质,有争议时以《水泥细度和比表面积标准样品》(GSB 14-1511)为准。

3. 试验步骤

1)试样准备

测定水泥密度,并留样备用。

2)漏气检查

将透气圆筒上口用橡皮塞塞紧,接到压力计上。用抽气装置从压力计一臂中抽出部分气体,然后关闭阀门,观察是否漏气。如发现漏气,宜用活塞油脂加以密封。

3)空隙率 n 的确定

空隙率是指试料层中空隙的体积与试料层总体积之比,P·Ⅰ、P·Ⅱ型水泥的空隙率采用(0.500±0.005)%,其他水泥和粉料的空隙率选用(0.53±0.005)%。当上述空隙率不能将试样压至试验步骤 5)规定的位置时,则允许改变空隙率。空隙率调整以 2 000 g 砝码(5 等砝码)将试样压实至试验步骤 5)规定的位置为准。

4)确定试样量

校正试验用的标准试样量和被测定水泥的质量,应达到在制备的试料层中的空隙率为(0.500±0.005)%,按式(2-9)计算:

$$m = \rho V(1 - n) \tag{2-9}$$

式中 m——需要的试样量,kg,精确至0.001 g;

ρ——试样密度,kg/m^3;

V——按本方法测定的试料层体积,m^3;

n——试料层空隙率。

5)试料层制备

将穿孔板放入透气圆筒的顶端上,用一根直径比圆筒略小的细棒把一片滤纸送到穿孔板上,边缘压紧。按试验步骤4)确定的试样量,精确到0.001 g,倒入圆筒。轻敲圆筒的边,使水泥层表面平坦。再放入一片滤纸,用捣器均匀捣实试料直至捣器的支持环紧紧接触圆筒顶边并旋转两周,慢慢取出捣器。

6)透气试验

(1)把装有试料层的透气圆筒下锥面涂一薄层油脂,然后连接到压力计顶端锥形口上,旋转1~2周(不应振动所制备的试料层),以保证紧密连接,不致漏气。

(2)打开小型电磁泵慢慢从压力计一臂中抽出空气,直到压力计内液面上升到扩大部下端时关闭阀门。当压力计内液体的弯月液面下降到第一条刻度线时开始计时,当液体的弯月液面下降到第二条刻度线时停止计时,记录液面从第一条刻度线下降到第二条刻度线所需的时间,以秒表(s)记录,并记下试验时的温度(℃)。

4.结果计算

(1)当被测物料的密度、试料层中空隙率与标准试样相同,试验时温差不大于±3 ℃时,可按式(2-10)计算:

$$S_c = \frac{S_s\sqrt{T}}{\sqrt{T_s}} \tag{2-10}$$

当试验时温差大于±3 ℃时,则按式(2-11)计算:

$$S_c = \frac{S_s\sqrt{T}\sqrt{\eta_s}}{\sqrt{T_s}\sqrt{\eta}} \tag{2-11}$$

式中 S_c——被测试样的比表面积,m^2/kg;

S_s——标准试样的比表面积,m^2/kg;

T——被测试样试验时,压力计中液面降落测得的时间,s;

T_s——标准试样试验时,压力计中液面降落测得的时间,s;

η——被测试样试验温度下的空气黏度,Pa·s;

η_s——标准试样试验温度下的空气黏度,Pa·s。

(2)当被测试样的试料层中空隙率与标准试样的试料层中空隙率不同,试验时温差不大于±3 ℃时,可按式(2-12)计算:

$$S_c = \frac{S_s\sqrt{T}(1-n_s)\sqrt{n^3}}{\sqrt{T_s}(1-n)\sqrt{n_s^3}} \tag{2-12}$$

当试验时温差大于±3 ℃时,则按式(2-13)计算:

$$S_c = \frac{S_s\sqrt{T}(1-n_s)\sqrt{n^3}\sqrt{\eta_s}}{\sqrt{T_s}(1-n)\sqrt{n_s^3}\sqrt{\eta}} \tag{2-13}$$

式中　n——被测试样试料层中的空隙率;

　　n_s——标准试样试料中的空隙率。

(3)当被测试样的密度和空隙率均与标准试样不同,试验时温差不大于±3 ℃时,可按式(2-14)计算:

$$S_c = \frac{S_s\sqrt{T}(1-n_s)\sqrt{n^3}\rho_s}{\sqrt{T_s}(1-n)\sqrt{n_s^3}\rho} \tag{2-14}$$

当试验时温差大于±3 ℃时,则按式(2-15)计算:

$$S_c = \frac{S_s\sqrt{T}(1-n_s)\sqrt{n^3}\rho_s\sqrt{\eta_s}}{\sqrt{T_s}(1-n)\sqrt{n_s^3}\rho\sqrt{\eta}} \tag{2-15}$$

式中　ρ——被测试样的密度,kg/m^3;

　　ρ_s——标准试样的密度,kg/m^3。

(4)水泥比表面积应由两次平行试验结果的算术平均值确定,结果计算精确至 10 cm^2/g。两次试验结果相差超过平均值的2%时,应重新试验。

(二)水泥净浆标准稠度用水量

水泥标准稠度是指为了使水泥凝结时间、安定性等的测量具有准确的可比性,水泥浆体达到统一稠度的用水量。水泥净浆标准稠度用水量采用标准法维卡仪测定,以试杆沉入净浆距底板(6±1)mm时的稠度为"标准稠度",此时用水量为标准稠度用水量。

水泥标准
稠度用水量(一)　　水泥标准
稠度用水量(二)

检测项目一　水泥标准稠度用水量测定

1. 目的和适用范围

测定通用硅酸盐水泥、道路硅酸盐水泥及指定采用本方法的其他品种水泥。

2. 仪具与材料

(1)水泥净浆搅拌机,见图2-5(a)。

(2)标准法维卡仪(试杆、初凝试针、终凝试针、试模),见图2-5(b)。

(3)天平：量程不小于1 000 g，感量不大于1 g。

(4)量水器：分度值为0.5 mL。

(5)玻璃板。

(6)插刀等。

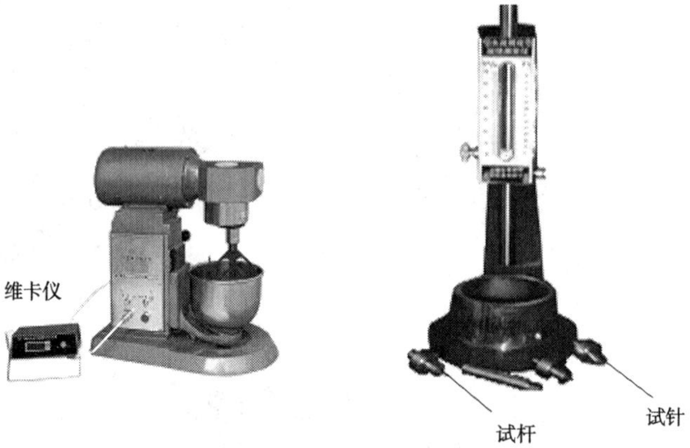

(a)净浆搅拌机　　(b)标准法维卡仪

图 2-5　标准稠度、凝结时间仪具

3. 试验准备

(1)水泥试样应充分拌匀，通过0.9 mm方孔筛，并记录筛余物情况，但要防止过筛时混进其他粉料。

(2)试验用水宜为洁净的饮用水，有争议时可用蒸馏水。

(3)试验环境温度为(20±2)℃，相对湿度大于50%。水泥试样、拌和水、仪器和用具应与试验室内温度一致。

4. 仪器准备

(1)维卡仪的金属棒能自由滑动；玻璃底板和试模用湿布擦拭(但不允许有明水)，将试模放在底板上。

(2)调整至试杆接触玻璃板时指针对准零点。

(3)水泥净浆搅拌机运行正常。

5. 试验步骤

1)水泥净浆的拌制

用水泥净浆搅拌机搅拌，搅拌锅和搅拌叶片先用湿布擦过，将拌和水倒入搅拌锅中，然后在5~10 s内小心地将称好的500 g水泥加入水中，防止水和水泥溅出；拌和时，先将搅拌锅放在搅拌机的锅座上，升至搅拌位置，启动搅拌机，低速搅拌120 s，停15 s，同时将叶片和锅壁上的水泥浆刮入搅拌锅中间，接着高速搅拌120 s后停机。

2)标准稠度用水量的测定

(1)拌和结束后，立即取适量水泥净浆一次性将其装入已置于玻璃底板上的试模中。浆体超过试模上端，用宽约25 mm的直边刀轻轻拍打超出试模部分的浆体5次，以消除浆体中的孔隙，然后在试模上表面约1/3处，略倾斜于试模分别向外轻轻锯掉多余净浆，再从试模边缘轻抹顶部一次,使净浆表面光滑。在锯掉多余净浆和抹平的操作过程中,注意不要压实净浆。

(2)抹平后迅速将试模和底板移到维卡仪上,并将其中心定在试杆下,降低试杆直到与水泥净浆表面接触,拧紧螺丝1~2 s后,突然放松,使试杆垂直自由地沉入水泥净浆中。在试杆停止沉入或释放试杆30 s时记录试杆与底板之间的距离,升起试杆后,立即擦净。

(3)整个操作应在搅拌后90 s内完成。以试杆沉入净浆并距底板(6±1)mm的水泥净浆为标准稠度净浆。其拌和水量为该水泥的标准稠度用水量(P),按水泥质量的百分比计,结果精确至1%。

(4)当试杆距玻璃板小于5 mm时,应适当减水,重复水泥净浆的拌制和上述过程;若距离大于7 mm,则应适当加水,并重复水泥净浆的拌制和上述过程。

(三)水泥的凝结时间

凝结时间指水泥从加水开始,至水泥净浆失去可塑性所需时间。凝结时间分为初凝时间和终凝时间。初凝时间是从水泥全部加入水中至水泥净浆开始失去塑性的时间;终凝时间是从水泥全部加入水中至水泥净浆完全失去塑性的时间。水泥的凝结时间采用维卡仪法测定。

检测项目一 水泥的凝结时间的测定

水泥凝结时间(一)　　水泥凝结时间(二)　　水泥凝结时间(三)

1. 目的和适用范围

测定通用硅酸盐水泥、道路硅酸盐水泥及指定采用本方法的其他品种水泥。

2. 仪具与材料

(1)水泥标准养护箱:温度控制在(20+1)℃,相对湿度大于90%。

(2)试针。

(3)同标准稠度用水量仪器。

3. 试验准备

调整凝结时间测定仪的试针接触玻璃板时,指针对准零点。

4. 试验步骤

1)试件的制备

以标准稠度用水量制成标准稠度净浆(记录水泥全部加入水中的时间作为凝结时间的起始时间),一次装满试模,振动数次刮平,立即放入湿气养护箱中。

2)初凝时间的测定

(1)记录水泥全部加入水中至初凝状态的时间作为初凝时间,以“min”计。

(2)试件在湿气养护箱中养护至加水后30 min时进行第一次测定。测定时,从湿气养护箱中取出试模放到试针下,降低试针与水泥净浆表面接触。拧紧螺丝 1~2 s 后,突然放松,使试针垂直自由地沉入水泥净浆中,观察试针停止沉入或释放试针 30 s 时指针的读数。

(3)临近初凝时,每隔 5 min(或更短时间)测定一次。当试针沉至距离底板(4±1) mm 时,为水泥达到初凝状态。

(4)达到初凝时应立即重复测定一次,两次结论相同时才确定为达到初凝状态。

3)终凝时间的测定

(1)水泥全部加入水中至终凝状态的时间作为水泥的终凝时间,以"min"计。

(2)为了准确观察试针沉入的状况,在终凝针上安装了一个环形附件。在完成初凝时间测定后,立即将试模连同浆体以平移的方式从玻璃取下,翻转 180°,直径大端向上、小端向下放在玻璃上,再放入湿气养护箱中继续养护。

水泥终凝时间测定

(3)临近终凝时间时,每隔 15 min(或更短时间)测定一次,当试针沉入试件 0.5 mm 时,即环形附件开始不能在试体上留下痕迹时,为水泥达到终凝状态。

(4)达到终凝时需要在试件另外两个不同点测试,结论相同时才能确定达到终凝状态。

测定时应该注意:在最初测定的操作时应轻轻扶持金属柱,使其徐徐下降,以防止试针撞弯,但结果以自由下落为准;在整个测试过程中,试针沉入的位置及试针与试模内壁的距离不能小于 10 mm。每次测定完立即将试模放回养护箱内,防止试模振动。

水泥凝结时间长短对水泥混凝土的施工有着很重要的意义。初凝时间太短,影响混凝土拌和料的运输和浇灌;终凝时间过长影响混凝土工程的施工进度。所以,水泥凝结时间要求初凝时间不宜太短,终凝时间也不宜太长。

(四)水泥安定性检测

水泥的安定性是检测水泥浆体硬化后是否发生不均匀性体积变化的指标。水泥在凝结硬化过程中,总会产生体积上的变化。体积变化如果是轻微均匀的,对混凝土的质量影响不大;如果产生不均匀变化,混凝土构件就会产生膨胀、变形,甚至开裂,影响工程质量,这种水泥称为体积不安定水泥。导致水泥不安定的原因是水泥中存在过量的游离氧化镁或游离氧化钙亦或加入石膏时带入三氧化硫。

水泥安定性的测定采用雷氏夹法和试饼法(代用法),当对试验结果有异议时以雷氏夹法为准。

检测项目一　水泥安定性测定(雷氏夹法)

水泥安定性试验(一)

水泥安定性试验(二)

1. 目的和适用范围

测定通用硅酸盐水泥、道路硅酸盐水泥及指定采用本方法的其他品种水泥。

2. 仪具与材料

(1)膨胀测定仪,见图 2-6。

(2)雷氏夹,见图 2-6。

(3)沸煮箱,见图 2-6。

(4)湿气养护箱[温度(20±1)℃,相对湿度大于 90%],见图 2-6。

(5)天平(最大称量不小于 1 000 g,感量不大于 1 g)。

(6)量筒和滴定管(精度±0.5 mL)。

(7)玻璃板、插刀等。

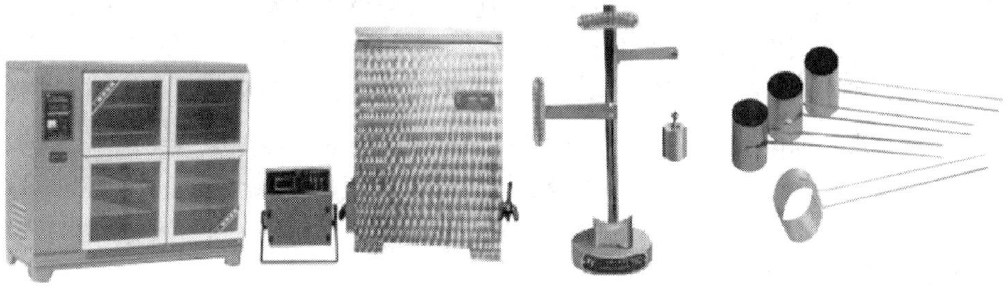

试体养护箱　沸煮箱　膨胀测定仪　雷氏夹

图 2-6　安定性所需仪器

3. 试验方法与步骤

1)试验准备

(1)每个试样需要成型两个试件,每个雷氏夹需配备两个边长或直径约 80 mm、厚度 4~5 mm 的玻璃板,凡与水泥净浆接触的玻璃板和雷氏夹内表面都要稍稍涂上一层油。

(2)检验雷氏夹:当一根指针的根部先悬挂在一根金属丝或尼龙丝上,另一根指针的根部再挂上 300 g 的砝码时,两根指针针尖的距离应在(17.5±2.5)mm 范围内,去掉砝码后针尖的距离能恢复至挂砝码前的状态。

2)试件成型

将预先准备好的雷氏夹放在已稍擦油的玻璃板上,并立刻将已制好的标准稠度净浆装满试模,装模时一只手轻轻扶持试模,另一只手用宽约 25 mm 的直边小刀在浆体表面轻轻插捣 3 次,然后抹平,盖上稍涂油的玻璃板,接着立即将试模移至湿气养护箱内养护(24±2) h。

3)沸煮

调整好沸煮箱内的水位,使之在整个沸煮过程中都没过试件,无须中途添补试验用水,同时保证水在(30±5)min 内能沸腾。脱去玻璃板取下试件,先测量雷氏夹指针尖端间的距离(A),精确到 0.5 mm,接着将试件放入沸煮箱水中的试件架上,指针朝上,试件间互不交叉,然后在(30±5)min 内加热至沸腾,并恒沸(180±5)min。

4)结果判别

沸煮结束后,立即放掉沸煮箱中的热水,打开箱盖,待箱体冷却至室温,取出试件进行判别。测量试件指针尖端的距离(C),精确至 0.5 mm,当两个试件沸煮后增加的距离($C-A$)的平均值不大于 5.0 mm 时,即认为该水泥安定性合格;当两个试件沸煮后增加的距离($C-A$)的平均值大于 5.0 mm 时,应用同一样品重做一次试验,以复检结果为准。

(五)水泥的强度

水泥的强度是水泥技术要求中最基本的指标,也是水泥的重要技术性质之一。它反映了水泥的品质和使用价值。我国水泥强度采用《公路工程水泥及水泥混凝土试验规程》(JTG 3420—2020)中 T 0506—2005 来评定水泥强度等级。

水泥强度与本身熟料矿物的组成、细度及水灰比、试件制作方法、养护条件及龄期有关。水泥强度检验是按水灰比 0.5,水泥与 ISO 标准用砂的质量比为 1∶3,拌制而成一组塑性胶砂,制成标准试件(40 mm×40 mm×160 mm),在标准条件下[温度(20±1)℃,湿度大于 90%],养护到规范规定的龄期(3 d,28 d),测定其抗折强度和抗压强度,按国家标准《通用硅酸盐水泥》(GB 175—2023)规定的最低强度值来评定其强度等级。

在进行水泥胶砂强度试验时,要用到我国 ISO 标准砂。此砂的粒径为 0.08~2.0 mm,分粗、中、细 3 级,各占 1/3。其中粗砂粒径为 1.0~2.0 mm;中砂粒径为 0.5~1.0 mm;细砂粒径为 0.08~0.5 mm。

1. 水泥标号

水泥标号是水泥的强度的指标。《通用硅酸盐水泥》(GB 175—2023)中将水泥分为普通型和早强型(也可称 R 型)两个型号。早强水泥的 3 d 抗压强度就能达到 28 d 抗压强度的 50%。比同等级普通水泥强度提高了 10%~24%。水泥混凝土路面用水泥,供应条件允许时,应尽量优先选用早强水泥,缩短混凝土养护时间,提早通车。

为了确保水泥在工程中的使用质量,生产厂在控制出厂水泥 28 d 的抗压强度时,均留有一定的富余强度。在设计混凝土强度时,可采用水泥实际强度。通常富余强度系数为 1.00~1.13。

2. 水泥强度等级

水泥的强度等级是以规定龄期的抗折强度、抗压强度值来划分的。以 28 d 抗压强度值(MPa)作为强度等级。硅酸盐水泥和普通硅酸盐水泥的强度等级分为 42.5、42.5R、52.5、52.5R、62.5、62.5R 6 个强度等级。矿渣硅酸盐水泥、粉煤灰硅酸盐水泥、火山灰质硅酸盐水泥的强度等级分为 32.5、32.5R、42.5、42.5R、52.5、52.5R 6 个等级。复合硅酸盐水泥的强度等级分为 42.5、42.5R、52.5、52.5R 4 个等级。通用硅酸盐水泥不同龄期强度应符合表 2-9 的规定。水泥 28 d 以前强度称为早期强度,28 d 及其以后强度称为后期强度。

3. 技术标准

按照我国《通用硅酸盐水泥》(GB 175—2023)规定,通用硅酸盐水泥的化学要求见表 2-10。

表 2-9 通用硅酸盐水泥的强度指标

强度等级	抗压强度/MPa		抗折强度/MPa	
	3 d	28 d	3 d	28 d
32. 5	≥12. 0	≥32. 5	≥3. 0	≥5. 5
32. 5R	≥17. 0		≥4. 0	
42. 5	≥17. 0	≥42. 5	≥4. 0	≥6. 5
42. 5R	≥22. 0		≥4. 5	
52. 5	≥22. 0	≥52. 5	≥4. 5	≥7. 0
52. 5R	≥27. 0		≥5. 0	
62. 5	≥27. 0	≥62. 5	≥5. 0	≥8. 0
62. 5R	≥32. 0		≥5. 5	

表 2-10 通用硅酸盐水泥的化学要求 %

品种	代号	不溶物（质量分数）	烧失量（质量分数）	三氧化硫（质量分数）	氧化镁（质量分数）	氯离子（质量分数）
	P · Ⅰ	≤0. 75	≤3. 0	≤3. 5	≤5. 0	≤0. 06
硅酸盐水泥	P · Ⅱ	≤1. 50	≤3. 5			
普通硅酸盐水泥	P · O	—	≤5. 0			
矿渣硅酸盐水泥	P · S · A	—	—	≤4. 0	≤6. 0	
	P · S · B	—	—		—	
火山灰质硅酸盐水泥	P · P	—	—	≤3. 5	≤6. 0	
粉煤灰硅酸盐水泥	P · F	—	—			
复合硅酸盐水泥	P · C	—	—			

注：如果水泥压蒸安定性合格，则水泥中氧化镁含量（质量分数）允许放宽至 6. 0%；如果水泥中氧化镁含量（质量分数）大于 6. 0%，需进行水泥压蒸安定性试验并合格；当买方有更低要求时，买卖双方协商确定。

《通用硅酸盐水泥》（GB 175—2023）规定，检验结果符合组分、化学要求、凝结时间、雷氏法安定性、强度及细度的技术要求时为合格品；不符合上述中任何一项技术要求的为不合格品。

检测项目一 水泥胶砂强度试验检测

1. 目的和适用范围

采用 ISO 法，通过试验确定水泥的强度等级。本方法适用于硅酸盐水泥、普通硅酸盐水泥、矿渣硅酸盐水泥、粉煤灰硅酸盐水泥、复合硅酸盐水泥、道路硅酸盐水泥的抗折强度与抗压强度检验。采用其他水泥时必须研究本方法的适用性。

2. 仪具与材料

水泥胶砂
强度试验(一)

水泥胶砂
强度试验(二)

(1)胶砂搅拌机:胶砂搅拌机属行星式,叶片和搅拌锅做相反方向转动。制造质量符合《行星式胶砂搅拌机》(JC/T 681—2022)的规定,见图 2-7。

(2)胶砂振实台:符合现行《水泥胶砂试体成型振实台》(JC/T 682—2022)的规定,见图 2-7。

(3)试模:为可装卸的三联模,由隔板、端板、底座等部分组成。制造质量符合《水泥胶砂试模》(JC/T 726—2005)的规定,可同时成型 3 条截面为 40 mm×40 mm×160 mm 的棱形试件,见图 2-7。

(4)下料漏斗:由漏斗和模套两部分组成。漏斗用厚 0.5 mm 的白铁皮制作,下料口宽度一般为 4~5 mm。模套高度为 20 mm,用金属材料制作。模套壁与模内壁应重叠,超出内壁不应大于 1mm。

(5)天平:量程不小于 2 000 g,感量不大于 1 g。

(6)抗折强度试验机:应符合现行《水泥胶砂电动抗折试验机》(JC/T 724—2005)的规定,见图 2-7。一般采用双杠杆式的,也可采用性能符合要求的其他试验机。加荷与支撑圆柱必须用硬质钢材制造。3 根圆柱轴的 3 个竖向平面应平行,并在试验时继续保持平行和等距离垂直试件的方向,其中一根支撑圆柱能轻微地倾斜使圆柱与试件完全接触,以便荷载沿试件宽度方向均匀分布,同时不产生任何扭转应力。

(7)抗压强度试验机:以 200~300 kN 为宜。在较大的(4/5)量程范围内使用时,记录的荷载应有±1.0%的精度,并具有按(2 400±200)N/s 速率加荷的能力,应具有一个能指示试件破坏时荷载的指示器。

压力机的活塞竖向轴应与压力机的竖向轴重合,而且活塞作用的合力要通过试件中心。压力机的下压板表面应与该机的轴线垂直并在加荷过程中一直保持不变。

(8)抗压试验夹具:由硬质钢材制成,受压面积为 40 mm×40 mm,见图 2-7。

(9)ISO 标准砂(见图 2-7)、量筒。

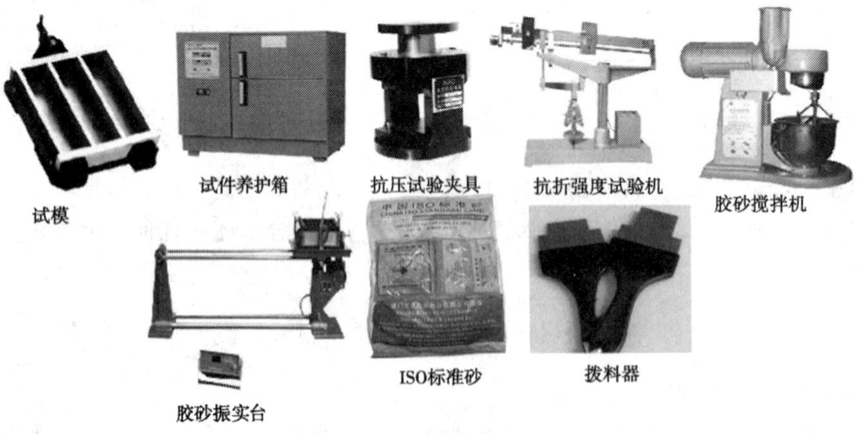

图 2-7 胶砂强度所需仪器

3. 试验方法及步骤

1)试验环境

(1)试件成型时,试验室温度应保持在(20±2)℃(包括强度试验室),相对湿度大于50%。水泥试样、ISO 标准砂、拌和水及试模等的温度应与室温相同。

(2)养护箱或雾室温度应在(20±1)℃,相对湿度大于90%,养护水的温度(20±1)℃。

(3)试件成型试验室空气温度和相对湿度应在工作期间早晚至少各记录一次。养护箱、雾室温度和相对湿度至少4 h记录一次。

2)试件制备

(1)成型前将试模擦净,四周的模板与底座的接触面上应涂黄油,紧密装配,防止漏浆,内壁均匀地刷一薄层机油。

(2)水泥与 ISO 标准砂的质量比为1:3,水灰比为0.5。火山灰质硅酸盐水泥、粉煤灰硅酸盐水泥、复合硅酸盐水泥和掺火山灰质混合材料的流动度小于180 mm 时,应以0.01整倍数递增的方法将水灰比调整至胶砂流动度不小于180 mm。

(3)每成型3条试件需称量的材料及用量为:水泥(450±2)g;ISO 标准砂(1 350±5)g;水(225±1)mL。

(4)将水加入锅中,再加入水泥,把锅放在固定架上。然后立即启动机器,低速搅拌30 s后,在第二个30 s开始的同时均匀地将砂子加入,机器再高速搅拌30 s。停拌90 s,在第一个15 s内用胶皮刮具将叶片和锅壁上的胶砂刮入锅中。在高速下继续搅拌60 s。各个阶段时间误差应在±1 s内。

(5)用振实台时,将空试模和模套固定在振实台上,用适当的勺子直接从搅拌锅中将胶砂分两层装入试模,装第一层时,每个槽里约放300 g砂浆,用大播料器垂直架在模套顶部,沿每个模槽来回一次,将料层播平,接着振实60次。再装入第二层胶砂,用小播料器播平,再振实60次。移走模套,并用刮尺以90°的角度架在试模顶的一端,沿试模长度方向以横向锯割动作慢慢向另一端移动,一次将超出试模的胶砂刮去,并用同一直尺将试件表面抹平。

(6)当用代用振动台成型时,同时将试模及下料漏斗卡紧在振动台台面中心。将搅拌好的全部胶砂均匀地装于下料漏斗中,开动振动台(120±5)s停车。振动完毕,取下试模,用刮平尺按上述方法刮去多余胶砂并抹平试件。

(7)在试模上作标记或加字条标明试件的编号和试件相对于振动台的位置。两个龄期以上的试件,编号时应将同一试模中的3条试件分在两个以上的龄期内。

(8)试验前或更换水泥品种时,搅拌锅、叶片和下料漏斗等须抹擦干净。

3)养护

(1)编号后,将试模放入养护箱养护,养护箱内箅板必须水平。水平放置时刮平面应朝上。对于24 h龄期的,应在破型试验前20 min内脱模。对于24 h以上龄期的,应在成型后20~24 h内脱模。脱模时要非常小心,应防止试件损伤。硬化较慢的水泥允许延期脱模,但须记录脱模时间。

(2)试件脱模后即放入水槽中养护,试件之间间隙或试件上表面的水深不得小于5 mm。每个养护池中只能养护同类水泥试件,并应保持恒定水位,不允许养护期间全部换水。

(3)除24 h龄期或延迟48 h脱模的试件外,任何到龄期的试件应在试验(破型)前15 min从水中取出。抹去试件表面沉淀物,并用湿布覆盖。

4）强度试验

（1）各龄期（试件龄期从水泥加水搅拌开始算起）的试件应在下列时间内进行强度试验：

龄期	试验时间
4 h	24 h±15 min
48 h	48 h±30 min
72 h	72 h±45 min
7 d	7 d±2 h
28 d	28 d±8 h

（2）抗折强度试验。

①以中心加荷法测定抗折强度。

②采用杠杆式抗折试验机试验时，试件放入前，应使杠杆呈水平状态，试件放入后调整夹具，使杠杆在试件折断时尽可能地接近水平位置。

③抗折试验加荷速度为（50±10）N/s，直至折断，并保持两个半截棱柱试件处于潮湿状态直至抗压试验。

④抗折强度按式（2-16）计算：

$$R_{\mathrm{f}}=\frac{1.5F_{\mathrm{f}}L}{b^{3}} \tag{2-16}$$

式中 R_{f}——抗折强度，MPa，计算结果精确至 0.1 MPa；

F_{f}——破坏荷载，N；

L——支撑圆柱中心距，为 100 mm；

b——试件断面正方形的边长，为 40 mm。

⑤取 3 块试件抗折强度测定值的算术平均值，结果精确至 0.1 MPa。当 3 个强度值中有超过平均值±10%的，应剔除后再平均，以平均值作为抗折强度试验结果。

（3）抗压强度试验。

①抗折试验后的断块应立即进行抗压强度试验。抗压强度试验须用抗压夹具进行，试件受压面为试件成型时的两个侧面，面积为 40 mm×40 mm。试验前应清除试件受压面与加压板间的砂粒或杂物。试验时以试件的侧面作为受压面，试件的底面靠紧夹具定位销，并使夹具对准压力机压板中心。

②压力机速度应控制在（2 400±200）N/s 范围内，在接近破坏时更应严格掌握。

③抗压强度按式（2-17）计算：

$$R_{\mathrm{c}}=\frac{F_{\mathrm{c}}}{A} \tag{2-17}$$

式中 R_{c}——抗压强度，MPa，结果计算值精确到 0.1 MPa；

F_{c}——破坏荷载，N；

A——受压面积，mm^2，为 40 mm×40 mm。

④取 6 个抗压强度测定值的算术平均值，结果精确至 0.1 MPa，如果 6 个强度测定值中有 1 个测定值超过平均值±10%的，应剔除后再以剩下的 5 个强度测定值进行平均。如果 5 个强度测定值中再有超过平均值±10%的，则此组试件无效。

4. 工程示例

水泥物理、力学性能试验报告如表 2-11 所示。

表 2-11　水泥物理、力学性能试验报告

工程名称:××绕城高速　　　　报告日期:××××

承包单位	辽宁××有限公司			委托单编号	SN-S03-20210821
委托单位	辽宁××有限公司			分项工程	构件浇筑
监理单位	沈阳××监理有限公司			试验者	×××
试验单位	×××第二合同段工地试验室			校核者	×××
试验规程	JTG 3420—2020			试验日期	2021-09-15
试样描述	×××天然砂			报告日期	2021-09-15
材料产地	辽宁××	水泥品种	P · O 42.5	用途	水泥混凝土

细度/%	试验方法	试验温度/℃	标准样比表面积/(m²/kg)	比表面积/(m²/kg)	平均值/(m²/kg)
	勃氏法	20	364	363	364
	勃氏法	20	367	366	

标准稠度	试验方法	试验质量/g	加水量/g	试杆距底板距离/mm	标准稠度/%
	标准法	500	139	5	27.8

凝结时间	试验方法	起始时间	初凝状态时间	终凝状态时间	初凝时间/min	终凝时间/min
	人工测定	08:16	10:52	12:41	156	265

安定性测试	试验方法	A_1	C_1	C_1-A_1	A_2	C_2	C_2-A_2	水泥安定性
	雷氏法	10.0	11.0	1.0	10.0	11.0	1.0	合格

试件编号	成型日期	龄期/d	抗折强度/MPa			抗压强度/MPa		
			破坏荷载	单值	平均值	破坏荷载	单值	平均值
1	2021-8-18	28	3.62	8.5	8.4	82.55	51.6	51.3
						83.45	52.2	
2	2021-8-18	28	3.58	8.4		80.95	50.6	
						81.75	51.1	
3	2021-8-18	28	3.56	8.3		80.95	50.6	
						82.50	51.6	

结论:	技术负责人意见: 签名:
监理(督)工程师签字: 签名:	试验室盖章:

(六)水泥的化学性质

水泥的化学性质主要指对水泥物理力学性能造成不利影响的有害成分。为保证水泥质量,就要限定其不超过一定的限量。

水泥化学性质指标有氧化镁、三氧化硫、烧失量、不溶物、碱含量、氯离子。

1. 氧化镁含量

在水泥熟料中,未与其他矿物结合的游离氧化镁在高温时形成的方镁石,它水化为氢氧化镁的速度很慢,常在水泥硬化以后才开始水化,并且产生体积膨胀,可导致水泥石结构产生裂缝甚至破坏,是引起水泥安定性不良的原因之一。

《通用硅酸盐水泥》(GB 175—2023)规定,水泥中氧化镁的含量(质量分数)应不大于5.0%。如果水泥经压蒸安定性试验合格,则水泥中氧化镁的含量(质量分数)允许放宽到6.0%。

2. 三氧化硫含量

三氧化硫是生产水泥时为调节凝结时间加入石膏而产生的,或者是煅烧熟料时加入石膏矿化剂而带入熟料中的。适量的石膏能改善水泥性能,但超过一定限量后,水泥性能会变坏,甚至引起水泥石体积膨胀,导致结构物破坏。因此,必须限制水泥中三氧化硫的最大允许含量。

《通用硅酸盐水泥》(GB 175—2023)规定,水泥中三氧化硫的含量(质量分数)应不大于3.5%。

3. 烧失量

水泥煅烧不佳或受潮后,均会导致烧失量增加。烧失量测定是以水泥试样在950~1 000 ℃下灼烧15~20 min冷却至室温称量。如此反复灼烧,直至恒重,计算灼烧前后质量损失百分率。《通用硅酸盐水泥》(GB 175—2023)规定Ⅰ型硅酸盐水泥的烧失量(质量分数)不得大于3.0%,Ⅱ型硅酸盐水泥的烧失量(质量分数)应不大于3.5%。普通硅酸盐水泥的烧失量(质量数)应不大于5.0%。

4. 不溶物

水泥中不溶物是用盐酸溶解滤去不溶残渣,经碳酸钠处理再用盐酸中和,高温灼烧至恒重后称量,灼烧后不溶物质量占试样总质量比例为不溶物。

《通用硅酸盐水泥》(GB 175—2023)规定,Ⅰ型硅酸盐水泥中不溶物(质量分数)应不大于0.75%;Ⅱ型硅酸盐水泥中不溶物(质量分数)应不大于1.50%。

5. 碱含量

水泥中的碱含量是按$Na_2O+0.658K_2O$计算值表示的。若水泥中的碱含量高,就可能会产生碱-集料反应,从而导致混凝土产生膨胀破坏。因此,当使用活性集料时,应采用低碱水泥,碱含量应不大于0.6%,或由供需双方商定。

6. 氯离子

水泥中的氯离子含量过高,其主要原因是掺加了混合材料和外加剂(如工业废渣、助磨剂等)。同时氯离子又是混凝土中钢筋锈蚀的重要因素,所以《通用硅酸盐水泥》(GB 175—2023)规定:水泥生产中允许加入小于或等于0.5%的助磨剂、水泥中的氯离子含量必须小于或等于0.06%。

四、水泥石的腐蚀与防止

（一）水泥石的腐蚀

硅酸盐水泥配制而成的混凝土的构造物，在正常环境中，水泥石还会硬化，强度继续增长。但有些腐蚀性的液体或者气体侵蚀到水泥石中，其强度就会降低，严重时会使整个构造物破坏，称为水泥石腐蚀。在道路工程中混凝土构造物可能会遇到下面几种腐蚀因素类型。

1. 淡水侵蚀

淡水侵蚀又称溶析性侵蚀或溶出性侵蚀，就是硬化后的混凝土中的水泥水化物被淡水溶解而带走的一种侵蚀现象。

在硅酸盐水泥的水化产物中，$Ca(OH)_2$ 在水中的溶解度最大，首先被溶出。在水量小、静水或无压情况下，由于 $Ca(OH)_2$ 的迅速溶出，周围的水很快饱和，溶出作用很快就终止。但在大量或流动的水中，由于 $Ca(OH)_2$ 不断被溶析，使混凝土的密度和强度降低，导致水化硅酸钙和水化铝酸钙分解，可能引起整体结构物的破坏。

2. 碳酸侵蚀

工业排放的污水及地下水中常溶解较多的二氧化碳，与水泥石中的氢氧化钙发生化学反应，生成碳酸钙。再与含二氧化碳的水作用生成易溶于水中的重碳酸钙，且为可逆反应，从而降低水泥石的强度。

3. 硫酸盐侵蚀

工业排放的污水、海水或沼泽水中，常含有易溶的硫酸盐类，它们会与水泥石中的氢氧化钙反应生成石膏，石膏在水泥石孔隙中结晶时会使其体积膨胀，产生很大的内应力，使结构物的强度降低，严重的可使其破坏。

4. 镁盐侵蚀

地下水、海水或者矿泉水中常含有较多的镁盐，如氯化镁、硫酸镁。镁盐与水泥石中的氢氧化钙反应生成无胶结能力、极易溶于水的氯化钙，或生成二水石膏导致水泥石结构破坏。

（二）防止水泥石腐蚀的措施

（1）根据工程的环境特点，合理选择水泥品种。

抗淡水侵蚀的构造物，可选用硅酸二钙含量低的水泥，以减少水化物中氢氧化钙的含量。抗硫酸盐侵蚀的构造物，可选用铝酸三钙含量低的水泥，可降低其对水泥石的腐蚀。

（2）提高水泥石的密实度。

由于实际用水量高于水泥水化所需水量，致使多余水分蒸发后水泥石内部会存在孔隙，这样腐蚀介质容易渗入水泥石内部，使其内部膨胀进而使水泥石被腐蚀。所以，在施工过程中合理选择混凝土的配合比、降低水灰比及合理选择集料，有必要加入外加剂等来提高水泥石的密实度，增强其抗腐蚀的能力；也可以对其表面进行碳化处理，增大表面的密实度，防止腐蚀质子的侵害。

（3）敷设耐腐蚀保护层。

选用耐酸且不透水的材料，如耐酸石料、耐酸陶瓷、玻璃、塑料等敷设在混凝土表面，保护其不被腐蚀。

五、道路硅酸盐水泥

(一)定义

道路硅酸盐水泥是由道路硅酸盐水泥熟料、适量石膏和混合材料磨细制成的水硬性胶凝材料。道路硅酸盐水泥中熟料和石膏(质量分数)为90%~100%,活性混合材料(质量分数)为0~10%。

(二)技术要求

1. 道路硅酸盐水泥的物理、化学指标

道路硅酸盐水泥的物理、化学及矿物含量的技术要求见表2-12。

表2-12 道路硅酸盐水泥的物理、化学及矿物含量的技术要求

物理性能	指标	化学性能	指标
细度(80 μm筛筛余)	不超过10%	氧化镁	不超过5.0%(如果水泥压蒸试验合格,则水泥中氧化镁的含量(质量分数)允许放宽至6.0%)
凝结时间	初凝不小于90 min	三氧化硫(质量分数)	不大于3.5%
	终凝不大于720 min	烧失量	不大于3.0%
安定性	雷氏夹检验合格	游离氧化钙	不大于1.0%
干缩性(28 d)	不大于0.10%	碱含量	不大于0.60%
耐磨性(28 d)	不大于3.00 kg/m^2	氯离子(质量分数)	不大于0.06%

2. 道路水泥的力学指标

道路硅酸盐水泥代号P·R,按照28 d抗折强度分为7.5和8.5两个等级。道路硅酸盐水泥的等级及各龄期强度见表2-13。

表2-13 道路硅酸盐水泥的等级与各龄期强度

强度等级	抗压强度		抗折强度	
	3 d	28 d	3 d	28 d
7.5	≥21.0	≥42.5	≥4.0	≥7.5
8.5	≥26.0	≥52.5	≥5.0	≥8.5

3. 工程应用

由于道路硅酸盐水泥有强度高、耐磨性好、干缩性小、抗冲击性好、抗冻性和抗硫酸性比较好的优点,故适用于道路路面、机场跑道道面、城市广场等工程。道路硅酸盐水泥干缩性小、耐磨、抗冲击性好,可减少水泥混凝土路面的裂缝和磨耗等病害,减少维修,延长路面使用年限,可获得显著的社会效益和经济效益。

任务三　普通混凝土

一、水泥混凝土的定义

普通混凝土是指由以水泥为主要胶凝材料掺入粗集料、细集料、水及必要时掺入的化学外加剂组成，经过胶凝材料凝结硬化后，形成具有一定强度和耐久性的人造石材。胶凝材料在混合料中起到胶凝和填充的作用，集料起到骨架和密实的作用。下面给出各种混凝土的定义。

普通混凝土指干密度为 2 000～2 800 kg/m^3 的混凝土。

干硬性混凝土是指用维勃稠度(s)表示其稠度且混凝土拌和物的坍落度小于 10 mm 的混凝土。

塑性混凝土指混凝土拌和物坍落度在 10～90 mm 的混凝土。

流动性混凝土指混凝土拌和物坍落度在 100～150 mm 的混凝土。

大流动性混凝土指混凝土拌和物的坍落度≥160 mm 的混凝土。

抗渗混凝土指抗渗等级不低于 P6 的混凝土。

抗冻混凝土指抗冻等级不低于 F50 的混凝土。

高强混凝土指强度等级≥C60 的混凝土。

泵送混凝土指拌和物的坍落度不低于 100 mm，可在施工现场通过压力泵及输送管道进行浇筑的混凝土。

大体积混凝土指结构物实体最小几何尺寸不小于 1 m 的大体积混凝土或预计会因水泥水化热引起温度变化和收缩而导致有害裂缝产生的混凝土。

二、水泥混凝土的技术性质

水泥混凝土的主要技术性质包括施工阶段的工作性(也称和易性)、混凝土硬化阶段的力学性质及使用阶段的耐久性。

(一)新拌水泥混凝土的工作性定义

新拌水泥混凝土的工作性又称和易性，是指混凝土具有流动性、可塑性、稳定性及易密性等几方面的一项综合性能。

流动性是指混凝土拌和物在自重或机械振捣作用下，能产生流动并均匀密实地填满模板的性能。

可塑性是指混凝土拌和物在外力作用下产生塑性流动，不发生脆性断裂的性质。

稳定性是指混凝土拌和物在外力作用下，集料均匀分布在水泥浆中，不产生离析和泌水现象的性能。

易密性是指混凝土拌和物在捣实或振动过程中克服内摩阻力达到密实稠度的能力。

(二)工作性的测定方法

在新拌水泥混凝土工作性的测定方法上，国际上也没有一种方法能全面测试其工作性。通常采用测定混凝土流动性并以目测加经验来评定混凝土的工作性。测定流动性的方法，我国采用《公路工程水泥及水泥混凝土试验规程》（JTG 3420—2020）规定的 T 0522—2005 坍落度法和 T 0523—2005 的维勃稠度法。

1. 坍落度法

对于坍落度大于 10 mm，集料公称最大粒径不大于 31.5 mm 的混凝土，采用坍落度法测定稠度。首先是称取设计好的各种材料，然后拌制混凝土，将拌制好的混凝土分 3 层装入坍落度筒内，每层装入后用捣棒插捣 25 次，装满刮平。垂直提起坍落度筒，在重力作用下混凝土会自动坍落。测出坍落度筒与坍落后的混凝土最高点之间的高差，作为坍落度值。坍落度越大表明混凝土拌和物的流动性越大。测定坍落度的同时观察混凝土拌和物的黏聚性、保水性，全面评定新拌混凝土的工作性（见图 2-8）。

坍落度（一）　　坍落度（二）

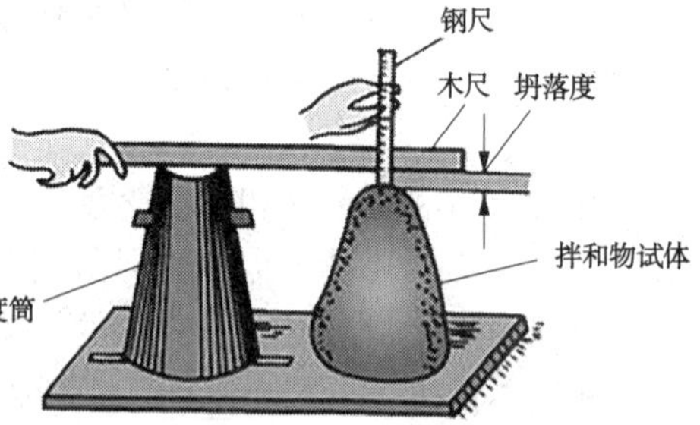

图 2-8　新拌混凝土坍落度测定示意

2. 维勃稠度法

坍落度小于 10 mm 的干稠性新拌水泥混凝土可用维勃稠度仪（见图 2-9）测定工作性。维勃稠度法是将坍落度筒放在直径 240 mm 的圆筒中，圆筒安装在专用的振动台上。按坍落度试验的方法将新拌水泥混凝土装入坍落度筒内后再拔去坍落度筒，并在新拌水泥混凝土顶上置一透明圆盘。开动振动台并记录时间，从开始振动至透明圆盘底面被水泥浆布满瞬间止，所经历的时间（以 s 计，精确至 1 s）即为新拌混凝土的维勃稠度值。

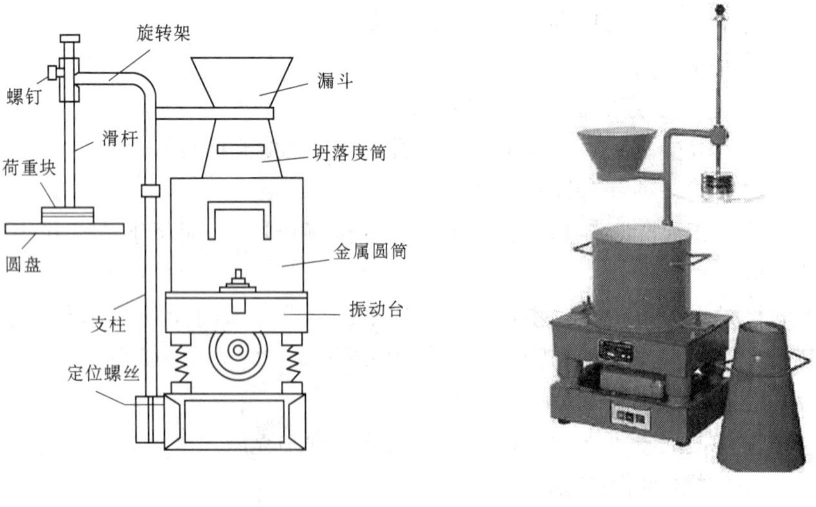

图 2-9　维勃稠度仪

(三)影响新拌水泥混凝土工作性的因素

影响新拌水泥混凝土工作性的因素有外因和内因两种。外因如气温、湿度、风力及时间等。内因主要是组成材料对其影响,包括原材料特性、水灰比、单位用水量及砂率等。

1. 水泥浆的数量和稠度

水泥浆在新拌水泥混凝土中填充集料间的空隙,它使混凝土具有一定的流动性,所以水泥浆的数量和稠度对新拌水泥混凝土的工作性有显著影响。新拌水泥混凝土中水泥浆数量增多,其流动性增大。但水泥浆过量就会使混凝土出现流浆现象,易发生离析。如果新拌水泥混凝土中水泥浆过少,集料间又缺少黏结物质,黏聚性变差,易出现崩塌现象。水泥浆的稠度是由水灰比决定的,水灰比直接影响混凝土的强度及耐久性。因此,水灰比的大小应根据混凝土强度和耐久性的要求合理确定。

实际上,用水量对新拌水泥混凝土的流动性起着决定性作用。增加水泥浆数量亦或提高水灰比都增加了新拌水泥混凝土的用水量。在拌制混凝土时,不能用单纯改变用水量的办法来调整新拌水泥混凝土的流动性。单纯加大用水量,会降低混凝土的强度及耐久性。所以,应在水灰比不变的条件下,调整水泥浆用量来调整新拌水泥混凝土的流动性。

2. 砂率

砂率是指混凝土中砂的质量占砂石总质量的百分率。

砂率反映的是粗、细集料的相对比例。水泥浆数量一定时,砂率过大,集料总表面积及空隙率会增大,这样就需要较多的水泥浆填充和包裹集料;起润滑作用的水泥浆减少,新拌水泥混凝土的流动性就会减小。砂率过小,砂浆数量不足,导致混凝土拌和物黏聚性和保水性降低,容易出现离析和流浆现象。这就要求混凝土要有一个合理砂率,如图 2-10 所示。在用水量和水泥用量不变的情况下,可使混凝土拌和物获得所要求的流动性及良好的黏聚性和保水性。

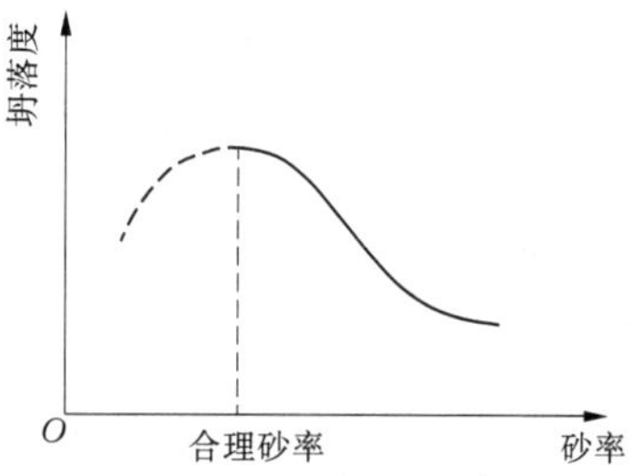

图 2-10 混凝土拌和物坍落度与砂率关系

3. 组成材料的性质

1) 水泥

水泥对新拌混凝土工作性的影响主要是水泥的需水量和泌水性。需水量大的水泥拌制的水泥混凝土的流动性小而黏聚性和保水性较好。泌水性大的水泥拌制的水泥混凝土的保水性很差。

2) 集料

集料对混凝土工作性的影响表现在集料的级配、颗粒形状、表面特征及最大粒径。级配好的集料拌制的水泥混凝土的流动性较大,黏聚性和保水性也好。集料中针、片状颗粒较多时,混凝土的流动性减小,易产生离析。表面光滑的集料如卵石,拌制的水泥混凝土的流动性好。集料的最大粒径增大,总表面积减小,水泥混凝土的流动性较大。

3) 外加剂和掺合料

在拌制的水泥混凝土中加入少量减水剂,能增加流动性;加入引气剂也能增加流动性，还能改善其黏聚性，降低泌水性；加入增稠剂，能增加大流动性混凝土的黏聚性，降低泌水性；掺入掺合料，能增加黏聚性，减少离析和泌水。同时加入优质粉煤灰等超细微粒的掺合料还能增加混凝土的流动性。

4）混凝土用水

混凝土用水选用饮用水或清洁的天然水，不得使用影响水泥凝结硬化的有害物质。当对水质有异议时，同时取该水与洁净水分别配制混凝土做强度对比试验，强度如不低于洁净水，则可用该水。一般情况下不得用海水拌制混凝土，海水中的镁盐、硫酸盐及氯化物会腐蚀钢筋，侵蚀水泥石。

4. 时间和温度

由于水泥水化、集料吸收、水分蒸发及水泥浆凝聚结构的形成，使混凝土的流动性变差，混凝土流动性随时间的延长而减小，这种现象称为坍落度损失。混凝土流动性随着环境温度升高，水分蒸发及水泥水化反应加快也影响其流动性，初始流动性减小，坍落度损失加快。

检测项目一　水泥混凝土拌和物的拌和方法

混凝土拌和物拌和方法

1. 目的与适用范围

本方法规定在常温环境中室内水泥混凝土拌和物的拌和。

2. 仪具与材料

（1）强制式搅拌机：应符合《混凝土试验用搅拌机》（JG/T 244—2009）的规定。

（2）振动台：应符合《混凝土试验用振动台》（JG/T 245—2009）的规定。

（3）磅称：量程不小于 50 kg，感量不大于 5 g。

（4）天平：量程不小于 2 000 g，感量不大于 1 g。

（5）其他：拌板、铁铲、量水器、方盘、抹布。

（6）材料：应放在（20±5）℃室内，不要风吹日晒。

3. 拌和步骤

（1）拌和时环境温度为（20±5）℃，相对湿度大于 50%。

（2）拌和前，应将材料放置在温度为（20±5）℃的室内，且时间不宜少于 24 h。

（3）为防止粗集料的离析，可将集料分档堆放，使用时再按一定比例混合。试样从抽样至试验结束的整个过程中，避免阳光直晒和水分蒸发，必要时应采取保护措施。

（4）拌和物总量应比所需量多 20% 以上。拌制混凝土的材料以质量计，称量的精确度：集料为±1%，水、水泥、掺合料和外加剂为±0.5%。

（5）粗集料、细集料均以干燥状态（含水率小于 0.5% 的细集料和含水率小于 0.2% 的粗集料）为基准，计算用水量时应扣除粗集料、细集料的含水率。

（6）外加剂的加入。

①对于不溶于水或难溶于水且不含潮解型盐类的外加剂，应先与一部分水泥拌和，以保证分散。

②对于不溶于水或难溶于水但含潮解型盐类的外加剂，应先与细集料拌和。

③对于水溶性或液体外加剂，应先与水均匀混合。

④其他特殊外加剂，尚应符合相关标准的规定。

(7)拌制混凝土所用各种用具，如铁板、铁铲、抹刀，应预先用水润湿，使用后必须清洗干净。

(8)使用搅拌机前，应先用少量砂浆进行涮膛，再刮出涮膛砂浆，以避免正式拌和混凝土时水泥砂浆黏附筒壁的损失。涮膛砂浆的水灰比及砂灰比，应与正式的混凝土配合比相同。

(9)用拌和机拌和时，拌和量宜为搅拌机最大容量的1/4~3/4。

(10)搅拌机搅拌：按规定称好原材料，往搅拌机内顺序加入粗集料、细集料、水泥。启动搅拌机，将材料拌和均匀，在拌和过程中徐徐加水，全部加料时间不宜超过2 min。水全部加入后，继续拌和约2 min，而后将拌和物倒在铁板上，再经人工翻拌1~2 min，务必使拌和物均匀一致。

(11)人工拌和：采用人工拌和时，先用湿布将铁板、铁铲润湿，再将称好的砂和水泥在铁板上拌匀，加入粗集料，再混合搅拌均匀。而后将此拌和物堆成长堆，中心扒成长槽，将称好的水倒入约1/2，将其与拌和物仔细拌匀，再将材料堆成长堆，扒成长槽，倒入剩余的水，继续进行拌和，来回翻拌至少10遍。

(12)从试样制备完毕到开始做各项性能试验不宜超过5 min(不包括成型试件)。

检测项目二　水泥混凝土拌和物稠度试验方法(坍落度法)

1. 目的、适用范围和引用标准

坍落度是表示混凝土拌和物稠度的一项指标。本方法适用于坍落度大于10 mm、集料最大粒径不大于31.5 mm的水泥混凝土的坍落度测定。

2. 仪具与材料

图2-11　坍落度筒与捣棒

(1)坍落度筒(见图2-11)：为铁板制成的截头圆锥筒，厚度不小于1.5 mm，内侧平滑，没有铆钉头之类的突出物，在筒上方约2/3高度处有2个把手，近下端两侧焊有2个踏脚板，保证坍落度筒可以稳定操作。坍落度筒尺寸见表2-14。

表2-14　坍落度筒尺寸

集料最大粒径/mm	筒的名称	筒的内部尺寸/mm		
		底面直径	顶面直径	高度
≤31.5	标准坍落度筒	200±2	100±2	300±2

(2)捣棒(见图2-11)：直径16 mm，长约600 mm，具有半球形端头的钢制圆棒。

(3)其他：小铲、木尺、小钢尺、镘刀和钢平板等。

3. 试验步骤

(1)试验前将坍落度筒内外洗净，放在经水润湿过的平板上(平板吸水时应垫以塑料布)，并踏紧踏脚板。

(2)将代表样分3层装入筒内，每层装入高度稍大于筒高的1/3，用捣棒在每一层的横截面上均匀插捣25次。插捣在全部面积上进行,沿螺旋线由边缘至中心,插捣底层时插至底部,插捣其他两层时,应插透本层并插入下层20~30 mm,插捣须垂直压下(边缘部分除外),不得冲击。在插捣顶层时,装入的混凝土应高出坍落度筒,随插捣过程随时添加拌和物。当顶层插捣完毕后,将捣棒用锯和滚的动作,清除掉多余的混凝土,用抹刀抹平筒口,刮净筒底周围的拌和物。而后立即垂直地提起坍落度筒,提筒宜控制在3~7 s完成,并使混凝土不受横向及扭力作用。从开始装料到提出坍落度筒整个过程应在150 s内完成。

(3)将坍落度筒放在锥体混凝土试样一旁,筒顶平放木尺,用钢尺量出木尺底面至试样顶面最高点的垂直距离,即为该混凝土拌和物的坍落度,精确至1 mm。

(4)当混凝土试件的一侧发生崩坍或一边剪切破坏时,则应重新取样另测。如果第二次仍发生上述情况,则表示该混凝土和易性不好,应记录。

(5)当混凝土拌和物的坍落度大于160 mm时,用钢尺测量混凝土扩展后最终的最大直径和最小直径,在这两个直径之差小于50 mm的条件下,用其算术平均值作为坍落扩展度值;否则,此次试验无效。

(6)坍落度试验的同时,可用目测方法评定混凝土拌和物的下列性质,并予记录。

① 棍度:按插捣混凝土拌和物时难易程度评定,分“上”“中”“下”3级。

“上”:表示插捣容易。

“中”:表示插捣时稍有石子阻滞的感觉。

“下”:表示很难插捣。

②黏聚性:观测拌和物各组分相互黏聚情况。评定方法是用捣棒在已坍落的混凝土锥体侧面轻打,如锥体在轻打后逐渐下沉,表示黏聚性良好;如锥体突然倒塌、部分崩裂或发生石子离析现象,即表示黏聚性不好。

③保水性:指水分从拌和物中析出情况,分“多量”“少量”“无”3级。

“多量”:表示提起坍落度筒后,有较多水分从底部析出。

“少量”:表示提起坍落度筒后,有少量水分从底部析出。

“无”:表示提起坍落度筒后,没有水分从底部析出。

4. 结果处理

混凝土拌和物坍落度和坍落扩展度值以毫米(mm)为单位,测量值精确至1 mm,结果修约至5 mm。

检测项目三　水泥混凝土拌和物体积密度试验方法

水泥混凝土拌和物体积密度

1. 目的和适用范围

本方法规定了水泥混凝土拌和物体积密度测定的试验步骤。适用于测定水泥混凝土拌和物捣实后的体积密度。

2. 仪具与材料

(1)容量筒:应为刚性金属制成的圆筒,筒外壁两侧应有提手。对于集料最大粒径不大于31.5 mm的混凝土拌和物,宜采用容积不小于5 L的容量筒,其内径与内高均为(186±2)mm,壁厚不应小于3 mm;对于集料最大粒径大于31.5 mm的混凝土拌和物所采用的容量筒,其内径与内高均应大于集料最大粒径的4倍。容量筒上缘及内壁应光滑平整,顶面与底面应平行并应与圆柱体的轴垂直。

(2)捣棒:直径 16 mm,长约 600 mm,并具有半球形端头的钢制圆棒。

(3)电子天平:量程不小于 50 kg,感量不大于 10 g。

(4)振动台:应符合《混凝土试验用振动台》(JG/T 245—2009)的规定。

(5)其他:金属直尺、镘刀、玻璃板等。

3. 容量筒标定

(1)应将干净的容量筒与玻璃板一起称重,精确至 10 g。

(2)将容量筒装满水,缓慢地将玻璃板从筒口一侧推到另一侧,容量筒内应充满水,且不应存在气泡,擦干容量筒外壁,再次称重。

(3)两次称重结果之差除以该温度下水的密度,则为容量筒的容积 V,常温下水的密度可取 1 000 kg/m^3。

4. 试验步骤

(1)试验前将已明确体积的容量筒用湿布擦拭干净,称出质量 m_1,精确至 10 g。

(2)当坍落度大于 90 mm 时,混凝土拌和物宜用捣棒插捣密实。插捣时,应根据容量筒的大小决定分层与插捣次数;用 5 L 容量筒时,混凝土拌和物应分两层装入,每层的插捣次数应为 25 次;用大于 5 L 的容量筒时,每层混凝土的高度不应大于 100 mm,每层插捣次数按每 10 000 mm^2 截面面积不小于 12 次计算;用捣棒从边缘到中心沿螺旋形均匀插捣;捣棒应垂直压下,不得冲击,插捣底层时应至筒底,插捣第二层时,捣棒应插透本层至下一层的表面;每一层捣完后用橡皮锤沿容量筒外壁敲击 5~10 次,进行振实,直至混凝土拌和物表面插捣孔消失且不见大泡。

(3)当坍落度不大于 90 mm 时,混凝土拌和物宜用振动台振实。振动台振实时,应一次性将混凝土拌和物装填至高出容量筒筒口,装料时可用捣棒稍加插捣,振动过程中混凝土低于筒口,应随时添加混凝土,振动直至拌和物表面出现水泥浆。

(4)自密实混凝土应一次填满,且不应进行振动和插捣。

(5)将筒口多余的混凝土拌和物刮去,表面有凹陷应填补,用抹刀抹平,并用玻璃板检验;应将容量筒外壁擦净,称出混凝土拌和物试样与容量筒总质量 m_2,精确至 10 g。

5. 结果计算

(1)按式(2-18)计算混凝土拌和物表观密度 ρ_a:

$$\rho_a = \frac{m_2 - m_1}{V} \times 1\,000 \tag{2-18}$$

式中　ρ_a——拌和物表观密度,kg/m^3;

m_1——试样筒质量,kg;

m_2——捣实或振实后混凝土和试样筒总质量,kg;

V——试样筒容积,L。

(2)以两次试验结果的算术平均值作为试验结果,结果精确到 10 kg/m^3,试样不得重复使用。

三、硬化后混凝土的力学性质

硬化后混凝土的力学性质包括强度和变形。

(一)强度

在路面结构、桥梁构件及建筑结构中,水泥混凝土硬化后受到复杂的应力作用,因此要求水泥混凝土材料必须具备各种力学强度。混凝土的强度包括立方体抗压强度、轴心抗压强度、抗弯拉强度及劈裂抗拉强度。

1. 立方体抗压强度(f_{cu})

按标准方法制成边长为150 mm的立方体试件,在标准养护条件[温度(20±2)℃,相对湿度95%以上]下养护至28 d龄期,用标准试验方法测定其受压极限破坏荷载。按式(2-19)计算混凝土的抗压强度,以MPa计。

$$f_{cu}=\frac{F}{A} \tag{2-19}$$

式中 F——抗压试验中的极限破坏荷载,N;

A——试件承载面面积,mm^2。

1)立方体抗压强度标准值$f_{cu,k}$

混凝土立方体抗压强度标准值指按标准方法制作和养护的边长为150 mm的立方体试件,在28 d龄期用标准方法测定的抗压强度总体分布的一个值,用$f_{cu,k}$表示,强度低于该值的百分比不超过5%(具有95%保证率的抗压强度),以MPa计。

2)混凝土强度等级

混凝土强度等级是根据立方体抗压强度标准值来确定的。强度等级的表示方法是用符号"C"和"立方体抗压强度的标准值"两项内容来表示,如C25表示混凝土的立方体抗压强度标准值$f_{cu,k}$=25 MPa。

按照我国现行规范规定,普通混凝土按立方体抗压强度标准值划分为:C15、C20、C25、C30、C35、C40、C45、C50、C55、C60、C65、C70、C80共13个强度等级。

检测项目一 水泥混凝土立方体抗压强度试件制作

1. 目的和适用范围

本方法规定了在常温环境中室内试验时水泥混凝土试件制作方法。

2. 仪具与材料

(1)强制搅拌机:应符合《混凝土试验用搅拌机》(JG/T 244—2009)的规定。

(2)振动台:应符合《混凝土试验用振动台》(JG/T 245—2009)的规定。

水泥混凝土立方体抗压强度试件制作

(3)压力机。

(4)试模:应符合《混凝土试模》(JG/T 237—2008)的规定。

立方体抗压强度标准试模尺寸见表2-15。

(5)捣棒等。

3. 试验步骤

(1)按水泥混凝土拌和物拌和方法将混合料拌和均匀,测定其工作性(5 min内完成)。试模内壁涂一薄层油。

表 2-15　立方体抗压强度标准试模尺寸

试件名称	标准尺寸(集料最大粒径)/(mm×mm×mm)	非标准尺寸(集料最大粒径)/(mm×mm×mm)
立方体抗压强度试件	150×150×150(31.5)	100×100×100(26.5)
		200×200×200(53)

(2)成型混凝土。

①当坍落度小于 25 mm 时,采用 ϕ 25 mm 的插入式振捣棒成型。将混凝土拌和物一次装入试模,装料时应用抹刀沿各试模壁插捣,并使混凝土拌和物高出试模口;振捣时捣棒距离底板 10~20 mm,且不要接触底板。振动直到表面出浆,且应避免过振,以防止混凝土离析,一般振捣时间为 20 s。捣棒拔出时要缓慢,拔出后不留孔洞。用刮刀刮去多余的混凝土,在临近初凝时,用抹刀抹平。试件抹面与试模边缘高低差不得超过 0.5 mm。

②当坍落度大于 25 mm 且小于 90 mm 时,用标准振动台成型。将试模放在振动台上夹牢,防止试模自由跳动,将拌和物一次装满试模并稍有富余,开动振动台至混凝土表面出现乳状水泥浆,振动过程中随时添加混凝土使试模常满,记录振动时间(一般不超过 90 s)。振动结束后,用金属直尺沿试模边缘刮去多余混凝土,用抹刀将表面初次抹平,待试件收浆后,再次用抹刀将试件仔细抹平,试件表面与试模边缘的高低差不得超过 0.5 mm。

③当坍落度大于 90 mm 时,用人工成型。拌和物分厚度大致相等的两层装入试模。捣固时按螺旋方向从边缘到中心均匀地进行。插捣底层混凝土时,捣棒应达到模底;插捣上层时,捣棒应贯穿上层后插入下层 20~30 mm 处。插捣时应用力将捣棒压下,保持捣棒垂直,不得冲击,捣完一层后,用橡皮锤轻轻击打试模外端面 10~15 下,以填平插捣过程中留下的孔洞。每层插捣次数 100 cm^2 面积内不得少于 12 次。试件抹面与试模边缘高低差不得超过 0.5 mm。

(3)养护。

①试件成型后,用湿布覆盖表面,在室温(20±5)℃,相对湿度大于 50%情况下,静放 1~2 个昼夜,然后拆模并作第一次外观检查、编号。对有缺陷的试件应除去,或加工补平。

②将完好试件放入标准养护室进行养护,标准养护室温度(20±2)℃,相对湿度在 95%以上,试件宜放在铁架或木架上,间距至少 10~20 mm,试件表面应保持一层水膜,并避免用水直接冲淋。当无标准养护室时,将试件放入温度(20±2)℃的饱和氢氧化钙溶液中养护。

③标准养护龄期为 28 d(以搅拌加水开始)。

检测项目二　水泥混凝土立方体抗压强度试验方法

水泥混凝土立方体抗压强度试验

1. 目的和适用范围

本方法规定了测定水泥混凝土抗压强度的试验方法,适用于各类混凝土立方体试件的抗压强度试验,确定水泥混凝土强度等级,作为评定水泥混凝土品质的主要指标。

2. 仪具与材料

(1)压力试验机或万能试验机:压力机应符合《液压式万能试验机》(GB/T 3159—2008)及《试验机 通用技术要求》(GB/T 2611—2022)的规定,其测量精度为±1%,试件破坏荷载应大于压力机全程的20%且小于压力机全程的80%。压力机同时应具有加荷速度指示装置或加荷速度控制装置,上下压板平整并有足够刚度,可均匀地连续加荷、卸荷,可保持固定荷载,开机、停机均灵活自如,能够满足试件破型吨位要求。

(2)球座:钢质坚硬,面部平整度要求在100 mm距离内的高低差值不超过0.05 mm,球面及球窝粗糙度 $R=0.32$ μm,研磨、转动灵活。不应在大球座上做小试件破型,球座宜放置在试件顶面(特别是棱柱试件),并凸面朝上,当试件均匀受力后,不宜再敲动球座。

(3)混凝土强度等级大于或等于C50时,试件周围设置防崩裂网罩。

3. 试验步骤

(1)制备试件:同混凝土拌和物试件制作。

(2)试件养护:同龄期为一组,每组为3个同条件制作和养护的混凝土试块。

(3)至试验龄期,自养护室取出试件,应尽快试验,避免其湿度变化。

(4)取出试件,检查其尺寸及形状,相对两面应平行。量出棱边长度,精确至1 mm。试件受力截面面积按其与压力机上下接触面的平均值计算。在破型前,保持试件原有湿度,在试验时擦干试件。

(5)以成型时侧面为上下受压面,试件中心与压力机几何对中。

(6)混凝土强度等级小于C30时取0.3~0.5 MPa/s的加荷速度,混凝土强度等级大于或等于C30且小于C60时取0.5~0.8 MPa/s的加荷速度,混凝土强度等级大于或等于C60时取0.8~1.0 MPa/s的加荷速度。当试件接近破坏而开始变形时,应停止调整试验机油门,直至试件破坏,记下破坏极限荷载 F(N)。

4. 试验结果计算

(1)混凝土立方体试件抗压强度按式(2-20)计算:

$$f_{cu}=\frac{F}{A} \tag{2-20}$$

式中 f_{cu}——混凝土立方体试件抗压强度,MPa,结果计算精确至0.1 MPa;

F——极限荷载,N;

A——受压面面积,mm^2。

(2)混凝土强度等级小于C60时,非标准试件的抗压强度应乘以尺寸换算系数(见表2-16),并应在报告中注明。当混凝土强度等级大于或等于C60时,宜用150 mm×150 mm×150 mm标准试件;使用非标准试件时,换算系数由试验确定。

表2-16 立方体抗压强度尺寸换算系数

试件尺寸/(mm×mm×mm)	100×100×100	150×150×150	200×200×200
换算系数 k	0.95	1.00	1.05

(3)以3个试件测量值的算术平均值为测定值,计算至0.1 MPa。3个试件测量值中最大值或最小值中如有一个与中间值之差超过中间值的15%,则取中间值为测定值;如最大值和最小值与中间值之差均超过中间值的15%,则该组试验结果无效。

2. 轴心抗压强度

混凝土的抗压强度是按立方体试件确定的,而在实际结构中,大部分混凝土的受压形式是棱柱体或圆柱体。为了符合工程实际的情况,在结构设计中混凝土受压构件的计算采用混凝土的轴心抗压强度。

《公路工程水泥及水泥混凝土试验规程》(JTG 3420—2020)规定,采用尺寸为 150 mm×150 mm×300 mm 的棱柱体作为标准试件进行轴心抗压强度测定。混凝土轴心抗压强度 f_{cp} 以 MPa 计,精确到 0.1 MPa,可按式(2-21)计算。

$$f_{cp}=\frac{F_{cu}}{A} \tag{2-21}$$

式中　F_{cu}——抗压试验中的极限破坏荷载,N;

A——试件承载面面积,mm^2。

混凝土的轴心抗压强度和立方体强度间有着密切关系,大量试验表明:立方体抗压强度在 10~55 MPa 的范围内,轴心抗压强度与立方体抗压强度之比为 0.7~0.8。

3. 抗弯拉强度

机场道路及其他道路路面用水泥混凝土,以抗弯拉强度为主要强度指标,抗压强度作为参考指标。道路水泥混凝土的抗弯拉强度是以标准试件尺寸为 150 mm×150 mm×550 mm 的梁形试件,在标准条件下养护 28 d,按三分点加荷方式进行试验,见图 2-12,根据式(2-22)计算混凝土抗弯拉强度,以 MPa 计。

$$f_{cf}=\frac{FL}{bh^2} \tag{2-22}$$

式中　f_{cf}——混凝土抗弯拉强度,MPa;

L——支座间距,mm;

b——试件宽度,mm;

h——试件高度,mm;

F——破坏荷载,N。

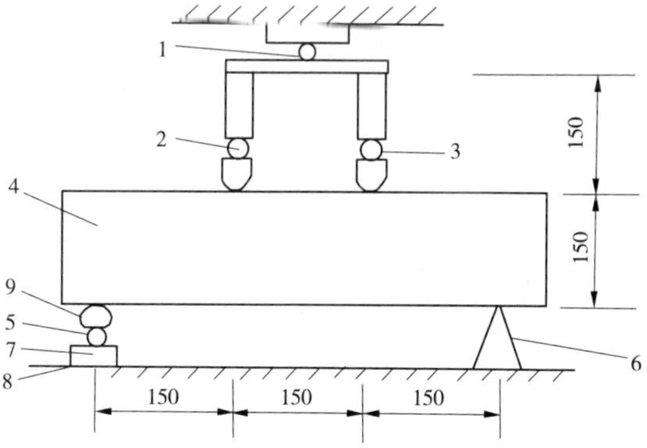

1、2——个钢球;3、5—两个钢球;4—试件;6—固定支座;7—活动支座;8—机台;9—活动船形垫块。

图 2-12　混凝土抗弯拉强度试验装置　(单位:mm)

4. 劈裂抗拉强度

混凝土的劈裂抗拉强度值很低，只有抗压强度的 5%~10%，且随着混凝土强度等级的提高而有所减小。在结构设计中抗拉强度是确定混凝土抗裂能力的重要指标，有时也用它来间接衡量混凝土与钢筋的黏结强度。

《公路工程水泥及水泥混凝土试验规程》(JTG 3420—2020)规定，标准试件尺寸为边长 150 mm 的立方体，试件中心面内用圆弧为垫条施加两个方向的均布压力，压力增大至一定程度时，试件就沿此平面劈裂破坏，这样测得的强度称为立方体劈裂抗拉强度，计算见式(2-23)：

$$f_{ts} = \frac{2F_{cu}}{\pi A} = 0.637\frac{F_{cu}}{A} \tag{2-23}$$

式中 f_{ts}——混凝土劈裂抗拉强度，MPa；

F_{cu}——劈裂抗拉强度试验中的极限破坏荷载，N；

A——试件劈裂面面积，mm^2。

(二)影响混凝土强度的因素

影响混凝土强度的因素很多，包括混凝土组成材料、养护条件、试验条件和施工质量等方面。

1. 混凝土组成材料

混凝土组成材料主要是水泥、水、砂、石、外加剂及其配合比，这些是影响混凝土强度形成的内因。

1)胶凝材料的强度和水胶比

试验证明，混凝土强度随水胶比的增大而降低，呈曲线关系。当其强度等级小于 C60 时，混凝土的抗压强度与胶水比及水泥强度间存在下面的近似关系：

$$f_{cu,o} = \alpha_a f_b\left(\frac{B}{W} - \alpha_b\right) \tag{2-24}$$

式中 $f_{cu,o}$——混凝土配制强度，MPa；

B/W——混凝土的胶水比；

f_b——胶凝材料 28 d 胶砂抗压强度，MPa；

α_a、α_b——经验系数，与集料种类有关的回归系数，其数值通过试验求得，当不具备试验统计资料，通常按表 2-17 取值。

表 2-17 回归系数 α_a、α_b 的选用

集料种类	回归系数	
	α_a	α_b
碎石	0.53	0.2
卵石	0.49	0.13

其中胶凝材料的实际强度(f_b)应通过试验确定。当无法取得实际强度数值时，可采用式(2-25)估计：

$$f_b = \gamma_f \gamma_a f_{ce} = \gamma_f \gamma_a \gamma_c f_{ce,g} \tag{2-25}$$

式中　γ_f、γ_a—— 粉煤灰影响系数、粒化高炉矿渣粉影响系数；

γ_c ——水泥强度等级富余系数，一般取 1.00~1.13，水泥出厂时实际抗压强度往往比其强度等级要高一些，如水泥已存放一定的时间，则取 1.00，如存放时间超过 3 个月，或水泥已有结块现象，可能小于 1.00，必须通过试验实测；

f_{ce} ——水泥 28 d 胶砂抗压强度值，MPa；

$f_{ce,g}$ ——水泥强度等级，如 52.5 级，取 52.5 MPa。

通过式(2-24)，可根据所用水泥强度等级和胶水比估计混凝土的强度，也可以根据水泥强度等级和要求的混凝土强度等级来计算应采用的胶水比。

2）集料的影响

集料的表面状况影响水泥石与集料的黏结，进而影响混凝土强度。如碎石表面较粗糙，多棱角，与水泥砂浆的黏结力比较大；卵石表面光洁，黏结力比较小。因而，在配合比相同的条件下，碎石混凝土的强度高于卵石混凝土的强度。

集料的最大粒径对混凝土的强度也有影响，粒径越大，混凝土强度越小，特别是对水灰比较低的中强和高强混凝土，集料最大粒径的影响更明显。

针、片状颗粒对混凝土的强度影响更不容忽视，它会使混凝土空隙率提高，所以混凝土用粗集料要限制针片状颗粒的含量。

3）浆集比

混凝土中水泥浆的体积和集料体积之比，称浆集比。在水灰比相同的条件下，达到最优浆集比后，混凝土的强度随着混凝土浆集比的增加而降低。

4）外加剂和掺合料

混凝土中掺入外加剂，可使混凝土获得早强及高强性能。掺入早强剂可提高早期强度；掺入减水剂可减少拌和用水量，在较低水灰比下，混凝土仍能较好地成型密实，获得很高的 28 d 强度。

在混凝土中掺入掺合料，可提高水泥石的密实度，改善其与集料的界面黏结强度，提高混凝土的长期强度。所以，在混凝土中掺入高效减水剂和掺合料是制备高强和高性能混凝土所必需的技术手段。

2. 养护条件

1）养护的温度和湿度

养护温度对水泥的水化速度有显著的影响，养护温度高，水泥初期水化速度快，混凝土早期强度就高。但早期的水化会使水化物分布不均匀，会使水泥石有密实度低的薄弱区形成，会影响其后期强度。养护温度较低，水化速度慢，水化物有充足时间扩散，在水泥石中分布均匀，有利于后期强度的发展。混凝土早期强度较低，容易破坏，因此应防止混凝土早期受冻。

在适当的湿度条件下，水泥水化进行就会顺利，混凝土的强度能充分发展。湿度不够，影响水泥水化速度，甚至会使水化停止，严重影响混凝土强度，且水化未完成，混凝土的结构疏松，抗渗性较差，严重时会出现干缩裂缝，影响混凝土耐久性。

2）龄期

混凝土在标准养护条件下，强度随龄期增加而增长。最初 3~7 d 强度增长较快，28 d

达到设计强度规定数值，以后强度发展逐渐缓慢。

在标准养护条件下，混凝土强度的发展大致与龄期的对数成正比（龄期大于 3 d），工程上常利用这一关系，根据早期强度，估算其后期强度，可按式（2-26）计算：

$$f_n = f_{28}\frac{\lg n}{\lg 28} \tag{2-26}$$

式中 f_n——n 天龄期混凝土的抗压强度，MPa；

f_{28}——28 d 龄期混凝土的抗压强度，MPa；

n——养护龄期（≥3 d）。

在一定条件下养护的混凝土，可根据早期强度估算 28 d 强度。混凝土强度的影响因素多，故式（2-26）只适用于中等强度混凝土。

3. 试验条件和施工质量

组成材料、制件条件和养护条件相同的混凝土，其力学强度受试验条件的影响。主要影响因素有试件形状和尺寸、试件湿度、支承条件和加载方式等。

混凝土构造物的施工质量对混凝土强度也会产生影响，包括配料的准确与否、搅拌均匀与否及振捣的效果好坏等。

（三）提高混凝土强度的措施

1. 采用高强度水泥和早强型水泥

采用强度等级高的水泥可提高混凝土强度，对于紧急抢修工程及要求早期强度高的结构物，可优先选用早强水泥配制早强混凝土。

2. 增加混凝土密实度

降低水灰比，提高混凝土密实度的措施，如采取加压（0.07 MPa）脱水成型或超声波振动法，排除混凝土中的气泡，增加混凝土密实度。

3. 蒸汽养护、蒸压养护

蒸汽养护就是将成型后的混凝土制品放在 100 ℃以下的常压蒸汽中进行养护，提高早期强度。

蒸压养护混凝土在 175 ℃、0.8 MPa 蒸压釜中养护，加快水泥水化速度，硬化加快，提高混凝土强度。

（四）混凝土耐久性

混凝土除应具有设计要求的强度，还应具有优良的耐久性。混凝土的耐久性指混凝土在使用过程中，抵抗周围环境介质作用而保持其质量和使用质量的能力。

1. 混凝土的抗渗性

混凝土的抗渗性是指混凝土抵抗液体或气体渗透的能力。混凝土在使用过程中受环境因素（包括淡水溶出、硫酸盐化学侵蚀等作用）影响使水泥石的强度降低；二氧化碳、氯气和氧气等作用会导致混凝土中钢筋锈蚀；碱-集料反应引起的混凝土开裂等破坏。环境中的各种侵蚀介质均通过渗透进入混凝土内部，因此渗透性是影响混凝土耐久性的重要因素。

抗渗性采用抗渗等级（P）或渗透系数来表示，我国标准采用抗渗等级。抗渗等级是以 28 d 龄期的标准试件，按标准试验方法进行试验时所能承受的最大水压力确定的。混凝土抗渗等级分为 5 个等级：P4、P6、P8、P10、P12，相应表示混凝土抗渗试验时一组 6 个试件中 4 个试件未出现渗水时不同的最大水压力。例如：P4、P6、P8、P10、P12 相应地表示抵抗 0.4 MPa、0.6 MPa、0.8 MPa、1.0 MPa、1.2 MPa 的水压力而不渗漏。

试配要求的抗渗水压值应比设计提高 0.2 MPa。试配时应采用水灰比最大的配合比做抗渗试验。抗渗等级与最大水胶比取值见表 2-18。

表 2-18 抗渗等级与最大水胶比

抗渗等级	最大水胶比	
	C20～C30	>C30
P6	0.60	0.55
P8～P12	0.55	0.50
>P12	0.50	0.45

提高混凝土抗渗性能的措施是提高混凝土的密实度，改善内部孔隙的结构，减少渗水通道。常用的办法是在混凝土中掺入引气剂，使混凝土内部产生不连通的气泡，阻断毛细管通道，改善孔隙结构，提高混凝土的抗渗性。另外，还可减小水灰比，选用适当的水泥品种及强度等级的水泥，保证施工质量，振捣要密实，养护要充分。

2. 混凝土的抗冻性

混凝土在饱水状态下经受多次冻融循环作用，能保持强度和外观完整性的能力，称为混凝土的抗冻性。在寒冷地区，特别是在接触水又受冻的环境下的混凝土，要求具有较高的抗冻性能。

抗冻性以抗冻等级（F）表示。抗冻等级 F50 以上的混凝土称为抗冻混凝土。

抗冻等级是以龄期 28 d 的试件，按标准试验方法（慢冻法）进行反复冻融循环试验时既满足强度损失率小于 25%，又满足质量损失率小于 5%时所能承受的最大冻融循环次数来表示。根据混凝土所能承受的最大冻融循环次数（慢冻法），混凝土的抗冻等级可划分为 F10、F15、F25、F50、F100、F150、F200、F250、F300 9 个等级，相应地表示混凝土抗冻性试验所能经受 10 次、15 次、25 次、50 次、100 次、150 次、200 次、250 次及 300 次的冻融循环。当采用快冻法进行试验时，可参照慢冻法进行等级划分。

影响混凝土抗冻性能的因素主要是混凝土中孔隙大小、构造、数量、充水程度、环境的温湿度、经历冻融次数、冻结速度、集料的吸水性，以及混凝土受冻时的龄期、强度和受冻时间等。

3. 混凝土的耐磨性

混凝土耐磨性是指混凝土抵抗表层损伤的能力。

水泥混凝土用于路面时，它必须具有抵抗车辆轮胎磨耗和磨光的性能。混凝土也可用于桥梁工程中，桥梁墩台需要抵抗高速水流的冲刷能力。耐磨性是道路桥梁工程中混凝土结构的重要性能之一。

混凝土耐磨性评价，是以 150 mm 立方体试件，养护至 27 d 龄期，在 60 ℃烘干至恒重，然后在磨耗试验机上，在 200 N 的负荷下磨削 50 r，计算单位面积磨损量。

4. 混凝土的抗侵蚀性

混凝土暴露在有化学物的环境和介质中，就有可能遭受化学侵蚀而破坏。一般有水泥浆体组分的浸出、硫酸盐侵蚀、氯化物侵蚀碳化等。

氯化物对钢筋有腐蚀作用,所以混凝土中氯化物含量应小于0.4%。氯化物可以从各种来源渗透进混凝土结构物中,最主要的是海水、除冰盐和聚氯乙烯燃后的灰。特别是除冰盐,已经在许多国家对桥梁造成惊人的破坏。

混凝土的碳化引起水泥石化学组成及组织结构的变化,对混凝土的化学性能和物理性能产生明显的影响,使混凝土碱度降低,减弱了对钢筋的保护作用,导致钢筋锈蚀。

5. 混凝土中的碱-集料反应

混凝土水泥中的碱与集料中的活性物质发生化学反应,可引起混凝土产生膨胀、开裂,甚至破坏,这种化学反应称为碱-集料反应。碱-集料反应会使大型桥墩及路面开裂或破坏,这种破坏难以补救。碱-集料反应具备的条件是:混凝土中集料存在活性二氧化硅、混凝土有一定的湿度、混凝土中有可溶性碱存在。从工程角度避免其中的一个条件即可避免碱-集料反应。应用含碱量小于0.6%的水泥或采用抑制碱-集料反应的掺合料,当用含有钾、钠离子的混凝土外加剂时,必须专门做试验。

四、普通水泥混凝土的组成设计

混凝土配合比是指单位体积混凝土中各组成材料用量之比,确定这种数量比例关系的工作,称为混凝土配合比设计。

(一)普通水泥混凝土组成材料技术要求

1. 水泥

水泥是混凝土的胶结材料,是混凝土中重要的组成部分。混凝土组成材料中水泥成本最高,所以在选择混凝土组成材料时,对水泥品种和强度的选择必须特别慎重。

配制水泥混凝土一般可采用硅酸盐水泥、普通硅酸盐水泥、矿渣硅酸盐水泥、火山灰质硅酸盐水泥和粉煤灰硅酸盐水泥,必要时也可以采用快硬硅酸盐水泥或者其他水泥。选用何种水泥,应根据该混凝土工程的性质及所处环境,在满足工程质量的前提下,选用价格低的水泥品种,以节约工程资金。

水泥强度等级的选择应与混凝土的设计强度等级相适应。原则上配制强度等级高的混凝土选择强度等级高的水泥,配制强度等级低的混凝土选用强度等级低的水泥。若采用强度等级高的水泥配制低强度混凝土,会使水泥用量偏少,影响和易性、密实性和耐久性,必须掺入一定数量的掺合料。若采用低强度的水泥配制高强度混凝土,会增加水泥的使用量,不经济,并且影响混凝土的其他技术性质。

2. 粗集料

普通混凝土常用的粗集料有碎石和砾石。粗集料是混凝土的主要组成材料,也是影响混凝土强度的重要因素之一。粗集料的选择要避免和水泥发生有害反应,要求其具有稳定的物理性能和化学性能。粗集料主要技术要求如下。

1)强度和坚固性

粗集料在混凝土中起着骨架作用,粗集料必须有足够的强度才能保证其满足混凝土的强度要求。碎石和砾石的强度采用岩石立方体抗压强度和压碎值两种方式表示。水泥混凝土强度等级与碎石、砾石技术等级应符合表2-19的规定。

表 2-19 混凝土强度等级与碎石、砾石技术等级

混凝土强度等级	≥C60	C30~C60	<C30
碎石、砾石技术等级	Ⅰ级	Ⅱ级	Ⅲ级

为保证混凝土的耐久性，粗集料应具有足够的坚固性，以抵抗冻融和自然因素的风化作用。混凝土用粗集料的坚固性用硫酸钠溶液法检验，试样循环 5 次后，其质量损失应满足表 2-20 的规定。

表 2-20 碎石、砾石坚固性试验

混凝土所处环境	在溶液中循环次数	试验后质量损失不宜大于/%
寒冷地区，常处于干湿交替状态	5	5
严寒地区，常处于干湿交替状态	5	3
混凝土处于干燥条件，粗集料风化或软弱颗粒过多时	5	12
混凝土处于干燥条件，但有疲劳、耐磨、抗冲击要求高或强度等级大于 C40 时	5	5

2）有害物质

粗集料中的有害物质主要有黏土、淤泥、硫化物、硫酸盐及有机物等。这些杂质黏附在集料表面，影响水泥与集料的黏结，对水泥水化效果产生消极作用。粗集料中的活性氧化硅、活性碳酸盐等在遇水条件下，会与水泥中的碱发生反应，使混凝土发生膨胀、开裂，甚至严重破坏。对这些有害物质加以限制，防止发生消极作用的反应。选用时应满足表 2-21 的规定。

表 2-21 粗集料技术指标

项目	技术要求		
	Ⅰ级	Ⅱ级	Ⅲ级
岩石抗压强度	火成岩不小于 100 MPa，变质岩不小于 80 MPa，水成岩不小于 60 MPa		
有机物含量（比色法）	合格		
针片状颗粒含量（按质量计，%）	<5	<15	<20
硫化物及硫酸盐（按 SO_3 质量计，%）	<0.5	<1	<1
含泥量（按质量计，%）	<0.5	<1	<1.5
泥块含量（按质量计，%）	<0	<0.2	<0.5
坚固性（按质量损失计，%）	<6	<8	<12

续表 2-21

项目	技术要求		
	Ⅰ级	Ⅱ级	Ⅲ级
碎石压碎指标/%	<10	<15	<20
卵石压碎指标/%	<12	<14	<16
表观密度/(kg/m^3)	>2 500		
松散堆积密度/(kg/m^3)	>1 350		
空隙率/%	<47		
碱-集料反应	经碱-集料反应试验后,由砂配制的试件无裂缝、开裂、胶体外溢现象,在规定试验龄期的膨胀率应小于 0.10%		

3)最大粒径及颗粒形状和级配

粗集料的最大粒径根据混凝土结构具体情况和施工方法来选取。混凝土用粗集料最大粒径小于结构截面最小尺寸的 1/4 和最小净距的 3/4;实心的混凝土板集料最大粒径不宜超过板厚的 1/3,并且不能超过 31.5 mm。同时,集料中针、片状颗粒不宜过多,防止降低混凝土的强度。

粗集料的级配与混凝土的强度及和易性有着密切关系。连续级配混凝土空隙率小,混凝土密实,具有优良的工作性,不容易离析,是工程上经常被采用的一种级配形式。但连续级配与间断级配相比较,配制同强度的混凝土,耗费的水泥量较高。间断级配节约水泥,也可得到密实高强混凝土,但是其拌和物易产生离析现象或影响混凝土质量。因此,混凝土中碎石、砾石的颗粒级配规格应符合表 2-22 的规定。

表 2-22　碎石、砾石的颗粒级配规格

级配情况	公称直径/mm	累计筛余,按质量计/%											
		方孔筛边长尺寸/mm											
		2.36	4.75	9.5	16.0	19.0	26.5	31.5	37.5	53	63	75	90
连续粒级	4.75~9.5	95~100	80~100	0~15	0	—	—	—	—	—	—	—	—
	4.75~16	95-100	85~100	30~60	0~10	0	—	—	—	—	—	—	—
	4.75~19	95~100	90~100	40~80	—	0~10	0	—	—	—	—	—	—
	4.75~26.5	95~100	90~100	—	30~70	—	0~5	0	—	—	—	—	—
	4.75~31.5	95~100	90~100	70~90	—	15~45	—	0~5	0	—	—	—	—
	4.75~37.5	—	95~100	70~90	—	30~65	—	—	0~5	0	—	—	—

续表 2-22

级配情况	公称直径/mm	累计筛余，按质量计/%											
		方孔筛边长尺寸/mm											
		2.36	4.75	9.5	16.0	19.0	26.5	31.5	37.5	53	63	75	90
单粒级	9.5~19	—	95~100	85~100	—	0~15	0	—	—	—	—	—	—
	16~31.5	—	95~100	—	85~100	—	—	0~10	0	—	—	—	—
	19~37.5	—	—	95~100	—	80~100	—	—	0~10	0	—	—	—
	31.5~63	—	—	—	95~100	—	—	75~100	45~75	—	0~10	0	—
	37.5~75	—	—	—	—	95~100	—	—	70~100	—	30~60	0~10	0

3. 细集料

普通混凝土所需细集料应是级配良好、质地坚硬、颗粒洁净的河砂或者海砂。如果施工条件受限制缺少河砂或者海砂资源，应选用符合要求的机制砂或者山砂，并分批试验，各项技术指标符合要求才能使用。

1）强度和坚固性

混凝土用细集料应具备一定的强度和坚固性。不同强度等级的混凝土与细集料技术等级关系见表 2-23。

表 2-23 混凝土强度等级与细集料技术等级关系

混凝土强度等级	≥C60	C30~C60	<C30
细集料技术等级	Ⅰ级	Ⅱ级	Ⅲ级

2）级配与细度模数

用于水泥混凝土的砂按其细度模数分为三大类：粗砂（3.1~3.7）、中砂（2.3~3.0）、细砂（1.6~2.2）。用于水泥混凝土中细度模数在 1.6~3.7 的砂，颗粒级配应符合表 2-24 中的规定。工程用砂是把细度模数在 1.6~3.7 的砂按 0.60 mm 筛孔的累计筛余百分率分为三个级配。Ⅰ区砂为粗砂，采用该区级配配制混凝土时，应提高砂率，保持足够水泥用量，否则会增大混凝土拌和物的内摩擦力，不易捣实成型，保水性变差；Ⅱ区砂是由中砂和部分偏粗的细砂组成的，是配制混凝土优选的级配类型；Ⅲ区砂是由细砂和部分偏细的中砂组成的，配制混凝土若选该区级配的砂，应适当减少砂率，以保证混凝土的强度。

表 2-24 细集料级配范围

筛孔尺寸/mm	级配区		
	Ⅰ区	Ⅱ区	Ⅲ区
	累计筛余/%		
9.5	0	0	0
4.75	0~10	0~10	0~10

续表 2-24

筛孔尺寸/mm	级配区		
	Ⅰ区	Ⅱ区	Ⅲ区
	累计筛余/%		
2.36	5~35	0~25	0~15
1.18	35~65	10~50	0~25
0.60	71~85	41~70	16~40
0.30	80~95	70~90	55~85
0.15	90~100	90~100	90~100

3)有害杂质

细集料中的有害杂质对混凝土的危害与粗集料相同。所以,拌制混凝土时选用细集料其有害杂质含量应满足要求。细集料技术指标见表 2-25。

表 2-25 细集料技术指标

项目	技术要求		
	Ⅰ级	Ⅱ级	Ⅲ级
云母(按质量计,%)	<1.0	<2.0	<2.0
轻物质(按质量计,%)	<1.0		
机制砂母岩抗压强度	火成岩不小于 100 MPa,变质岩不小于 80 MPa,水成岩不小于 60 MPa		
有机物(比色法)	合格		
硫化物及硫酸盐(按 SO_3 质量计,%)	<0.5		
氯化物(以 Cl^- 质量计,%)	<0.01	<0.02	<0.06
天然砂、机制砂含泥量(按质量计,%)	<1.0	<2.0	<3.0
天然砂、机制砂泥块含量(按质量计,%)	<0	<1.0	<2.0
机制砂 MB 值<1.4 或合格石粉含量(按质量计,%)	<3.0	<5.0	<7.0
机制砂 MB 值≥1.4 或不合格石粉含量(按质量计,%)	<1.0	<3.0	<5.0
坚固性(按质量损失计,%)	<6	<8	<10
机制砂单粒级最大压碎指标/%	<20	<25	<30
表观密度/(kg/m³)	>2 500		
松散堆积密度/(kg/m³)	>1 350		
空隙率/%	<47		
碱-集料反应	经碱-集料反应试验后,由砂配制的试件无裂缝、开裂、胶体外溢现象,在规定试验龄期的膨胀率应小于 0.10%		

4. 混凝土用水

混凝土拌制和养护用水不能含有影响水泥正常凝结硬化的有害物质。凡是饮用水、洁净天然水、地下水都能用来拌制和养护混凝土。污水、pH<4 的酸性水、含硫酸盐超过1%的水不能使用。如对混凝土拌和用水存有疑问,可将该水与洁净水分别制成混凝土,做强度对比试验,如果强度不低于用洁净水拌制的混凝土,则此水可用。一般情况下不得用海水拌制混凝土,因海水中含有硫酸盐、镁盐及氯化物会侵蚀水泥石和钢筋。

5. 矿物掺合料

矿物掺合料能改善水泥混凝土的施工和易性,降低水化热,调节凝结时间。常用的混凝土矿物掺合料有粉煤灰、粒化高炉矿渣粉、火山灰质混合料等。矿物掺合料与混凝土其他材料一起直接加入拌和。目前使用较多的是粉煤灰。钢筋混凝土中矿物掺合料最大掺量应符合表 2-26 的规定;预应力钢筋混凝土中矿物掺合料最大掺量应符合表 2-27 规定。基础大体积混凝土,粉煤灰、粒化高炉矿渣粉和复合掺合料的最大掺量可增加 5%。采用掺量 30%以上的 C 类粉煤灰的混凝土应以实际使用水泥和粉煤灰掺量进行安定性检验。

表 2-26　钢筋混凝土中矿物掺合料最大掺量

矿物掺合料种类	水胶比	最大掺量/%	
		硅酸盐水泥	普通硅酸盐水泥
粉煤灰	≤0.40	≤45	≤35
	>0.40	≤40	≤30
粒化高炉矿渣粉	≤0.40	≤65	≤55
	>0.40	≤55	≤45
钢渣粉	—	≤30	≤20
磷渣粉	—	≤30	≤20
硅灰	—	≤10	≤10
复合掺合料	≤0.40	≤65	≤55
	>0.40	≤55	≤45

表 2-27　预应力钢筋混凝土中矿物掺合料最大掺量

矿物掺合料种类	水胶比	最大掺量/%	
		硅酸盐水泥	普通硅酸盐水泥
粉煤灰	≤0.40	≤35	≤30
	>0.40	≤25	≤20
粒化高炉矿渣粉	≤0.40	≤55	≤45
	>0.40	≤45	≤35
钢渣粉	—	≤20	≤10
磷渣粉	—	≤20	≤10
硅灰	—	≤10	≤10
复合掺合料	≤0.40	≤55	≤45
	>0.40	≤45	≤35

(二)混凝土配合比设计概述

1. 混凝土配合比设计的基本要求

1)满足结构物设计强度的要求

设计强度是混凝土设计过程中必须达到的指标,针对结构物所发挥的作用、施工单位管理水平,在配合比设计的实际操作过程中,采用一个比设计强度高些的“试配强度”,从而确定最终结果满足设计强度的要求。

2)满足施工工作性的要求

针对工程实际、构造物的特点及施工条件确定合适的工作性指标,满足工程施工的需求。

3)满足环境耐久性的要求

设计配合比时,应考虑最大水胶比、最小水泥用量,以确保处于不利环境条件下的混凝土耐久性的要求。

4)满足经济性的要求

在满足上述三项要求的前提下,尽量节约水泥,合理使用材料,以降低成本。

2. 水泥混凝土配合比表示方法

水泥混凝土配合比可用下面两种方法表示。

1)单位用量表示法

以每立方米混凝土中各种材料的用量表示,比如 1 m^3 混凝土中水泥:水:砂:石 = 330 kg:165 kg:776 kg:1 261 kg。

2)相对用量表示法

以水泥质量为 1,并按水泥:细集料:粗集料;水灰比的顺序表示。

例如:1 m^3 混凝土中各种材料的用量采用相对用量来表示:1:2.35:3.82;$W/C=0.5$。

3. 水泥混凝土配合比设计的 3 个参数

(1)水灰比 W/C:在满足强度和耐久性前提下取较大值,以获得较大的流动性。

(2)砂率:在满足黏聚性的前提下取较小值。

(3)单位用水量:在满足混凝土施工要求的和易性的基础上,根据粗集料的种类和规格确定。

4. 混凝土配合比设计的步骤

(1)计算初步配合比:根据现场所用的材料的原始资料,确定组成材料的比例。

(2)提出基准配合比:根据初步配合比进行试配,对初步配合比进行工作性检测,提出满足工作性要求的基准配合比。

(3)确定试验室配合比:在基准配合比的基础上,减少或增加水胶比,拟订最少 3 组满足工作性要求的配合比,通过实际拌和、成型、养护及试验检测立方体抗压强度,确定复核强度要求的水胶比,以此得出满足强度要求的试验室配合比。

(4)换算工地配合比:施工现场调整材料含水率。

(三)普通混凝土配合比

1. 配合比设计指标

混凝土配合比设计指标主要包括硬化后的结构强度、拌和物的工作性和使用时的耐久性等。

1）混凝土配制强度

（1）当混凝土的强度等级小于 C60 时，配制强度按式（2-27）计算：

$$f_{cu,o}=f_{cu,k}+1.645\sigma \tag{2-27}$$

式中　$f_{cu,o}$——混凝土施工配制强度，MPa；

$f_{cu,k}$——混凝土立方体抗压强度标准值（设计要求的混凝土强度等级），MPa；

σ——混凝土强度标准差，MPa。

（2）当混凝土的强度等级大于或等于 C60 时，配制强度应按式（2-28）计算：

$$f_{cu,o}\geqslant 1.15f_{cu,k} \tag{2-28}$$

（3）混凝土强度标准差按照下列规定确定：

①当具有近 1~3 个月的同一品种、同一强度等级混凝土的强度资料时，其混凝土强度标准差 σ 按式（2-29）计算：

$$\sigma=\sqrt{\frac{\sum_{i=1}^{n}f_{cu,i}^{2}-nm_{f_{cu}}^{2}}{n-1}} \tag{2-29}$$

式中　$f_{cu,i}$——第 i 组试件的强度，MPa；

$m_{f_{cu}}$——n 组试件的强度平均值，MPa；

n——试件组数，n 值应大于或等于 30。

对于强度等级不大于 C30 的混凝土：当 σ 计算值不小于 3.0 MPa 时，应按照计算结果取值；当 σ 计算值小于 3.0 MPa 时，σ 应取 3.0 MPa。对于强度等级大于 C30 且不大于 C60 的混凝土：当 σ 计算值不小于 4.0 MPa 时，应按照计算结果取值；当 σ 计算值小于 4.0 MPa 时，σ 应取 4.0 MPa。

②当没有近期的同一品种、同一强度等级混凝土强度资料时，其强度标准差 σ 可按表 2-28 查得。

表 2-28　标准差 σ 值

单位：MPa

混凝土强度标准差	≤C20	C25~C45	C50~C55
σ	4.0	5.0	6.0

2）混凝土的耐久性

混凝土的耐久性取决于混凝土的密实程度，混凝土的密实程度又取决于水胶比和胶凝材料用量。当水胶比偏大或胶凝材料用量偏小时都有可能使混凝土硬化后内部留有孔隙，给以后混凝土的耐久性留下不良隐患。进行混凝土配合比设计时为保证其耐久性，根据混凝土结构的环境类别（参照表 2-28），对混凝土的最大水胶比和最小胶凝材料用量做出规定（见表 2-29 及表 2-30）。

（1）混凝土结构环境类别划分应符合表 2-29 的要求。

表 2-29　混凝土结构的环境类别

环境类别	条件
一	室内干燥环境； 无侵蚀性静水浸没环境
二 a	室内潮湿环境； 非严寒和非寒冷地区的露天环境； 非严寒和非寒冷地区与无侵蚀性的水或土壤直接接触的环境； 严寒和寒冷地区的冰冻线以上与无侵蚀性的水或土壤直接接触的环境
二 b	干湿交替环境； 频繁变动环境； 严寒和寒冷地区的露天环境； 严寒和寒冷地区的冰冻线以上与无侵蚀性的水或土壤直接接触的环境
三 a	严寒和寒冷地区冬季水位变动区的环境； 受除冰盐影响的环境； 海风环境
三 b	盐碱土环境； 受除冰盐影响的环境； 海岸环境
四	海水环境
五	受人为或自然的侵蚀性物质影响的环境

(2)设计使用年限为 50 年的混凝土结构，其混凝土材料的耐久性应符合表 2-30 的规定。

表 2-30　混凝土材料的耐久性基本要求

环境等级	最大水胶比	最低强度等级	最大氯离子含量/%	最大碱含量/(kg/m^3)
一	0.60	C20	0.30	不限制
二 a	0.55	C25	0.20	3.0
二 b	0.50(0.55)	C30(C25)	0.15	
三 a	0.45(0.50)	C35(C30)	0.15	
三 b	0.40	C40	0.10	

注：1. 氯离子含量指其占胶凝材料总量的百分比；

2. 处于严寒和寒冷地区二 b、三 a 类环境中的混凝土应使用引气剂，并可采用括号中的有关参数。

(3)混凝土最小胶凝材料用量应符合表 2-31 的规定；配制 C15 及以下强度等级的混凝土可不受该表限制。

表 2-31　混凝土最小胶凝材料用量

最大水胶比	最小胶凝材料用量/(kg/m^3)		
	素混凝土	钢筋混凝土	预应力混凝土
0.60	250	280	300
0.55	280	300	300
0.50	320		
≤0.45	330		

(4)在一类环境中,设计年限为 100 年的混凝土结构应符合下列规定:①钢筋混凝土结构的最低强度等级为 C30,预应力混凝土结构的最低强度等级为 C40。②混凝土中最大氯离子含量为 0.05%。③应使用非碱活性集料。当使用碱活性集料时,混凝土中最大碱含量为 3.0 kg/m^3。④混凝土保护层厚度应符合相关规范要求,当采取有效的表现防护措施时,混凝土保护层厚度可适当减小。⑤在设计使用年限内,应建立定期检测、维修的制度。

(5)在二类、三类环境中,设计使用年限 100 年的混凝土结构应采取专门的有效措施。

2. 混凝土初步配合比设计阶段

1)计算混凝土配制强度

(1)当混凝土的强度等级小于 C60 时,配制强度按式(2-27)计算。

(2)当混凝土的强度等级大于或等于 C60 时,配制强度应按式(2-28)计算。

2)计算水胶比(W/B)并校核

混凝土强度等级不大于 C60 时,混凝土水胶比宜按式(2-30)计算:

$$W/B = \frac{\alpha_a f_b}{f_{cu,o} + \alpha_a \alpha_b f_b} \tag{2-30}$$

式中　α_a、α_b——回归系数,根据工程使用的原材料,通过试验建立的水胶比与混凝土强度关系确定,不具备试验统计资料时,按表 2-17 选用;

f_b——胶凝材料(水泥与矿物掺合料按使用比例混合)28 d 胶砂抗压强度,MPa,试验方法应按《水泥胶砂强度检验方法(ISO 法)》(GB/T 17671—2021)执行,当无实测值时,可按式(2-31)计算:

$$f_b = \gamma_f \gamma_a f_{ce} \tag{2-31}$$

式中　γ_f、γ_a——粉煤灰影响系数和粒化高炉矿渣粉影响系数,可按表 2-32 选用;

f_{ce}——水泥 28 d 胶砂抗压强度,MPa,可实测,无实测值时,可按式(2-32)计算。

$$f_{ce} = \gamma_c f_{ce,g} \tag{2-32}$$

式中　γ_c——水泥强度等级值的富余系数,可按实际统计资料确定,缺乏实际统计资料可按表 2-33 选用;

$f_{ce,g}$——水泥强度等级值,MPa。

表 2-32 粉煤灰影响系数 γ_f 和粒化高炉矿渣粉影响系数 γ_a

掺量/%	粉煤灰影响系数 γ_f	粒化高炉矿渣粉影响系数 γ_a
0	1.00	1.00
10	0.90~0.95	1.00
20	0.80~0.85	0.95~1.00
30	0.70~0.75	0.90~1.00
40	0.60~0.65	0.80~0.90
50	—	0.70~0.85

表 2-33 水泥强度等级值的富余系数 γ_c

水泥强度等级值	32.5	42.5	52.5
富余系数	1.12	1.16	1.10

当计算求出水胶比后，还应根据混凝土所处环境条件和耐久性要求的允许水胶比进行校核，要满足标准所规定的最大水胶比限定。

3）干硬性或塑性混凝土的用水量（m_{wo}）

根据粗集料的品种、粒径和施工要求的混凝土拌和物稠度，每立方米干硬性或塑性混凝土用水量（m_{wo}），采用查表求得，并符合下列规定：

（1）混凝土水胶比在 0.40~0.80 时，可按表 2-34 和表 2-35 选取；

（2）混凝土水胶比小于 0.40 时，可通过试验确定。

表 2-34 塑性混凝土的用水量　　单位：kg/m³

拌和物稠度		卵石最大公称粒径/mm				碎石最大公称粒径/mm			
项目	指标	10.0	20.0	31.5	40.0	16.0	20.0	31.5	40.0
坍落度/mm	10~30	190	170	160	150	200	185	175	165
	35~50	200	180	170	160	210	195	185	175
	55~70	210	190	180	170	220	205	195	185
	75~90	215	195	185	175	230	215	205	195

注：1. 本表用水量是采用中砂时的取值。采用细砂时，每立方米混凝土用水量可增加 5~10 kg；采用粗砂时，每立方米混凝土用水量可减少 5~10 kg。

2. 掺用矿物掺合料和外加剂时，用水量应相应调整。

表 2-35　干硬性混凝土的用水量　　单位：kg/m³

拌和物稠度		卵石最大粒径/mm			碎石最大粒径/mm		
项目	指标	10	20	40	16	20	40
维勃稠度	16～20	175	160	145	180	170	155
	11～15	180	165	150	185	175	160
	5～10	185	170	155	190	180	160

(3)掺外加剂时，每立方米流动性或大流动性混凝土的用水量(m_{wo})可按式(2-33)计算：

$$m_{wo} = m'_{wo}(1 - \beta) \tag{2-33}$$

式中　m'_{wo}——未掺外加剂时推定的满足实际坍落度要求的每立方米混凝土用水量，kg/m³，以表 2-34 中坍落度为 90 mm 时用水量为基础，按坍落度每增大 20 mm 用水量增加 5 kg，计算出未掺外加剂时的混凝土的用水量，当坍落度增大到 180 mm 以上时，随坍落度相应增加的用水量可减少；

β——外加剂的减水率，应经混凝土试验确定(%)。

4)混凝土中外加剂用量

每立方米混凝土中外加剂用量(m_{ao})应按式(2-34)计算：

$$m_{ao} = m_{bo}\beta_a \tag{2-34}$$

式中　m_{bo}——每立方米混凝土中胶凝材料用量，kg/m³；

β_a——外加剂掺量(%)，应经混凝土试验确定。

5)计算胶凝材料、矿物掺合料及水泥用量

(1)每立方米混凝土的胶凝材料用量(m_{bo})应按式(2-35)计算，并应进行试拌调整，在拌和物性能满足的情况下，取经济合理的胶凝材料用量。

$$m_{bo} = \frac{m_{wo}}{W/B} \tag{2-35}$$

式中　m_{wo}——计算配合比每立方米混凝土的用水量，kg/m³；

W/B——混凝土水胶比。

(2)每立方米混凝土的矿物掺合料用量(m_{fo})计算应按式(2-36)计算：

$$m_{fo} = m_{bo}\beta_f \tag{2-36}$$

式中　m_{fo}——计算配合比每立方米混凝土中矿物掺合料用量，kg/m³；

β_f——矿物掺合料掺量(%)，可结合矿物掺合材料与水胶比确定。

(3)每立方米混凝土的水泥用量(m_{co})应按式(2-37)计算：

$$m_{co} = m_{bo} - m_{fo} \tag{2-37}$$

6)砂率

(1)当无历史资料可参考时，混凝土砂率的确定应符合下列规定：

①坍落度小于 10 mm 的混凝土，其砂率应经试验确定。

②坍落度为10~60 mm的混凝土,砂率可根据粗集料品种、最大公称粒径及水胶比按表2-35选取。

③坍落度大于60 mm的混凝土,砂率可经试验确定,也可在表2-36的基础上,按坍落度每增大20 mm砂率增大1%的幅度予以调整。

表2-36　混凝土的砂率 %

水胶比(W/B)	卵石最大公称粒径/mm			碎石最大粒径/mm		
	10.0	20.0	40.0	16.0	20.0	40.0
0.40	26~32	25~31	24~30	30~35	29~34	27~32
0.50	30~35	29~34	28~33	33~38	32~37	30~35
0.60	33~38	32~37	31~36	36~41	35~40	33~38
0.70	36~41	35~40	34~39	39~44	38~43	36~41

(2)砂率按式(2-38)计算:

$$\beta_s = \frac{m_{so}}{m_{go} + m_{so}} \times 100\% \tag{2-38}$$

式中　β_s——砂率(%);

m_{so}——每立方米混凝土的细集料用量,kg/m^3;

m_{go}——每立方米混凝土的粗集料用量,kg/m^3。

7)粗集料、细集料用量

(1)采用质量法计算粗集料、细集料用量时,应按式(2-39)计算:

$$m_{fo} + m_{co} + m_{go} + m_{so} + m_{wo} = m_{cp} \tag{2-39}$$

式中　m_{co}——每立方米混凝土的水泥用量,kg/m^3;

m_{wo}——每立方米混凝土的用水量,kg/m^3;

m_{cp}——每立方米混凝土拌和物的假定质量,kg/m^3,其值可取2 350~2 450 kg/m^3。

(2)采用体积法计算粗集料、细集料的单位用量可由式(2-40)计算:

$$\frac{m_{co}}{\rho_c} + \frac{m_{fo}}{\rho_f} + \frac{m_{go}}{\rho_g} + \frac{m_{so}}{\rho_s} + \frac{m_{wo}}{\rho_w} + 0.01\alpha = 1 \tag{2-40}$$

式中　ρ_c——水泥密度,kg/m^3,可取2 900~3 100kg/m^3;

ρ_f——矿物掺合料密度,kg/m^3;

ρ_g——粗集料的表观密度,kg/m^3;

ρ_s——细集料的表观密度,kg/m^3;

ρ_w——水的密度,kg/m^3,可取1 000 kg/m^3;

α——混凝土的含气量,在不使用引气型外加剂时,可取1。

将已确定的单位用水量m_{wo}、单位水泥用量m_{co}、砂率β_s代入式(2-38)或式(2-40)

中，可求出粗集料用量 m_{go} 和细集料用量 m_{so}，由此得到混凝土的初步配合比，水泥∶矿物掺合料∶水∶砂∶石 $= m_{co}:m_{fo}:m_{wo}:m_{so}:m_{go}$。

3. 混凝土配合比的试配、调整与确定

（1）混凝土试配应采用强制式搅拌机进行搅拌，搅拌方法与施工采用方法相同。

（2）试验室成型条件应符合现行国家标准的规定。试配所用各种原材料，与实际工程所用相同；配合比设计所采用细集料含水率不大于 0.5%，粗集料含水率不大于 0.2%。

（3）每盘混凝土试配的最小搅拌量应符合表 2-37 的规定，并不应小于搅拌机额定搅拌量的 1/4。

表 2-37　混凝土试配的最小搅拌量

粗集料最大公称粒径/mm	混凝土试配的最小搅拌的拌和物量/L
≤31.5	20
40.0	25

（4）应在计算配合比的基础上进行试拌。宜在水胶比不变、胶凝材料用量和外加剂用量合理的原则下调整胶凝材料用量、外加剂用量和砂率等，直到混凝土拌和物性能符合设计和施工要求，然后提出试拌配合比，即试验用的基准配合比。

（5）应在试拌配合比的基础上，进行混凝土强度试验，并应符合下列规定：

①应至少采用 3 个不同的配合比。当采用 3 个不同的配合比时，其中一个应为试拌配合比，另外两个配合比的水胶比宜较试拌配合比分别增加和减少 0.05，用水量应与试拌配合比相同，砂率可分别增加和减少 1%。

②进行混凝土强度试验时，应继续保持拌和物性能符合设计和施工要求，并检验其坍落度或维勃稠度、黏聚性、保水性及表观密度等，作为相应配合比的混凝土拌和物性能指标。

③进行混凝土强度试验时，每种配合比至少应制作一组试件，标准养护到 28 d 或设计强度要求的龄期时试压；也可同时多制作几组试件，按《早期推定混凝土强度试验方法标准》（JGJ/T 15—2021）推定混凝土早期强度，用于配合比调整，但最终应满足标准养护 28 d 或设计规定龄期的强度要求。

4. 配合比的调整与确定

1）配合比调整

（1）根据混凝土强度试验结果，绘制强度和胶水比的线性关系图，用图解法或插值法求出略大于配制强度的强度对应的胶水比，包括混凝土强度试验中的一个满足配制强度的胶水比。

（2）用水量（m_w）应在试拌配合比用水量的基础上，根据混凝土强度试验时实测的拌和物性能情况做适当调整。

（3）胶凝材料用量（m_b）应以用水量乘以图解法或插值法求出的胶水比计算得出。

（4）粗集料和细集料用量（m_g 和 m_s）应在用水量和胶凝材料用量调整的基础上进行相应调整。

2）配合比校正

（1）应根据调整后的配合比按式（2-41）计算混凝土拌和物的表观密度计算值 $\rho_{c,c}$：

$$\rho_{c,c} = m_c + m_f + m_g + m_s + m_w \tag{2-41}$$

（2）混凝土配合比校正系数 δ 应按式（2-42）计算：

$$\delta = \frac{\rho_{c,t}}{\rho_{c,c}} \tag{2-42}$$

式中 $\rho_{c,t}$——混凝土拌和物表观密度实测值，kg/m^3；

$\rho_{c,c}$——混凝土拌和物表观密度计算值，kg/m^3。

（3）当混凝土拌和物表观密度实测值与计算值之差的绝对值不超过计算值的2%时，配合比可维持不变；当二者之差超过2%时，应将配合比中每项材料用量均乘以校正系数 δ，得到试验配合比设计值。

$$\left.\begin{aligned} m'_{wb} &= m_{wb} \times \delta \\ m'_{fb} &= m_{fb} \times \delta \\ m'_{sb} &= m_{sb} \times \delta \\ m'_{gb} &= m_{gb} \times \delta \\ m'_{cb} &= m_{cb} \times \delta \end{aligned}\right\} \tag{2-43}$$

最终试验配合比：$m'_{cb}:m'_{fb}:m'_{wb}:m'_{sb}:m'_{gb}$。

5. 施工配合比换算

试验室最后配合比是按原材料干燥状态计算的。施工现场砂、石材料都是露天堆放的，有一定的含水率。因此，施工现场根据砂、石的实际含水率将试验配合比换算为施工配合比。设施工现场砂、石含水率分别为 a、b，则施工配合比中各材料单位用量：

$$\left.\begin{aligned} m_c &= m'_{cb} \\ m_f &= m'_{fb} \\ m_s &= m'_{sb}(1+a) \\ m_g &= m'_{gb}(1+b) \\ m_w &= m'_{wb} - (m'_{sb} \times a + m'_{gb} \times b) \end{aligned}\right\} \tag{2-44}$$

施工配合比为：水泥∶矿物掺合料∶水∶砂∶石 $= m_c : m_f : m_w : m_s : m_g$。

五、普通混凝土配合比设计例题

【例2-1】 试设计钢筋混凝土桥T形梁用混凝土配合比（以抗压强度为指标的设计方法）。

［原始资料］

1. 已知混凝土设计强度等级为C30，无强度历史统计资料，要求混凝土拌和物坍落度为35~50 mm。桥梁所在地区属寒冷地区。

2. 组成材料：普通硅酸盐水泥，强度等级为42.5，水泥密度 $\rho_c = 3\ 100\ kg/m^3$；砂为中砂，表观密度 $\rho_s = 2\ 650\ kg/m^3$，现场含水率为3%；碎石最大粒径 $d_{max} = 31.5$ mm，表观密度

$\rho_s=2\ 700\ kg/m^3$，施工现场碎石含水率为 1%；粉煤灰为Ⅱ级，表观密度为 2 200 kg/m^3，掺量为 10%；水取自来水。

3. 设计要求

(1) 按题给资料计算出初步配合比。

(2) 按初步配合比在试验室进行材料调整得出试验配合比。

(3) 根据现场材料含水率折算施工配合比。

[设计步骤]

(一) 计算初步配合比

1. 确定混凝土配制强度($f_{cu,o}$)

按题意已知：设计要求混凝土强度 $f_{cu,k}=30$ MPa，无历史统计资料，查表 2-28 得，标准差 σ 为 5.0 MPa。按式(2-27)计算得混凝土配制强度为：

$$f_{cu,o}=f_{cu,k}+1.645\sigma=30+1.645\times5.0=38.2(\text{MPa})$$

2. 计算水胶比(W/B)

1) 按强度要求计算水胶比

(1) 计算胶凝材料强度：根据题意，已知粉煤灰等级为Ⅱ级，掺量为 10%，查表 2-32，粉煤灰影响系数取 0.90、粒化高炉矿渣影响系数取 1.00，查表 2-32，富余系数取 1.16，根据式(2-32)计算水泥实际强度。

$$f_{ce}=\gamma_c f_{ce,g}=1.16\times42.5=49.3(\text{MPa})$$

将 $f_{ce}=49.3$ MPa 代入式(2-31)中，计算胶凝材料的强度 f_b：

$$f_b=\gamma_f\gamma_a f_{ce}=0.90\times1.00\times49.3=44.4(\text{MPa})$$

(2) 计算混凝土水胶比：已知混凝土配制强度 $f_{cu,o}=38.2$ MPa，胶凝材料强度 $f_b=44.4$ MPa。

本项目无混凝土强度回归系数统计资料，由表 2-17 可知：碎石 $\alpha_a=0.53$，$\alpha_b=0.2$。计算水胶比：

$$W/B=\frac{\alpha_a f_b}{f_{cu,o}+\alpha_a\alpha_b f_b}=\frac{0.53\times44.4}{38.2+0.53\times0.2\times44.4}=0.55$$

2) 按耐久性校核水胶比

根据混凝土所处环境条件属于寒冷地区，查表 2-30，允许最大水胶比为 0.50。按强度计算水胶比为 0.55，不符合耐久性要求，故水胶比采用 0.50。

3. 确定单位用水量(m_{wo})

由题意已知，要求混凝土拌和物坍落度为 35~50 mm，碎石最大粒径为 31.5 mm。查表 2-34，选用混凝土用水量：$m_{wo}=185\ kg/m^3$。

4. 计算胶凝材料、矿质掺合料及水泥用量

1) 计算每立方米混凝土中的胶凝材料用量(m_{bo})

(1) 已知混凝土单位用水量 $m_{wo}=185\ kg/m^3$，水胶比 $W/B=0.50$，根据式(2-35)得混凝土单位胶凝材料用量为：

$$m_{bo}=\frac{m_{wo}}{W/B}=\frac{185}{0.50}=370\ (kg/m^3)$$

(2)按耐久性校核单位胶凝材料用量。

根据混凝土所处环境条件属寒冷地区配筋混凝土，查表2-31，最小水泥用量不低于320 kg/m^3。按强度计算单位胶凝材料用量370 kg/m^3，符合耐久性要求。采用单位胶凝材料用量为370 kg/m^3。

2)计算每立方米混凝土粉煤灰用量m_{fo}

粉煤灰掺量为10%，代入式(2-36)计算得出：

$$m_{fo} = m_{bo}\beta_f = 370 \times 10\% = 37(\text{kg/m}^3)$$

3)计算每立方米混凝土的水泥用量(m_{co})

按式(2-37)计算得：

$$m_{co} = m_{bo} - m_{fo} = 370 - 37 = 333(\text{kg/m}^3)$$

5. 选定砂率(β_s)

已知集料采用碎石最大粒径31.5 mm，水胶比W/B=0.50。查表2-36，选定混凝土砂率取β_s=33%。

6. 计算粗集料、细集料用量

1)采用质量法

已知：单位体积水泥用量m_{co}=333 kg/m^3，单位体积用水量m_{wo}=185 kg/m^3，混凝土拌和物假定质量m_{cp}=2 400 kg/m^3，砂率β_s=33%。按式(2-38)及式(2-39)计算粗集料、细集料用量。

由

$$\begin{cases} m_{so} + m_{go} = 2\,400 - 333 - 37 - 185 \\ \dfrac{m_{so}}{m_{so} + m_{go}} \times 100\% = \beta_s \end{cases}$$

解得：砂用量m_{so}=609 kg/m^3，碎石用量m_{go}=1 236 kg/m^3。

按质量法计算得初步配合比：

$$m_{co} : m_{fo} : m_{wo} : m_{so} : m_{go} = 333 : 37 : 185 : 609 : 1\,236$$

2)采用体积法

已知：水泥密度ρ_c=3 100 kg/m^3，砂表观密度ρ_s=2 650 kg/m^3，碎石表观密度ρ_s=2 700 kg/m^3。

非引气混凝土，α=1，由式(2-38)和式(2-40)得：

$$\begin{cases} \dfrac{m_{so}}{2\,650} + \dfrac{m_{go}}{2\,700} = 1 - \dfrac{333}{3\,100} - \dfrac{185}{1\,000} - \dfrac{37}{2\,200} - 0.01 \times 1 \\ \dfrac{m_{so}}{m_{so} + m_{go}} \times 100\% = 33\% \end{cases}$$

解得：砂用量m_{so}=603 kg/m^3；碎石m_{go}=1 224 kg/m^3。

按体积法计算得初步配合比：

$$m_{co}:m_{fo}:m_{wo}:m_{so}:m_{go}=333:37:185:603:1\ 224$$

（二）调整工作性，提出基准配合比

1. 计算试拌材料用量

按计算初步配合比(以绝对体积法计算结果为例)试拌 20 L(0.02 m^2)混凝土拌和物，各种材料用量：

水泥：333×0.02=6.7(kg)；

水：185×0.02=3.7(kg)；

粉煤灰：37×0.02=0.7(kg)；

砂：603×0.02=12.1(kg)；

碎石：1 224×0.02=24.5(kg)。

2. 调整工作性

按计算材料用量拌制混凝土拌和物，测定其坍落度为 30 mm，未满足题中给的施工和易性要求。为此，保持水胶比不变，增加3%水泥浆。再经拌和测坍落度为 45 mm，黏聚性和保水性亦良好，满足施工和易性要求。此时混凝土拌和物各组成材料实际用量为：

水泥：6.7×(1+3%)=6.9(kg)；

水：3.7×(1+3%)=3.8(kg)；

粉煤灰：0.7×(1+3%)=0.72(kg)；

砂：12.1 kg；

碎石：24.5 kg。

3. 提出基准配合比

根据调整工作性后，混凝土拌和物的基准配合比为：

$$m_{ca}:m_{fa}:m_{wa}:m_{sa}:m_{ga}=345:38:190:603:1\ 224$$

（三）检验强度、测定试验配合比

1. 检验强度

采用水胶比分别为 $(W/B)_A=0.45$、$(W/B)_B=0.50$ 和 $(W/B)_C=0.55$ 拌制 3 组混凝土拌和物。砂、碎石用量不变，基准用水量亦保持不变，除基准配合比一组外，其他两组亦经测定坍落度、黏聚性和保水性均合格。

按 3 组配合比拌制混凝土成型，在标准条件下养护 28 d 后，按规定方法测定其立方体抗压强度值，列于表 2-38 中。

表 2-38　不同水胶比的混凝土强度值

组别	水胶比(W/B)	胶水比(B/W)	28 d 立方体抗压强度 $f_{cu,28}$/MPa
A	0.45	2.22	43.4
B	0.50	2.0	38.7
C	0.55	1.82	35.0

根据表 2-38 中的试验结果，绘制混凝土 28 d 立方体抗压强度($f_{cu,28}$)与胶水比(B/W)关系图，如图 2-13 所示。由图 2-13 可知，相应混凝土配制强度 $f_{cu,o}=38.2$ MPa 的胶水比 $B/W=1.99$，即水胶比 $=0.50$。

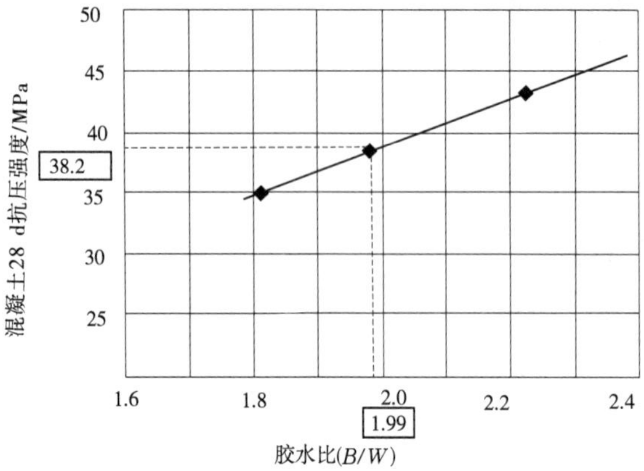

图 2-13　混凝土 28 d 抗压强度与胶水比关系曲线

2. 进行配合比调整，确定试验配合比

1) 按强度试验结果修正配合比

各材料用量为：

用水量：$m_{wb}=190\ kg/m^3$；

胶凝材料用量：$m_{bb}=190/0.50=380(kg/m^3)$；

粉煤灰用量：$m_{fb}=380\times10\%=38(kg/m^3)$；

水泥用量：$m_{cb}=380-38=342(kg/m^3)$。

砂、石用量按体积法计算：

$$\begin{cases}\dfrac{m_{sb}}{2\ 650}+\dfrac{m_{gb}}{2\ 700}=1-\dfrac{342}{3\ 100}-\dfrac{38}{2\ 200}-\dfrac{190}{1\ 000}-0.01\times1\\[2ex]\dfrac{m_{sb}}{m_{sb}+m_{gb}}=0.33\end{cases}$$

解得：砂用量 $m_{sb}=595\ kg/m^3$；碎石用量 $m_{gb}=1\ 209\ kg/m^3$。

修正后配合比为 $m_{cb}:m_{fb}:m_{wb}:m_{sb}:m_{gb}=342:38:190:595:1\ 209$。

2) 混凝土表观密度值计算

计算混凝土的表观密度：$\rho_{c,c}=342+38+190+595+1\ 209=2\ 374(kg/m^3)$；

实测表观密度：$\rho_{c,t}=2\ 430(kg/m^3)$；

计算校正系数：$\delta=2\ 430/2\ 374=1.02$。

因为混凝土表观密度实测值与计算值之差的绝对值超过计算值的 2%(为 2.3%)，则按实测表观密度校正各种材料用量：

水泥：$m'_{cb}=342\times1.02=349(kg/m^3)$；

粉煤灰：$m'_{fb}=38\times1.02=39(kg/m^3)$；

水：$m'_{wb}=190\times1.02=194(kg/m^3)$；

砂：$m'_{sb}=595\times1.02=607(kg/m^3)$；

碎石：$m'_{gb}=1\,209\times1.02=1\,233(kg/m^3)$。

因此，试验配合比为 $m'_{cb}:m'_{fb}:m'_{wb}:m'_{sb}:m'_{gb}=349:39:194:607:1\,233$。

（四）换算施工配合比

根据工地实测，砂的含水率为3%；碎石的含水率为1%。各种材料的用量为：

水泥：$m_c=349\ kg/m^3$；

粉煤灰：$m_f=39\ kg/m^3$；

砂：$m_s=607\times(1+3\%)=625(kg/m^3)$；

碎石：$m_g=1\,233\times(1+1\%)=1\,245(kg/m^3)$；

水：$m_w=194-(607\times3\%+1\,233\times1\%)=163(kg/m^3)$。

施工配合比为 $m_c:m_f:m_w:m_s:m_g=349:39:163:625:1\,245$。

任务四　砂　浆

在桥涵结构工程中，把单块的石、砌块等胶结起来构成砌体时用到了建筑砂浆（砂浆），砂浆是由胶凝材料、细集料和水按一定比例配制而成的一种建筑工程材料。其在建筑砌体中起着结合作用，使砌块材料具有承载力，并将块体材料的连接处密封起来，以防止空气和湿气的渗透；此外，砌筑砂浆还固定砌体中配制的钢筋、连接件和锚固螺栓等使之与砌体形成整体。在力学上，砌筑砂浆的作用主要是传递荷载、协调变形，而不是直接承受荷载。砌体的承载力不仅取决于砖、石、砌块等块体材料的性能，而且与砌筑砂浆的强度和黏结力有密切关系，因而砌筑砂浆是砌体的重要组成部分。根据所用胶凝材料的不同可分为水泥砂浆、石灰砂浆和混合砂浆。

为提高施工效率，保证施工质量，砌筑砂浆在使用过程中要保证具有一定的和易性，包括流动性和保水性。砂浆流动性也叫稠度，是指新拌砂浆在自重或外力作用下，易于产生流动的性质。砂浆流动性的选择与砌体种类、施工方法及天气情况等因素有关，对于多孔吸水的砌体材料和在干热天气下施工时，应使砂浆的流动性大些，对于密实不吸水的材料和湿冷天气，应使其流动性小些，一般可根据施工操作经验来掌握，但应符合《砌筑砂浆配合比设计规程》（JGJ/T 98—2010）的规定，见表2-39。

表2-39　砌筑砂浆的稠度

砌体种类	砂浆稠度/mm	砌体种类	砂浆稠度/mm
烧结普通砖砌体	70～90	烧结普通砖平拱式过梁，空半墙、筒推荐，普通混凝土小型空心砌块砌体，加气混凝土砌块砌体	50～70
轻集料混凝土小型空心砌块砌体	60～90		
烧结多孔砖、空心砖砌体	60～80	石砌体	30～50

砂浆保水性是指新拌砂浆在运输和施工过程中保持水分不流失和各组分不分离的能力。保水性用分层度表示，砌筑砂浆一般分层度以10～20 mm为宜，分层度大于20 mm

的砂浆，一般施工条件下不宜采用。砌筑砂浆的分层度不得大于 30 mm，否则保水性不良，容易产生离析，不便施工。

当砂浆凝结硬化后要求其具有一定的抗压强度和与基体材料的黏结力，以保证砂浆的使用寿命。砌筑砂浆根据其 28 d 的抗压强度值的大小可分为 M20、M15、M10、M7.5、M5、M2.5 等 6 个强度等级。

一、砌筑砂浆的配合比设计

为了保证砌筑砂浆施工过程中的和易性及抗压强度和耐久性的要求，在施工前要合理选择各个组成材料及材料的用量，即配合比的确定。

（一）水泥混合砂浆配合比计算

1. 计算设计试配强度 $f_{m,o}$

$$f_{m,o}=f_2+0.645\sigma \tag{2-45}$$

式中 $f_{m,o}$——砂浆的试配强度，精确至 0.1 MPa；

f_2——砂浆强度等级值，精确至 0.1 MPa；

σ——砂浆现场强度标准差，精确至 0.1 MPa。

砂浆现场强度标准差的确定如下：

（1）当有统计资料时，按标准差计算公式来计算。

（2）当不具有近期统计资料时，砂浆现场强度标准差可按表 2-40 取用。

表 2-40 试件强度标准差选用值　　单位：MPa

施工水平	强度等级					
	M2.5	M5	M7.5	M10	M15	M20
优良	0.50	1.00	1.50	2.00	3.00	4.00
一般	0.62	1.25	1.88	2.50	3.75	5.00
较差	0.75	1.50	2.25	3.00	4.50	6.00

2. 水泥用量计算

（1）每立方米砂浆中的水泥用量按式（2-46）计算：

$$Q_c=\frac{1\,000(f_{m,o}-\beta)}{\alpha f_{ce}} \tag{2-46}$$

式中 Q_c——每立方米砂浆中的水泥用量，精确至 1 kg；

$f_{m,o}$——砂浆的试配强度，精确至 0.1 MPa；

f_{ce}——水泥的实测强度，精确至 0.1 MPa；

α、β——砂浆的特征系数，其中 $\alpha=3.03$，$\beta=-15.09$。

（2）在无法取得水泥的实测强度值时，可按式（2-47）计算 f_{ce}：

$$f_{ce}=\gamma_c f_{ce,k} \tag{2-47}$$

式中 $f_{ce,k}$——水泥强度等级对应的强度值；

γ_c——水泥强度等级的富余系数。

3. 掺加料用量

水泥混合砂浆的掺加料用量应按式(2-48)计算:

$$Q_d = Q_a - Q_c \tag{2-48}$$

式中　Q_d——每立方米砂浆的掺加料用量,精确至 1 kg,石灰膏、黏土膏使用时的稠度为(120±5)mm;

Q_c——每立方米砂浆的水泥用量,精确至 1 kg;

Q_a——每立方米砂浆中水泥和掺加料的总质量,精确至 1 kg,宜为 300~350 kg。

4. 每立方米砂浆中的砂子用量

应按干燥状态的堆积密度值作为计算值,以 kg 计。

5. 每立方米砂浆中用水量

根据砂浆稠度等要求可选用 240~310 kg。

(二)水泥砂浆配合比选用

水泥砂浆材料用量可按表 2-41 选用。

表 2-41　每立方米水泥砂浆材料用量

强度等级	水泥用量/kg	砂子用量/kg	用水量/kg
M2.5	200~230	1 m^3 砂子的堆积密度值	270~330
M7.5~M10	220~280		
M15	280~340		
M20	340~400		

注:1. 此表水泥强度等级为 32.5 级,大于 32.5 级水泥用量宜取下限。

2. 根据施工水平合理选择水泥用量。

3. 当采用细砂或粗砂时,用水量分别取上限或下限。

4. 当稠度小于 70 mm 时,用水量可小于下限。

5. 施工现场气候炎热或干燥季节,可酌量增加用水量。

(三)配合比试配、调整与确定

(1)试配时应采用工程中实际使用的材料,按要求拌和。按计算或查表所得配合比进行试拌时,应测定稠度和分层度,当不能满足要求时,应调整材料,直至符合要求,然后确定为试配时的砂浆基准配合比。

(2)试配时至少采用 3 个不同的配合比,其中一个为基准配合比,其他配合比的水泥用量应按基准配合比分别增加或减少 10%。在保证稠度、分层度合格的条件下,可将用水量或掺合料用量做相应调整。

(3)对 3 个不同的配合比进行调整后,按《建筑砂浆基本性能试验方法标准》(JGJ/T 70—2009)的规定成型试件,测定砂浆强度,并选定符合试配强度要求的且水泥用量最低的配合比作为砂浆配合比。

二、砌筑工程试验检测内容

对于砌筑工程,在施工过程中,不仅工程开工前应对所需原材料进行常规检测,在施工过程中试验检测人员也应按照试验检测频率，并在材质发生变化时进行各项常规试验检测，还应及时进行砂浆配合比设计，为砌筑工程提供施工依据，且应经常深入工地，按照相关规范要求的频率控制砂浆强度等重要技术指标符合要求，及时检查砂浆施工质量，保证工程正常进行。

检测项目一　砌筑砂浆常规试验——试样准备

1. 目的

拌制砂浆，用来测定其和易性及强度试件的制备。

2. 仪具与材料

(1) 拌和铁板；

(2) 台秤；

(3) 铲、抹刀、量筒、盛器等。

3. 拌和方法

采用人工拌和：按设计配合比，称取各项材料用量，先把拌和铁板、铲、抹刀等工具表面用水润湿，再把水泥和砂放入拌板干拌均匀，然后将混合物堆成堆，在中间做一凹坑，将称好的水倒入一部分，然后充分拌和，并逐渐加水，直到混合料色泽一致，观察和易性符合要求，一般需拌和 5 min。称量剩余水的质量，计算用水量。

检测项目二　砂浆稠度试验

1. 目的

测定砂浆的稠度值，评定砂浆的流动性。

砂浆稠度试验

2. 仪具与材料

(1) 砂浆稠度仪(见图 2-14)；

(2) 台秤；

(3) 捣棒、拌板、量筒、秒表等。

3. 试验步骤

(1) 将拌好的砂浆一次性装入砂浆筒中，装至距筒口约 10 mm，用捣棒插捣 25 次，并将筒体振动 5~6 次，使表面平整，然后移置于稠度仪底座上。

(2) 放松圆锥体滑杆的制动螺丝，使试锥尖端与砂浆表面接触，拧紧制动螺丝，使齿条测杆下端刚好接触滑杆上端，并将指针对零点。

(3) 拧开制动螺丝，使圆锥体自动沉入砂浆中，同时计时到 10 s，立即固定螺丝，从刻度盘上读取下沉深度，精确至 1 mm。

(4) 圆锥筒内的砂浆只允许测定一次稠度，重复测定时，应重新取样测定。

(5) 当稠度不满足设计值时，调整用水量。

图 2-14　砂浆稠度仪

4. 结果评定

以两次测定结果的平均值作为砂浆稠度测定结果，如两次测定值之差大于 20 mm,应重新配料搅拌后测定。

检测项目三　砂浆分层度试验

1. 目的

测定砂浆的分层度,评定砂浆的保水性。

2. 仪具与材料

(1)分层度测定仪(见图 2-15);

(2)其他设备同砂浆稠度试验。

图 2-15　分层度测定仪

3. 试验步骤

(1)将拌和好的砂浆,经稠度试验后重新拌和均匀,一次注满分层度测定测定仪,用木锤在容器周围距离大致相等的 4 个不同地方轻敲 1~2 次,并随时添加,然后用抹刀抹平。

(2)静置 30 min,去掉上层 200 mm 砂浆,然后取出底层 100 mm 砂浆重新拌和均匀,再测定砂浆稠度。

(3)两次砂浆稠度的差值即为砂浆的分层度,以 mm 计。

4. 结果评定

(1)应取两次试验结果的算术平均值作为该砂浆的分层度值。

(2)两次分层度试验值之差,若大于 20 mm,应重做试验。

检测项目四　砂浆抗压强度试验

1. 目的

测定硬化后砂浆抗压强度,来确定砂浆强度等级。

2. 仪具与材料

(1)压力试验机(见图 2-16);

(2)试模、捣棒、垫板等。

图 2-16　压力试验机

3. 试件制作及养护

(1)制作用于多孔吸水基面的砂浆试件时，将无底试模放在预先铺上吸水性较好的湿纸的普通黏土砖上，砖的吸水率不小于10%，含水率小于2%，试模内壁应事先涂以机油，将拌好的砂浆一次倒满试模，并用捣棒均匀由外向内按螺旋方向插捣25次，使砂浆高于试模口，待砂浆表面出现麻斑后(15~30 min)用刮刀齐试模口刮平抹光。

(2)当制作用于密实基底的砂浆试件时，用有底试模，涂油后，将拌好的砂浆分两层装入，每层用捣棒插捣12次，然后用刮刀沿试模壁插捣数次，静置15~30 min，刮去多余部分，抹光。

(3)装模成型后，在(20±5)℃环境下经(24±2)h即可脱模，气温较低时，可适当延长时间，但不得超过2 d，然后按下列规定进行养护。水泥混合砂浆，温度为(20±3)℃，相对湿度为60%~80%；水泥砂浆和微沫砂浆，温度为(20±3)℃，相对湿度在90%以上。养护龄期为28 d。

4. 抗压强度测定步骤

(1)经28 d养护后的试件从养护地点取出后，应尽快进行试验，以免试件内部的温度、湿度发生显著变化。先将试件擦干净，测量尺寸，并检查其外观。试件尺寸测量精确至1 mm，并据此计算试件的承压面积。若实测尺寸与公称尺寸之差不超过1 mm，可按公称尺寸计算。

(2)将试件置于压力试验机的下压板上，试件的承压面应与成型时的顶面垂直，试件中心应与下压板中心对准。

(3)开动压力机，当上压板与试件接近时，调整球座，使接触面均衡受压。加荷应均匀而连续，加荷速度应为0.5~1.5 kN/s(砂浆强度不大于5 MPa时，取下限为宜，砂浆强度大于5 MPa时，取上限为宜)。当试件接近破坏而开始迅速变形时，停止调整压力机油门，直到试件破坏，记录破坏荷载(F)。

5. 结果计算

单个试件的抗压强度按式(2-49)计算，精确至0.1 MPa。

$$f_{m,cu} = \frac{F}{A} \tag{2-49}$$

式中 $f_{m,cu}$——砂浆立方体抗压强度，MPa；

F——立方体破坏荷载，N；

A——试件承压面面积，mm^2。

每组试件为6个，取6个试件值的算术平均值作为该组试件的抗压强度值，平均值计算精确至0.1 MPa。

当6个试件的最大值或最小值与平均值的差超过20%时，以中间4个值的平均值作为该组试件的抗压强度值。

6. 工程实例

砌筑砂浆和易性试验记录如表2-42所示。

砌筑砂浆抗压强度试验记录如表2-43所示。

表 2-42　砌筑砂浆和易性试验记录

工程名称:××高速公路路基工程　　　　合同编号:辽高××合字 2021 第××号

<table>
<tr><td>承包单位</td><td colspan="5">×××集团有限公司</td><td colspan="2">委托单编号</td><td colspan="2">L××-SS-MD-××</td></tr>
<tr><td>委托单位</td><td colspan="5">××××有限公司××项目经理部</td><td colspan="2">分项工程</td><td colspan="2">挡土墙</td></tr>
<tr><td>监理单位</td><td colspan="5">辽宁×××监理有限公司</td><td colspan="2">试验者</td><td colspan="2">×××</td></tr>
<tr><td>试验单位</td><td colspan="5">×××高速公路路基工程 2 合同段工地试验室</td><td colspan="2">校核者</td><td colspan="2">×××</td></tr>
<tr><td>试验规程</td><td colspan="5">JGJ/T 70—2009</td><td colspan="2">试验日期</td><td colspan="2">2021-10-07</td></tr>
<tr><td>试样描述</td><td colspan="5">水泥砂浆</td><td colspan="2">报告日期</td><td colspan="2">2021-10-10</td></tr>
<tr><td colspan="2">水泥品种与等级</td><td>P·O 32.5 级</td><td colspan="2">砂子粗细程度</td><td>中砂</td><td colspan="2">设计稠度/mm</td><td colspan="2">70～90</td></tr>
<tr><td rowspan="5">稠度试验</td><td rowspan="2">次数</td><td rowspan="2">1 m³ 水泥用量</td><td rowspan="2">1 m³ 砂用量</td><td rowspan="2" colspan="2">1 m³ 水的用量</td><td colspan="4">稠度值/mm</td></tr>
<tr><td colspan="2">1</td><td>2</td><td>平均值</td></tr>
<tr><td>第一次加水</td><td>240</td><td>1 550</td><td colspan="2">270</td><td colspan="2">56</td><td>52</td><td>54</td></tr>
<tr><td>第二次加水</td><td>240</td><td>1 550</td><td colspan="2">280</td><td colspan="2">64</td><td>68</td><td>66</td></tr>
<tr><td>第三次加水</td><td>240</td><td>1 550</td><td colspan="2">290</td><td colspan="2">80</td><td>82</td><td>81</td></tr>
<tr><td rowspan="4">分层度试验</td><td rowspan="2">次数</td><td colspan="4">稠度值/mm</td><td colspan="4">分层度/mm</td></tr>
<tr><td colspan="2">上层</td><td colspan="2">下层</td><td colspan="3">个别值</td><td>平均值</td></tr>
<tr><td>1</td><td colspan="2">81</td><td colspan="3">66</td><td colspan="2">15</td><td rowspan="2">14</td></tr>
<tr><td>2</td><td colspan="2">82</td><td colspan="3">69</td><td colspan="2">13</td></tr>
<tr><td colspan="5">结论:</td><td colspan="5">技术负责人意见:

签名:</td></tr>
<tr><td colspan="5">监理(督)工程师意见:

签名:</td><td colspan="5">试验室盖章:</td></tr>
</table>

表 2-43　砌筑砂浆抗压强度试验记录

工程名称:××高速公路路基工程　　　　　　　　　　合同编号:辽高××合字 2021 第××号

承包单位	××有限公司	委托单编号	LJ××-SS-MD-××
委托单位	×××集团有限公司××2 标项目经理部	分项工程	挡土墙
监理单位	辽宁××监理有限公司	试验者	×××
试验单位	×××集团有限公司工程检测中心	校核者	×××
试验规程	JGJ/T 70—2009	试验日期	2021-10-07
试样描述	水泥砂浆	报告日期	2021-10-10
砂浆设计强度/MPa	7.5	养护条件	温度(20±2)℃,相对湿度 90%

试件编号	制备日期	试验日期	龄期/d	最大荷载/N	试件尺寸/mm		试件截面面积/mm²	抗压强度/MPa	
					长	宽		个别值	平均值
1	2021-10-07	2021-11-04	28	40 500	70.7	70.7	4 998	8.1	8.2
2	2021-10-07	2021-11-04	28	41 750	70.7	70.7	4 998	8.4	
3	2021-10-07	2021-11-04	28	40 300	70.7	70.7	4 998	8.1	
4	2021-10-07	2021-11-04	28	41 150	70.7	70.7	4 998	8.2	
5	2021-10-07	2021-11-04	28	42 150	70.7	70.7	4 998	8.4	
6	2021-10-07	2021-11-04	28	39 950	70.7	70.7	4 998	8.0	

结论:此结果符合 JTG/T 3650—2020 及设计要求	技术负责人意见: 签名:
监理(督)工程师意见: 签名:	试验室盖章:

课后练习

石灰

一、填空

1. 石灰(　　　　)的方法通常有两种,即石灰浆法和消石灰粉法。
2. (　　　　)产浆量较低,质量较差,降低了石灰的利用率。
3. 石灰在空气中的硬化包括两个同时进行的过程:(　　　　)过程和碳化过程。
4. 煅烧良好且(　　　　)含量高的生石灰熟化较快。
5. 石灰熟化过程中,放出大量的(　　　　)。

二、判断

1. 评价石灰质量的主要指标是有效氧化钙和氧化镁含量。(　　　　)
2. 生石灰的主要化学成分是氧化钙和氧化镁 。(　　　　)
3. 氧化镁含量小于5% 的生石灰是镁质生石灰。(　　　　)
4. 石灰具有吸湿性,所以如果储存时间长,要注意防潮。(　　　　)
5. 石灰和水泥都是水硬性胶凝材料。(　　　　)

三、简答

1. 为什么石灰消化后,一般需要“陈伏”半个月后再使用?
2. 生石灰与熟石灰化学成分的区别是什么?
3. 什么是欠火石灰?
4. 解释生石灰的消化过程。
5. 石灰硬化包括哪两个过程?

水泥

一、填空

1. 硅酸盐水泥的主要成分是(　　　　)。
2. 硅酸盐水泥终凝时间不大于(　　　　)。
3. 普通硅酸盐水泥是以硅酸盐水泥熟料和适量的(　　　　),以及规定掺量的混合材料制成的水硬性胶凝材料。
4. 如果忽略一些次要的和少量的成分,硅酸盐水泥与水作用后,生成的主要水化产物有水化硅酸钙和水化铁酸钙凝胶,(　　　　)水化铝酸钙和水化硫铝酸钙晶体。
5. 生产硅酸盐水泥熟料的主要原材料是(　　　　)。

二、判断

1. 水泥的强度等级是以 3 d 和 28 d 的抗折强度和抗压强度划分等级的。(　　)

2. 根据相关规范规定,普通水泥初凝时间不得大于 45 min。(　　)

3. 水硬性胶凝材料不仅能在空气中硬化,而且可以在水中更好地硬化和增强其强度。(　　)

4. 为保证水泥安定性,要严格控制水泥中的三氧化硫和氧化镁的含量。(　　)

5. 硅酸盐水泥的生产工艺可以简述为“二磨一烧”。(　　)

三、简答

1. 水泥初凝时间和终凝时间的工程意义是什么?

2. 硅酸盐水泥熟料的四种主要矿物组成是什么?

3. 硅酸盐水泥的凝结和硬化包括哪四个阶段?

水泥混凝土

一、单选

1. 水泥混凝土中的水泥浆,在混凝土硬化前和硬化后起(　　)作用。

A. 胶结　　B. 润滑、填充和胶结　　C. 润滑和胶结　　D. 填充和胶结

2. 采用相对用量表示法表示水泥混凝土的配合比,如 1∶0. 25∶2. 34∶3. 76;W/B = 0. 52,其中 1 为(　　)的比值。

A. 细集料　　B. 粗集料　　C. 水　　D. 水泥

3. 将混凝土试件的成型侧面作为受压面置于压力机中心并对中,施加荷载时,对于强度等级为 C30~C60 的混凝土,加载速度取(　　)MPa/s。

A. 0. 3~0. 5　　B. 0. 5~0. 8　　C. 0. 8~1. 0　　D. 1. 0

4. 混凝土拌和物在施工过程中其组成材料之间有一定的黏聚力,不致产生分层和离析现象的性能称为混凝土拌和物的(　　)。

A. 保水性　　B. 黏聚性　　C. 耐水性　　D. 流动性

5. 与连续级配相比较,间断级配集料用于水泥混凝土的主要缺点是(　　)。

A. 水泥用量大　　B. 拌和物易离析　　C. 混凝土砂砾小　　D. 单位用水量低

6. 砂浆抗压强度标准试件的尺寸为(　　)。

A. 50 mm×50 mm×50 mm　　B. 100 mm×100 mm×100 mm

C. 70. 7 mm×70. 7 mm×70. 7 mm

7. 新拌砂浆的和易性包括(　　)两方面的要求。

A. 保水性和黏聚性　　B. 流动性和保水性

C. 流动性和黏聚性

8. 在配制混凝土时,适用的砂细度模数由 2. 6 变为 3. 5 时,其砂率(　　)。

A. 应适当减小　　B. 不变　　C. 应适当增加　　D. 无法判断

9. 水泥混凝土的砂石用量比是 0.59，那么其砂率为(　　)。

A. 2.69　　B. 1.69　　C. 0.73　　D. 0.37

10. 采用相对量表示法表示水泥混凝土配合比，如 1:0.25:2.67:4.95；$W/B=0.45$，其中 1 为(　　)。

A. 细集料　　B. 粗集料　　C. 水　　D. 水泥

E. 矿物掺合料

11. 混凝土的强度等级是以立方体抗压强度标准值确定的，其含义即为具有(　　)保证率的抗压强度。

A. 85%　　B. 90%　　C. 95%　　D. 98%

12. 当采用强度等级相同的水泥及矿物掺合料时，混凝土的水胶比越大，其强度(　　)。

A. 不变　　B. 越小　　C. 越大　　D. 不定

13. 混凝土抗压强度标准试件的尺寸为(　　)。

A. 50 mm×50 mm×50 mm　　B. 100 mm×100 mm×100 mm

C. 150 mm×150 mm×150 mm　　D. 200 mm×200 mm×200 mm

14. 混凝土抗压强度或者抗折强度的试验结果，均以 3 个试件测定值的算术平均值作为测定结果。若两个测定值与中值的差超过中值的(　　)，则该组试验结果作废。

A. 5%　　B. 10%　　C. 15%　　D. 20%

15. 混凝土在长期荷载作用下发生的变形是(　　)。

A. 化学变形　　B. 干湿变形　　C. 温度变形　　D. 徐变

二、判断

1. 分层度大，表明砂浆的分层离析现象严重，保水性不好，施工困难。(　　)

2. 每立方米水泥砂浆材料砂的用量采用砂的堆积密度值。(　　)

3. 大体积混凝土应选用水化热低和凝结时间长的水泥。(　　)

4. 高强混凝土是指强度等级大于 C50 的混凝土。(　　)

5. 混凝土试件尺寸越大，所测的强度越大。(　　)

6. 混凝土水胶比大，龄期短，徐变小。(　　)

7. 水泥混凝土配合比设计砂优先采用Ⅱ区砂。(　　)

8. "C30"是表示混凝土立方体抗压强度值是 30 MPa。(　　)

9. 混凝土中掺入减水剂，在保持工作性和强度不变的条件下，可节约水泥的用量。(　　)

10. 混凝土用粗集料的最大粒径不得超过结构尺寸的 1/4。(　　)

11. 混凝土坍落度试验规定坍落度筒高与坍落后试体最高点之间的高差作为坍落度值。(　　)

12. 目前，在工地和试验室，通常采用测定拌和物的流动性，并辅以直观经验评定黏聚性和保水性，三方面结合的方法反映混凝土拌和物的和易性。

13. 混凝土的最佳砂率是指在水泥浆用量一定的条件下，能够使新拌混凝土的流动性

最大的砂率。(　　)

14. 一般来说,碎石混凝土比卵石混凝土强度低。(　　)

三、简答

1. 简述水泥混凝土初步配合比的设计步骤。
2. 在配制混凝土时为什么水泥强度等级与混凝土强度等级要相适宜?
3. 在水泥混凝土中何谓粗集料的针状、片状颗粒? 为什么要限制其含量?
4. 水泥混凝土用于土木工程上有何优缺点?
5. 提高混凝土拌和物工作性的措施有哪些?
6. 简述配合比设计的基本要求。
7. 试述我国现行混凝土配合比设计的表示方法和基本步骤。
8. 影响水泥混凝土和易性的主要因素有哪些?
9. 简述提高水泥混凝土强度的措施。
10. 影响混凝土强度的主要因素有哪些?
11. 何谓水泥混凝土的"立方体抗压强度标准值"? 它与"强度等级"有什么关系?

四、计算

1. 已知水泥混凝土的试验配合比为 1:1.76:3.41;$W/C=0.50$,用水量为 180 kg/m^3。

2. 已知某混凝土的初步配合比为 $m_c:m_s:m_g:m_w=350:600:1\ 275:175$。经测定,增加 2%水泥浆其坍落度才可满足要求。试求:

(1)计算该混凝土基准配合比。

(2)如工地的砂、石含水率分别为 3%和 2%,求施工配合比。

3. 已知水泥混凝土的试验配合比为水泥:砂:石 = 1:1.80:3.65;$W/C=0.50$。试求:

(1)拌制一锅水泥混凝土用水泥 320 kg,其他各种材料用量是多少?

(2)如工地的砂、石含水率分别为 4%和 1%,求施工配合比。

4. 某混凝土工程,所用配合比为 $m_c:m_s:m_g=1:1.98:3.90$,$W/C=0.64$。已知混凝土拌和物的表观密度为 2 400 kg/m^3。试计算:

(1)1 m^3 混凝土各材料的用量。

(2)若采用 42.5 级普通硅酸盐水泥(无强度实测值),试估计该混凝土 28 d 抗压强度($\alpha_a=0.53$、$\alpha_b=0.2$、$\gamma_c=1.16$)。

5. 已知某混凝土的水灰比为 0.5,用水量为 180 kg,砂率为 33%,混凝土拌和物成型后实测其表观密度为 2 400 kg/m^3。试求:

(1)该混凝土初步配合比。

(2)如工地的砂、石含水率分别为 4%和 1%,求施工配合比。

模块三　有机胶凝材料及其混合料

知识目标

1. 掌握沥青分类、沥青组分与结构及石油沥青的技术性质。
2. 掌握沥青混合料的分类、结构类型及特点、强度理论、技术性质及技术要求。

技能目标

1. 熟练掌握沥青各技术指标的试验检测。
2. 学生能够熟练完成沥青混合料的矿料组成设计及沥青混合料的马歇尔物理、力学检测工作。

素质目标

1. 培养德智体美劳全面发展的社会主义建设者。
2. 培养胸怀天下的大国工匠。
3. 培养学生面对艰苦环境不怕苦、不怕累，具有奉献精神。
4. 培养学生社会责任感、家国情怀。

有机胶凝材料是指以天然或人工合成高分子化合物为基本组成材料的一类胶凝材料。其可胶结集料、矿粉等材料，形成具有一定力学性能及稳定混合料的胶结材料。最有代表性的有机胶凝材料就是沥青。有机胶凝材料混合料就是沥青混合料。

任务一　沥青材料

沥青是由极其复杂的高分子碳氢化合物及非金属(O、S、N)衍生物所组成的混合物。在常温下，沥青呈褐色或黑褐色的固体、半固体或液体状态，能溶于二硫化碳、氯仿、苯等有机溶剂。

沥青

一、沥青分类

(一)按其在自然界中获得的方式分类

1. 地沥青

地沥青按其产源可分为自然沥青和石油沥青。天然沥青是石油在自然界长期受地壳挤压并与空气、水接触逐渐变化而形成的，是以天然形态存在的石油沥青。按其形成的环境可分为岩沥青、湖沥青、海底沥青等。

石油沥青是原油加工过程中的一种产品，在常温下是黑色或黑褐色的黏稠的液体、半固体或固体，主要含有可溶于三氯乙烯的烃类及非烃类衍生物，其性质和组成随原油来源和生产方法的不同而变化，石油沥青生产工艺流程如图3-1所示。

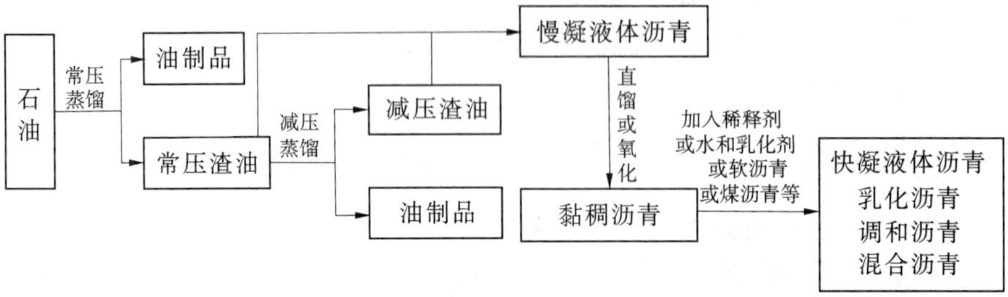

图3-1 石油沥青生产工艺流程

2. 焦油沥青

焦油沥青可分为煤沥青和页岩沥青等。

煤沥青是煤焦油蒸馏后的残留物加工而得的。

页岩沥青是由页岩焦油蒸馏后的残留物制取的沥青。

(二)按原油的性质分类

石油沥青按含蜡量的多少可分为石蜡基沥青、中间基沥青和环烷基沥青。石蜡基沥青的含蜡量一般大于5%；环烷基沥青含蜡量较少，一般低于2%，因此它的黏性好，可作为道路面层的优质材料；中间基沥青含蜡量介于石蜡基沥青和环烷基沥青之间。

(三)按加工方法分类

直馏沥青：原油经常压、减压工艺，提取不同沸点的馏分后获得的残渣。其温度稳定性和大气稳定性较差。

氧化沥青：将常压或减压重油，或低稠度直馏沥青在250~300 ℃的高温下吹入空气，经数小时氧化可获得常温下为半固体或固体状的沥青，称氧化沥青。其与直馏沥青相比，具有较高的热稳定性，高温抗变形能力较好，但低温变形能力较差，易于形成开裂现象。

溶剂沥青：这种沥青是对含蜡量较高的重油采用溶剂萃取工艺，提炼出润滑油原料后所余残渣，在常温下为半固体或固体。

裂化沥青：具有很大硬度，软化点较高，但黏度、气候稳定性比直馏沥青和氧化沥青差。

调和沥青：将几组沥青调和而成，调和沥青组分之间比例获得所需要的产品。

在道路工程中主要应用的是石油沥青，另外还使用少量煤沥青。沥青作为有机胶凝材料，具有良好的黏性、塑性、耐腐蚀性和憎水性。

二、石油沥青的组分及结构

(一)石油沥青的组分

从工程角度出发，将沥青中化学成分和物理性质相近且具有某些共同特征的部分划分为一组,称为组分。工程中一般将石油沥青划分为油分、树脂和沥青质 3 个主要组分或饱和分、芳香分、胶质、沥青质 4 个主要组分。三组分分析采用抽提法进行。四组分分析采用溶剂沉淀及色谱柱法进行。组分不同,沥青性能也不同。三组分分析中,油分赋予沥青流动性能;树脂使沥青具有塑性和黏结性;沥青质决定沥青的稳定性。四组分分析中,各组分对沥青性能的影响:饱和分含量增加,可使沥青稠度降低(针入度增大);树脂含量增大,可使沥青的延性增加;在有饱和分存在的条件下,沥青质含量增加,可使沥青获得低的感温性;树脂和沥青质的含量增加,可使沥青的黏度提高。各组分对沥青性能影响见表 3-1。

表 3-1　沥青组分及其对沥青性能的影响

组分	外观特征	分子量	性能影响
饱和分	无色液体	300~1 000	提高沥青流动性
芳香分	黄色至红色液体	300~1 000	提高沥青流动性
胶质	棕色黏稠液体	500~1 000	提高沥青胶体稳定性、黏附性、塑性、感温性
沥青质	深棕色至黑色固体	1 000~5 000	提高沥青高温稳定性、黏滞性

(二)石油沥青胶体结构

沥青胶体结构

沥青的技术性质不仅取决于它的化学组分及其化学结构,还取决于它的胶体结构。现代胶体理论认为,在沥青中,分子量很高的沥青质不能直接胶溶于分子量很低的芳香分和饱和分的介质中,特别是饱和分为胶凝剂,它会阻碍沥青质的胶溶。沥青之所以能形成稳定的胶体,是因为强极性的沥青质吸附了极性较强的胶质,胶质中极性最强的部分吸附在沥青质表面,然后逐步向外扩散,极性逐渐减小,芳香度也逐渐减弱,距离沥青质愈远,则极性愈小,直至与芳香分接近,甚至到几乎没有极性的饱和分。在沥青胶体结构中,从沥青质到胶质,乃至芳香分和饱和分,它们的极性是逐步递变的,没有明显的分界线。

根据沥青中各组分的化学组成和相对含量的不同,可以形成不同的胶体结构。沥青的胶体结构,可分为溶胶型结构、溶-凝胶型结构及凝胶型结构 3 个类型(见图 3-2)。

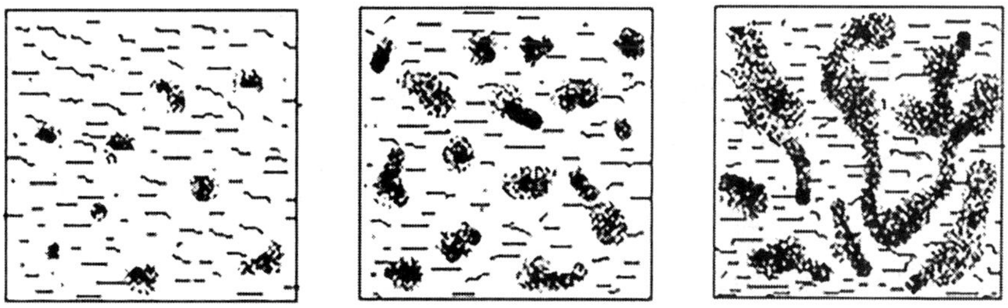

(a)溶胶型结构　(b) 溶-凝胶型结构　(c) 凝胶型结构

图 3-2　沥青胶体结构示意

1. 溶胶型结构

溶胶型结构沥青中沥青质含量很少，油分及树脂含量较多，沥青质在胶体结构中运动自如，这种结构沥青黏滞性小，流动性大，塑性好，温度稳定性较差，是液体沥青结构的特征。

2. 溶-凝胶型结构

溶-凝胶型结构沥青中沥青质含量适当（如在 15%～25%），并含适量的油分和树脂。在常温下，这种结构的沥青处于溶胶型结构和凝胶型结构之间，其性质介于两者之间。

3. 凝胶型结构

凝胶型结构沥青中油分和树脂含量较少，沥青质含量较多，胶团相互吸引力增大，相互移动较困难，这种结构的特点是弹性和黏性较高，温度敏感性较小，流动性、塑性较低。

三、石油沥青路用技术性质

（一）黏性

黏性也称黏滞性，是指沥青在外力作用下抗变形的能力。沥青受到外力作用后表现的变形，是由于沥青中组分胶体团发生形变或胶体团之间产生相互位移。

各种沥青的黏性变化范围很大，黏性的大小与组分及温度有关。沥青质含量较高，胶质适量，油分较少时，沥青的黏性较大。在一定温度范围内，当温度升高时黏性降低，反之则增大。

沥青的黏性通常用黏度表示，所以黏度是现代沥青等级（标号）划分的主要依据。

1. 沥青的动力黏度

采用剪切变形的模型来描述沥青的黏性，即沥青在外力作用下，沥青粒子产生相互位移时抵抗变形的能力。取一对相互平行的平面，在平面间分布一层沥青薄膜，沥青薄膜与平面间的吸附力远大于薄膜内部胶体团间的作用力。下层平面固定时，外力作用于顶层平面并发生位移（见图 3-3），由牛顿定律可得式（3-1）：

$$F = \eta A \frac{v}{d} \tag{3-1}$$

式中 F——移动顶层平面的力（沥青薄膜内部胶体团抵抗变形的能力），N；

A——沥青薄膜层的面积，cm^2；

v——顶层发生位移的速度，m/s；

η——沥青内摩擦系数，Pa · s；

d——沥青层的厚度，cm。

沥青黏度受温度变化而变化。我国测定 60 ℃黏度分级，采用真空减压毛细管黏度计测定沥青动力黏度。

2. 条件黏度（相对黏度）

在实际应用中，由于动力黏度测定较复杂，故多使用条件黏度作为评价沥青黏性的指标。

1）针入度

针入度是表征黏稠沥青条件黏度的一种指标，采用针入度仪测定。

沥青的针入度是在规定的温度和时间内，附加一定质量的标准针垂直贯入试样的深

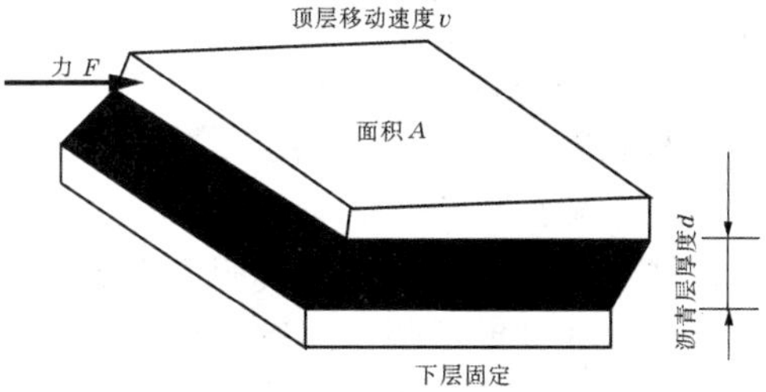

图 3-3　沥青动力黏度概念图

度，以 0.1 mm 为单位表示，如图 3-4 所示。

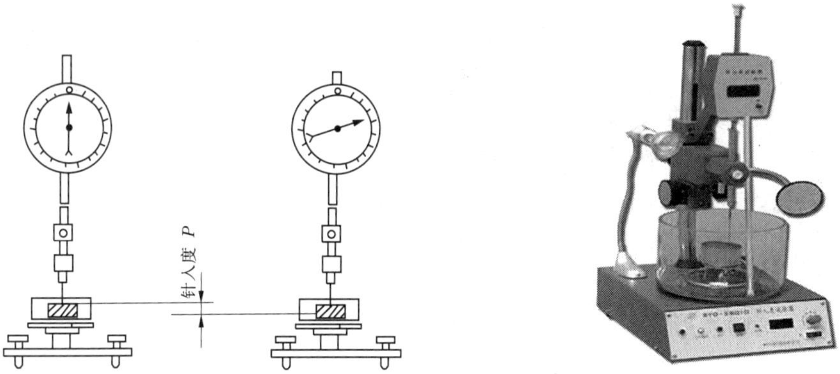

图 3-4　针入度测定沥青黏度示意及针入度测定仪

我国《公路工程沥青及沥青混合料试验规程》(JTG E20—2011)规定：标准针、针连杆及砝码的总质量为(100±0.1)g，试验温度为 25 ℃，标准贯入时间为 5 s。如某沥青在上述条件时测定的针入度为 68(0.1 mm)，可表示为：

$$P_{(25\ ℃,100\ g,5\ s)} = 68(0.1\ \text{mm})$$

我国现行黏稠沥青技术标准中，针入度是划分沥青标号的主要指标，如针入度在 80~100(0.1 mm)为 90 号沥青。针入度值越大，沥青越软，稠度越小。针入度一定程度上表征沥青的稠度，通常稠度越高的沥青，黏度也越高，针入度值越小。

2)标准黏度

标准黏度是液体沥青黏结性的常用技术指标，在规定温度下，通过规定直径的孔流出 50 mL 沥青所需的时间。我国采用标准黏度计测定，如图 3-5 所示。

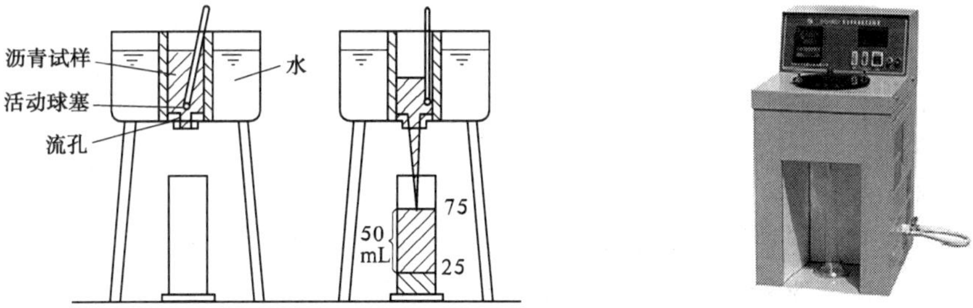

图 3-5　标准黏度计及其测定液体沥青示意

液体状态沥青材料,在标准黏度中,在规定的温度(20 ℃、25 ℃、30 ℃或 60 ℃)条件下,通过规定的流孔直径(3 mm、4 mm、5 mm 及 10 mm),流出 50 mL 体积所需时间(s),以 $C_{T,d}$ 表示。C 为黏度,T 为试验温度,d 为流孔直径。如某沥青 25 ℃时自 5 mm 孔径流出 50 mL 沥青所需时间为 150 s,则表示为 $C_{25,5}=150$ s。试验温度和流孔直径根据液体状态黏度选择。同温度和流孔条件下,流出时间越长,表明沥青黏度越大。

我国道路用石油沥青采用标准黏度计测定的黏度划分沥青的技术等级。

检测项目一　沥青针入度试验

1. 目的与适用范围

本方法适用于测定道路石油沥青、聚合物改性沥青针入度及液体石油沥青蒸馏或乳化沥青蒸发后残留物的针入度,以 0.1 mm 计。其标准试验条件为温度 25 ℃,荷重 100 g,贯入时间 5 s。

沥青针入度试验

针入度指数 PI 用以描述沥青的温度敏感性,宜在 15 ℃、25 ℃、30 ℃等 3 个或 3 个以上温度条件下测定针入度后按规定的方法计算得到,若 30 ℃时的针入度值过大,可采用 5 ℃代替。当量软化点 T_{800} 是相当于沥青针入度为 800(0.1 mm)时的温度,用以评价沥青的高温稳定性。当量脆点 $T_{1.2}$ 是相当于沥青针入度为 1.2(0.1 mm)时的温度,用以评价沥青的低温抗裂性能。

2. 仪具与材料

针入度试验所需主要仪器见图 3-6。

(a) 标准针　(b) 针入度仪　(c) 盛样皿

图 3-6　针入度试验所需主要仪器

(1) 标准针:由硬化回火的不锈钢制成,洛氏硬度 HRC54~60,表面粗糙度 Ra0.2~0.3 μm,针及针杆总质量(2.5±0.05)g,针杆上应打印有号码标志,针应设有固定用装置盒(筒),以免碰撞针尖,每根针必须附有计量部门的检验单,并定期进行检验。

(2) 针入度仪:为提高测试精度,针入度试验宜采用能够自动计时的针入度仪进行测定,要求针和针连杆在无明显摩擦下垂直运动,针贯入深度必须准确至 0.1 mm。针和针连杆组合件总质量为(50±0.05)g,另附(50±0.05)g 砝码一只,试验时总质量为(100±0.05)g。仪器设有放置平底玻璃保温皿的平台,并有调节水平的装置,针连杆应与平台相垂直。应有针连杆制动按钮,使针连杆可自由下落。针连杆易于装拆,以便检查其质量。仪器还设有可自由转动与调节距离的悬臂,其端部有一面小镜或聚光灯泡,借以观察针尖与试样表面接触情况。应对装置的准确性经常校验。当采用其他条件时,应在试验结果中注明。

(3)盛样皿:金属制,圆柱形平底。小盛样皿的内径 55 mm,深 35 mm[适用于针入度小于 200(0.1 mm)的试样];大盛样皿内径 70 mm,深 45 mm[适用于针入度为 200~350(0.1 mm)的试样];对针入度大于 350 的试样需使用特殊盛样皿,其深度不小于 60 mm,试样体积不小于 125 mL。

(4)恒温水槽:容量不少于 10 L,控温的准确度为 0.1 ℃。水槽中应设有一带孔的搁架,位于水面下不得少于 100 mm、距水槽底不得少于 50mm 处。

(5)平底玻璃皿:容量不少于 1 L,深度不少于 80 mm。内设有一不锈钢三脚支架,能使盛样皿稳定。

(6)温度计或温度传感器:精度为 0.1 ℃。

(7)计时器:分度 0.1 s。

(8)盛样皿盖:平板玻璃,直径不小于盛样皿开口尺寸。

(9)溶剂:三氯乙烯等。

(10)电炉或砂浴、石棉网、金属锅或瓷把坩埚等。

3. 方法与步骤

1)准备工作

(1)按下述方法准备沥青试样。

①将装有试样的盛样皿带盖放入恒温烘箱中,当石油沥青试样中含有水分时,烘箱温度 80 ℃左右(或将盛样皿放至可控温的砂浴、油浴、电热套上加热脱水,不得已采用电炉子、燃气炉加热脱水时必须加放石棉网垫)加热至沥青全部熔化。当石油沥青中无水分时,烘箱温度宜为软化点以上 90 ℃,通常为 135 ℃左右。对取来的沥青试样不得直接采用电炉子或燃气炉明火加热。

加热时间不超过 30 min,并用玻璃棒轻轻搅拌,防止局部过热。在沥青温度不超过 100 ℃的条件下,仔细脱水至无泡沫,最后的加热温度不超过软化点以上 100 ℃(石油沥青)或 50 ℃(煤沥青)。

②将盛样皿中的沥青通过 0.6 mm 的滤筛过滤,不等冷却立即一次灌入各项试验模具中。当温度下降太多时,宜适当加热再灌模。根据需要也可将试样分装入擦拭干净并干燥的一个或数个沥青盛样皿中,数量应满足一批试验项目所需的沥青样品并有富余。

③沥青在灌模过程中,如果温度下降可放入烘箱中适当加热,试样冷却后反复加热的次数不得超过两次,以防沥青老化影响试验结果。为避免混进气泡,在沥青灌模时不得反复搅动沥青。灌模剩余的沥青应立即清洗干净,不得重复使用。

(2)按试验要求将恒温水槽调节到要求的试验温度 25 ℃,或 15 ℃、30 ℃(5 ℃),保持稳定。

(3)将试样注入盛样皿中,试样高度应超过预计针入度值 10 mm,并盖上盛样皿,以防落入灰尘。盛有试样的盛样皿在 15~30 ℃室温中冷却 1.5 h(小盛样皿)、2 h(大盛样皿)或 3 h(特殊盛样皿)后移入保持规定试验温度±0.1 ℃的恒温水槽中 1.5 h(小盛样皿)、2 h(大试样皿)或 2.5 h(特殊盛样皿)。

(4)调整针入度仪使之水平。检查针连杆和导轨,以确认无水和其他外来物,无明显摩擦。用三氯乙烯或其他溶剂清洗标准针,并擦干。将标准针插入针连杆,用螺丝固紧。按试验条件,加上附加砝码。

2)试验步骤

(1)取出达到恒温的盛样皿,并移入水温控制在试验温度±0.1 ℃(可用恒温水槽中的水)的平底玻璃皿中的三脚支架上,试样表面以上的水层深度不少于10 mm。

(2)将盛有试样的平底玻璃皿置于针入度仪的平台上。慢慢放下针连杆,用适当位置的反光镜或灯光反射观察,使针尖恰好与试样表面接触。将位移计或刻度盘指针复位为零。

(3)开始试验,按下释放键,这时计时与标准针落下贯入试样同时开始,至5 s时自动停止。

(4)读取位移计或刻度盘指针的读数,准确至0.1 mm。

(5)同一试样平行试验至少3次,各测试点之间及与盛样皿边缘的距离不应少于10 mm。每次试验后应将盛有盛样皿的平底玻璃皿放入恒温水槽,使平底玻璃皿中水温保持试验温度。每次试验应换一根干净标准针或将标准针取下用蘸有三氯乙烯溶剂的棉花或布揩净,再用干棉花或布擦干。

(6)测定针入度大于200(0.1 mm)的沥青试样时,至少用3支标准针,每次试验后将针留在试样中,直至3次平行试验完成后,才能将标准针取出。

(7)测定针入度指数PI,按同样的方法在15 ℃、25 ℃、30 ℃(或5 ℃)3个或3个以上(必要时增加10 ℃、20 ℃等)温度条件下分别测定沥青的针入度,但用于仲裁试验的温度条件应为5个。

4. 计算

根据测试结果可按以下方法计算针入度指数、当量软化点及当量脆点。

1)公式计算法

(1)将3个或3个以上不同温度条件下测试的针入度值取对数,令 $y = \lg P$, $x = T$,按式(3-2)的针入度对数与温度的直线关系,进行 $y = a + bx$ 一元一次方程的直线回归,求取针入度温度指数 $A_{\lg Pen}$。

$$\lg P = K + A_{\lg Pen} \times T \tag{3-2}$$

式中 $\lg P$——不同温度条件下测得的针入度值的对数;

T——不同试验温度,℃;

K——回归方程的常数项 a;

$A_{\lg Pen}$——回归方程系数 b。

按式(3-2)回归时必须进行相关性检验,直线回归相关系数 R 不得小于0.997(置信度95%),否则,试验无效。

(2)按式(3-3)确定沥青的针入度指数PI,并记为 $PI_{\lg Pen}$。

$$PI_{\lg Pen} = \frac{20 - 500A_{\lg Pen}}{1 + 50A_{\lg Pen}} \tag{3-3}$$

(3)按式(3-4)确定沥青的当量软化点 T_{800}。

$$T_{800} = \frac{\lg 800 - K}{A_{\lg Pen}} = \frac{2.903\ 1 - K}{A_{\lg Pen}} \tag{3-4}$$

(4)按式(3-5)确定沥青的当量脆点 $T_{1.2}$。

$$T_{1.2}=\frac{\lg 1.2-K}{A_{\lg Pen}}=\frac{0.0792-K}{A_{\lg Pen}} \tag{3-5}$$

(5)按式(3-6)计算沥青的塑性温度范围 ΔT。

$$\Delta T=T_{800}-T_{1.2}=\frac{2.8239}{A_{\lg Pen}} \tag{3-6}$$

2)诺谟图法

将3个或3个以上不同温度条件下测试的针入度值绘于图3-7的针入度温度关系诺谟图中,按最小二乘法法则绘制回归直线,将直线向两端延长,分别与针入度为800(0.1 mm)及1.2(0.1 mm)的水平线相交,交点的温度即为当量软化点 T_{800} 和当量脆点 $T_{1.2}$。以图中 O 点为原点,绘制回归直线的平行线,与PI线相交,读取交点处的PI值即为该沥青的针入度指数。此法不能检验针入度指数与温度直线回归的相关系数,仅供快速草算时使用。

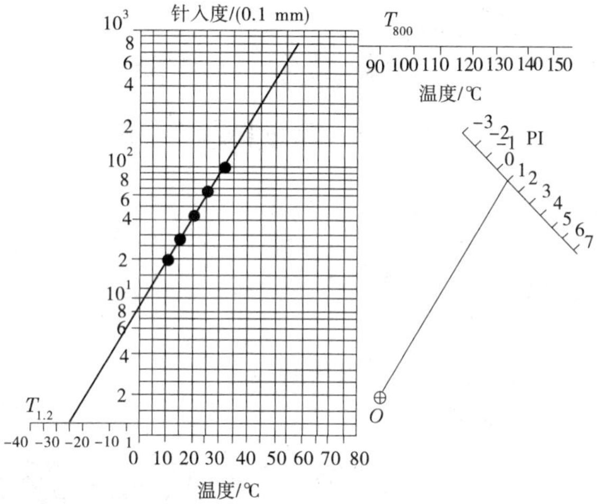

图3-7　确定道路沥青PI、T_{800}、$T_{1.2}$的针入度温度关系诺谟图

5. 报告

(1)应报告标准温度(25 ℃)时的针入度及其他试验温度 T 所对应的针入度,以及由此求取针入度指数PI、当量软化点 T_{800}、当量脆点 $T_{1.2}$ 的方法和结果,当采用公式计算法时,应报告按式(3-2)回归的直线相关系数 R。

(2)同一试样3次平行试验结果的最大值和最小值之差在下列允许偏差范围内时,计算3次试验结果的平均值,取整数作为针入度试验结果,以0.1 mm为单位。

针入度(0.1 mm)	允许差值(0.1 mm)
0~49	2
50~149	4
150~249	12
250~500	20

当试验值不符合此要求时,应重新进行。

6. 允许差

(1)当试验结果小于50(0.1 mm)时,重复性试验的允许误差为2(0.1 mm),再现性试验的允许误差为4(0.1 mm)。

(2)当试验结果大于或等于50(0.1 mm)时,重复性试验的允许误差为平均值的4%,再现性试验的允许误差为平均值的8%。

(二)温度敏感性

沥青材料是一种非晶质高分子材料,由液态凝结为固态,或由固态熔化为液态时,没有敏锐的固化点或液化点,工程中为使沥青不致由于温度升高而产生流动状态,故取液化点和固化点之间温度间隔的87.21%作为软化点。

沥青软化点是反映沥青温度敏感性的重要指标。《公路工程沥青及沥青混合料试验规程》(JTG E20—2011)规定:在沥青的常规试验方法中,软化点可采用环球软化点仪测定。沥青材料在规定尺寸(内径18.9 mm)的金属环内,上置规定质量(3.5 g)的钢球,放于水或甘油中,以规定的升温速度(5 ℃/min)加热,使沥青软化,至钢球下落达规定距离(25.4 mm)时的温度,以℃表示。

软化点越高,表明沥青的耐热性越好,即温度稳定性越好。

检测项目一　沥青软化点试验

沥青软化点试验

1. 目的与适用范围

本方法适用于测定道路石油沥青、聚合物改性沥青的软化点,也适用于测定液体石油沥青、煤沥青蒸馏或乳化沥青蒸发残留物的软化点。

2. 仪具与材料

(1)软化点测定仪(见图3-8),由下列附件组成:

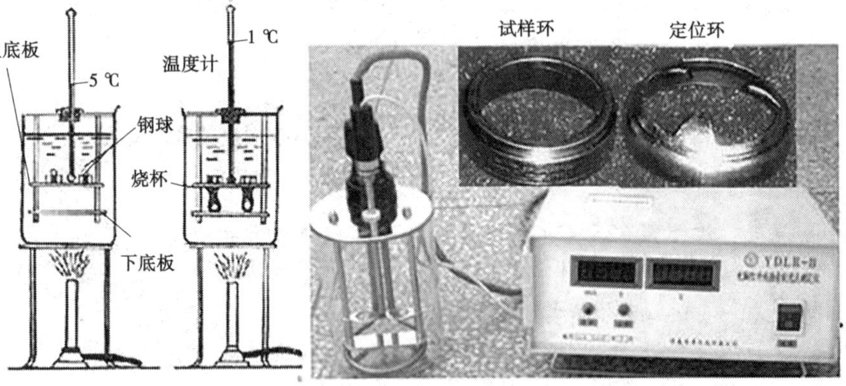

图3-8　软化点测定仪

①钢球:直径9.53 mm,质量(3.5±0.05)g。

②试样环:由黄铜或不锈钢等制成。

③钢球定位环:由黄铜或不锈钢制成。

④金属支架:由两个主杆和3层平行的金属板组成。上层为一圆盘,直径略大于烧杯直径,中间有一圆孔,用以插放温度计。中层板上有两个孔,各放置金属环,中间有一小孔

可支撑温度计的测温端部。一侧立杆距环上面 51 mm 处刻有水高标记。环下面距下层底板为 25.4 mm,而下底板距烧杯底不小于 12.7 mm,也不得大于 19 mm。3 层金属板和两个主杆由两个螺母固定在一起。

⑤耐热玻璃烧杯:容量 800~1 000 mL,直径不小于 86 mm,高度不小于 120 mm。

⑥温度计:0~100 ℃,分度值为 0.5 ℃。

(2)环夹:由薄钢条制成,用以夹持金属环,以便刮平表面。

(3)装有温度调节器的电炉或其他加热(液化石油气、天然气等)炉具。应采用带有振荡搅拌器的加热电炉,振荡子置于烧杯底部。

(4)试样底板:金属板(表面粗糙度应达 Ra0.8 μm)或玻璃板。

(5)恒温水槽:控温的准确度为 0.5 ℃。

(6)平直刮刀。

(7)甘油滑石粉隔离剂(甘油与滑石粉的比例为质量比 2:1)。

(8)新煮沸过的蒸馏水。

(9)其他:石棉网。

3. 方法与步骤

1)准备工作

(1)将试样环置于涂有甘油滑石粉隔离剂的试样底板上,将准备好的沥青试样徐徐注入试样环内至略高出环面。如估计试样软化点高于 120 ℃,则试样环和试样底板(不用玻璃板)均应预热至 80~100 ℃。

(2)试样在室温冷却 30 min 后,用热刮刀刮除环面上的试样,应使其与环面齐平。

2)试验步骤

(1)试样软化点在 80 ℃以下者:

①将装有试样的试样环连同试样底板置于(5±0.5)℃的恒温水槽中至少 15 min;同时将金属支架、钢球、钢球定位环等置于相同水槽中。

②烧杯内注入新煮沸并冷却至 5 ℃的蒸馏水或纯净水,水面略低于立杆上的深度标记。

③从恒温槽水中取出盛有试样的试样环放置在支架中层板的圆孔中,套上定位环;然后将整个环架放入烧杯中,调整水面至深度标记,并保持水温为(5±0.5)℃,环架上任何部分不得附有气泡。将 0~100 ℃的温度计由上层板中心孔垂直插入,使端部测温头底部与试样环下面齐平。

④将盛有水和环架的烧杯移至放有石棉网的加热炉具上,然后将钢球放在定位环中间的试样中央,立即开动电磁振荡搅拌器,使水微微振荡,并开始加热,使杯中水温在 3 min 内调节至维持每分钟上升(5±0.5)℃。在加热过程中,应记录每分钟上升的温度值,如温度上升速度超出此范围,则试验应重做。

⑤试样受热软化逐渐下坠,至与下层底板表面接触时,立即读取温度,准确至 0.5 ℃。

(2)试样软化点在 80 ℃及以上者:

①将装有试样的试样环连同试样底板置于装有(32±1)℃甘油的恒温槽中至少 15 min;同时将金属支架、钢球、钢球定位环等亦置于甘油中。

②在烧杯内注入预先加热至 32 ℃的甘油，其液面略低于立杆上的深度标记。

③从保温槽中取出装有试样的试样环，按试验步骤中“试样软化点在 80 ℃以下者”的方法进行测定，精确至 1 ℃。

4. 报告

同一试样平行试验两次，当两次测定值的差值符合重复性试验精度要求时，取其平均值作为软化点试验结果，准确至 0.5 ℃。

精密度或允许差：

(1) 当试样软化点小于 80 ℃时，重复性试验精度的允许差为 1 ℃，复现性试验精度的允许差为 4 ℃。

(2) 当试样软化点大于或等于 80 ℃时，重复性试验精度的允许差为 2 ℃，复现性试验精度的允许差为 8 ℃。

(三) 延性

沥青的延性是指当其受到外力的拉伸作用时，所能承受的塑性变形的总能力。通常是用延度作为条件延性指标来表征。延度是规定形态的沥青试样，在规定温度下以一定速度受拉伸至断开时的长度，以 cm 计。

《公路工程沥青及沥青混合料试验规程》(JTG E20—2011) 规定：沥青的延性用延度来表征，用延度仪测定。延度是把沥青试样制成“∞”字形标准试件在规定的拉伸速度 (5±0.25) cm/min 和规定温度 15 ℃ (或 10 ℃) 下拉断时的长度，以 cm 计。延度值愈大，表示沥青塑性越好，柔性和抗断裂性越好。

针入度是在规定温度下沥青的条件黏度；而软化点是沥青达到规定条件黏度时的温度；软化点既是反映沥青材料感温性的一个指标，也是沥青黏度的一种量度。

针入度、延度、软化点是评价黏稠石油沥青路用性能的最常用的经验指标，通称为“三大指标”。

检测项目一　沥青延度试验

沥青延度试验

1. 目的与适用范围

本方法适用于测定道路石油沥青、聚合物改性沥青、液体石油沥青蒸馏残留物和乳化沥青蒸发残留物等材料的延度。

沥青延度的试验温度与拉伸速率可根据要求采用，通常采用的试验温度为 25 ℃、15 ℃、10 ℃或 5 ℃，拉伸速度为 (5±0.25) cm/min。当低温采用 (1±0.05) cm/min 拉伸速度时，应在报告中注明。

2. 仪具与材料

(1) 延度仪：测量长度不宜大于 150 cm，仪器应有自动控温、控速系统。应满足试件浸没于水中，能保持规定的试验温度及规定的拉伸速度拉伸试件，且试验时应无明显振动。该仪器的形状及组成见图 3-9。

(2) 试模：由黄铜制成，由两个端模和两个侧模组成。

(3) 试模底板：玻璃板或磨光的铜板、不锈钢板。

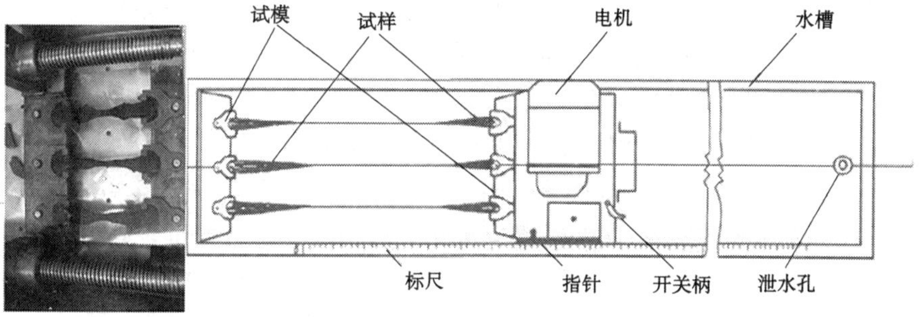

图 3-9　延度仪

(4)恒温水槽:容量不少于 10 L,控制温度的准确度为 0.1 ℃,水槽中应设有带孔搁架,搁架距水槽底不得少于 50 mm。试件浸入水中的深度不小于 100 mm。

(5)温度计:0~50 ℃,分度值为 0.1 ℃。

(6)砂浴或其他加热炉具。

(7)甘油滑石粉隔离剂(甘油与滑石粉的质量比为 2:1)。

(8)其他:平刮刀、石棉网、酒精、食盐等。

3. 方法与步骤

1)准备工作

(1)将隔离剂拌和均匀,涂于清洁干燥的试模底板和两个侧模的内侧表面,并将试模在试模底板上装妥(见图 3-10)。

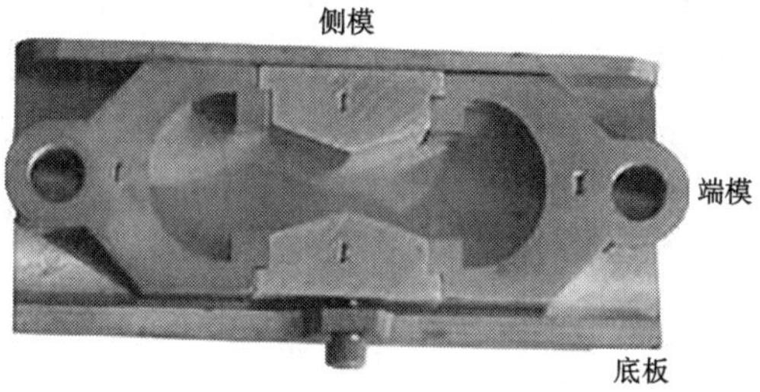

图 3-10　试模(一)

(2)同针入度方法准备试样,然后将试样仔细自试模的一端至另一端往返数次缓缓注入模中,最后略高出试模,灌模时应注意勿使气泡混入。

(3)试件在室温中冷却 1.5 h,然后用热刮刀刮除高出试模的沥青,使沥青面与试模面齐平。沥青的刮法应自试模的中间刮向两端,且表面应刮得平滑。将试模连同底板再浸入规定试验温度的水槽中保温 1.5 h。

(4)检查延度仪延伸速度是否符合规定要求,然后移动滑板使其指针正对标尺的零点。将延度仪注水,并保温达试验温度±0.1 ℃。

2)试验步骤

(1)将保温后的试件连同底板移入延度仪的水槽中,然后将盛有试样的试模自玻璃板或不锈钢板上取下,将试模两端的孔分别套在滑板及槽端固定板的金属柱上,并取下侧模。水面距试件表面应不小于 25 mm。

(2)开动延度仪,并注意观察试样的延伸情况。此时应注意,在试验过程中,水温应始终保持在试验温度规定范围内,且仪器不得有振动,水面不得有晃动,当水槽采用循环水时,应暂时中断循环,停止水流。在试验中,当发现沥青细丝浮于水面或沉入槽底时,应在水中加入酒精或食盐,调整水的密度至与试样相近后,重新试验。

(3)试件拉断时,读取指针所指标尺上的读数,以 cm 计,在正常情况下,试件延伸时应呈锥尖状,拉断时实际断面接近于零。如不能得到这种结果,则应在报告中注明。

4. 报告

同一样品,每次平行试验不少于 3 个,如 3 个测定结果均大于 100 cm,试验结果记作“>100 cm”;特殊需要也可分别记录实测值。如 3 个测定结果中,当有一个以上的测定值小于 100 cm 时,若最大值或最小值与平均值之差满足重复性试验精密度要求,则取 3 个测定结果的平均值的整数作为延度试验结果,若平均值大于 100 cm,记作“>100 cm”;若最大值或最小值与平均值之差不符合重复性试验精密度要求,试验应重新进行。

5. 允许误差

当试验结果小于 100 cm 时,重复性试验的允许误差为平均值的 20%,复现性试验的允许误差为平均值的 30%。

(四)脆性

沥青材料在低温下受到瞬间荷载作用时,常表现为脆性破坏,用脆点表示。

脆点是指沥青材料由黏塑状态转变为固体状态达到条件脆裂时的温度。

《公路工程沥青及沥青混合料试验规程》(JTG E20—2011)规定:采用弗拉斯法测定沥青脆点。脆点试验是将 0.4 g 沥青涂在金属片上,置于有冷却设备的脆点仪内,摇动脆点仪的曲柄,使涂有沥青的金属片产生弯曲,随制冷温度降低,沥青薄膜温度逐渐降低,当沥青薄膜在规定弯曲条件下,产生断裂时的温度即为脆点。脆点低,抗裂性好,脆性大。

弗拉斯脆点仪、弯曲器分别见图 3-11、图 3-12。

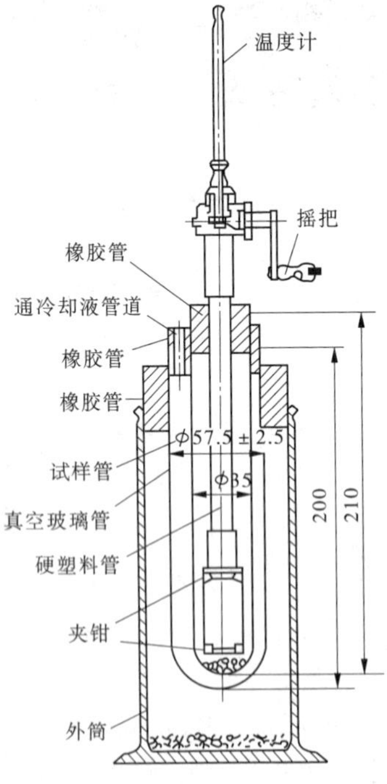

图 3-11　弗拉斯脆点仪　(单位:mm)

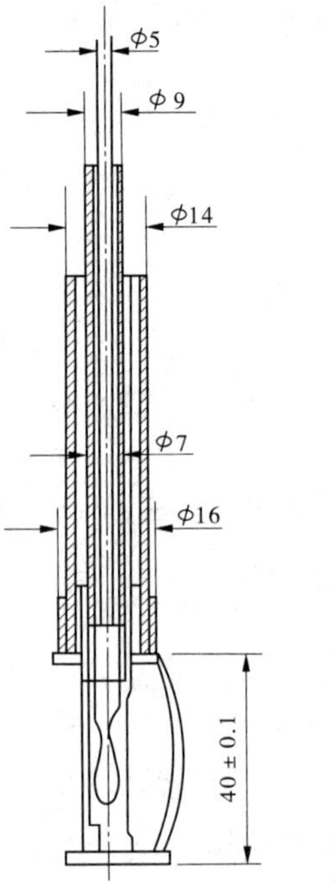

图 3-12　弯曲器　(单位:mm)

在工程试验应用中,要求沥青具有较高的软化点和较低的脆点,否则沥青材料在夏季容易发生流淌或在冬季容易变脆甚至发生开裂等现象。

脆点实质上反映了沥青由黏弹性体转变为弹脆性体时的温度,即到达临界硬度时发生脆裂的温度。

(五)沥青的温度感温性

沥青是复杂的胶体结构,黏度会因温度的变化而变化。将沥青黏度随温度变化的感应性称为感温性。道路工程上使用的沥青要求感温性良好。

由于沥青胶体结构的不同,其黏度-温度曲线变化就很复杂。常用的感温性评价方法有针入度指数(PI)法和针入度-黏度指数法,其中以针入度指数法为常用方法。

针入度指数(PI)是应用经验的针入度和软化点试验结果,提出一种能表征沥青的感温性和胶体结构的指标。同时,针入度指数值也用来判别沥青的胶体结构状态。

1. 针入度-温度感应性系数 A

由费普等研究认为沥青的黏度 η 随温度 T 而变化。若以针入度的对数 $\lg P$ 为纵坐标,以温度 T 为横坐标,则可得到图 3-13 的关系,表示为

$$\lg P = AT + K \tag{3-7}$$

式中　P——沥青针入度,0.1 mm;

A——针入度-温度感应性系数,由针入度和软化点确定;

K——回归系数。

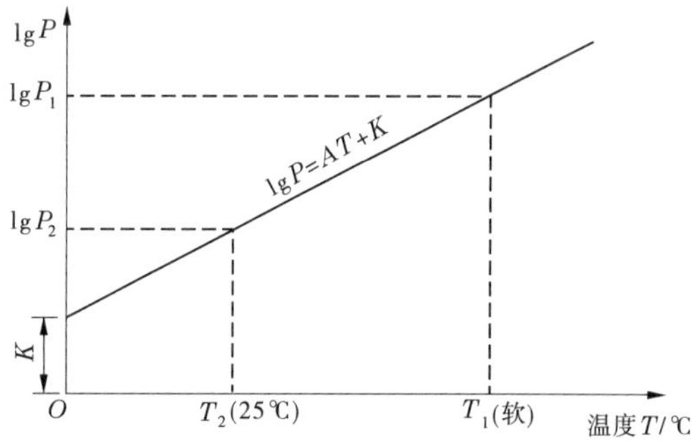

图 3-13　针入度-温度关系

经过对大量沥青进行研究,费普等认为:沥青在软化点温度时,针入度在 600~1 000(0.1 mm)。假设沥青软化点时的针入度是 800(0.1 mm),则针入度-温度感应性系数 A 可用式(3-8)表示:

$$A = \frac{\lg 800 - \lg P_{(25\,℃,100\,g,5\,s)}}{T_{R\&B} - 25} \tag{3-8}$$

式中　$\lg P_{(25\,℃,100\,g,5\,s)}$——在 25 ℃、100 g、5 s 条件下测定的针入度值,0.1 mm。

$T_{R\&B}$——环球法测定的软化点温度,℃。

由于软化点温度时的针入度值有时与 800(0.1 mm)相差较大,所以针入度-温度感应性系数 A 应根据不同温度的针入度值确定,按图 3-13 及式(3-9)计算。常采用的温度有 15 ℃、25 ℃、30 ℃(或 5 ℃),必要时可增加 15 ℃及 20 ℃等,如果是仲裁试验需要 5 个温度的

针入度值。

$$A = \frac{\lg P_1 - \lg P_2}{T_1 - T_2} \tag{3-9}$$

通过回归求取针入度-温度感应性系数 A 值，3 个温度的针入度回归的相关系数 R 不得小于 0.997，4 个温度的针入度回归的相关系数 R 应大于 0.995，否则，试验无效。

2. 针入度指数(PI)的确定

实用公式：沥青的针入度指数 PI 可按式(3-10)计算：

$$\mathrm{PI} = \frac{30}{1 + 50A} - 10 \tag{3-10}$$

由式(3-10)可绘制成针入度指数诺谟图，如图 3-14 所示。

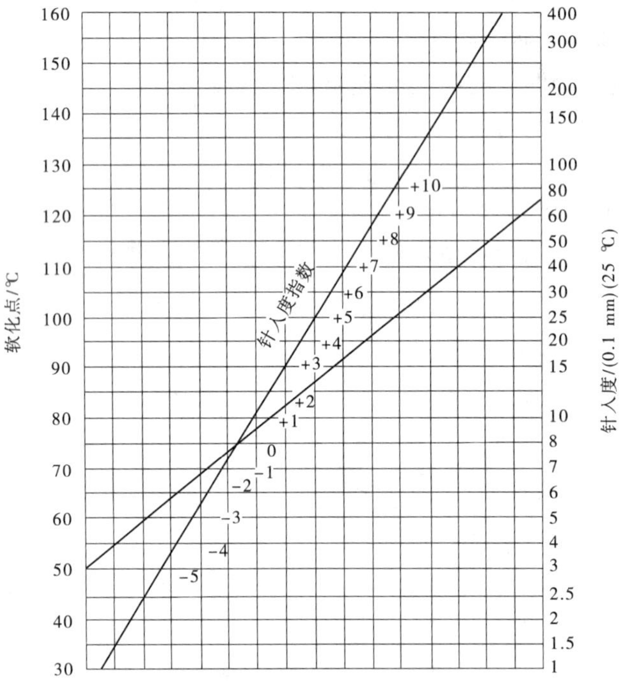

图 3-14　确定沥青针入度指数用的诺谟图

按针入度指数(PI)可将沥青划分为三种胶体结构类型，见表 3-2。

表 3-2　沥青针入度指数和胶体结构类型

沥青针入度指数(PI)	<-2	-2<PI<+2	>+2
沥青胶体结构类型	溶胶结构	溶-凝胶结构	凝胶结构

当沥青针入度指数 PI<-2 时，沥青的温度敏感性强；当沥青针入度指数 PI>+2 时，有明显的胶凝特征，耐久性差。一般认为，选用针入度指数 PI 在-1～+1 的溶凝胶型沥青适

宜修筑沥青路面。

(六)加热稳定性(大气稳定性)

沥青在加热、阳光、氧气和潮湿等因素长期作用下,会发生轻质馏分挥发、氧化、裂化、聚合等一系列物理及化学变化,使沥青的化学组成及性质发生变化,通常称为"老化"。

为了解沥青的耐久性,《公路工程沥青及沥青混合料试验规程》(JTG E20—2011)规定要进行沥青的加热质量损失和加热后残渣性质的试验,道路石油沥青采用沥青薄膜加热试验、沥青旋转薄膜加热试验,来评定沥青的耐老化性能。

1. 沥青薄膜加热试验(TFOT)

将一定质量的沥青试样装入盛样皿中,使沥青成为厚约3.2 mm的薄膜,在163 ℃的标准薄膜加热烘箱中加热5 h后,取出冷却,测定其质量损失,并按规定方法测定残留物的针入度、延度等性质变化。

它是以沥青试样在加热蒸发前后的蒸发损失百分率和蒸发后针入度比来评定的。蒸发损失百分率愈小,蒸发后针入度比愈大,则表示沥青大气稳定性愈好,亦即"老化"愈慢。

2. 沥青旋转薄膜加热试验(RTFOT)

沥青旋转薄膜加热试验是将35 g试样装入盛样瓶中,盛样瓶插入(163±0.5)℃的旋转烘箱中,以(15±0.2)r/min速度转动,同时吹入(4 000±200)mL/min的热空气。经过不少于75 min的老化后,测定旋转薄膜加热后,沥青残留物的针入度、延度、黏度等沥青技术性质的变化。

(七)沥青黏-弹性

物体在外力作用下既产生弹性变形又产生黏性流动变形的性质,称为黏-弹性性质。大多数沥青在变形时呈黏-弹性。在低温瞬时荷载作用下,以弹性变形为主;在高温长时间荷载作用下,以黏性变形为主。表征沥青黏性及弹性联合效应的指标是劲度模量。

范·德·波尔采用以荷载作用时间 t 和温度 T 为函数的应力应变之比表示黏-弹性沥青抵抗变形的性能,由此得出劲度模量 S_b 为:

$$S_b = \left(\frac{\sigma}{\varepsilon}\right)_{t,T} \tag{3-11}$$

式中 σ——应力,Pa;

ε——应变;

t——荷载时间,s;

T——温度,℃。

沥青的劲度模量与温度、荷载时间、沥青针入度指数等参数有关,按上述关系,范·德·波尔将其绘制成可应用于实际工程的劲度模量诺谟图,见图3-15。用此诺谟图可求算出对应沥青劲度模量,荷载作用时间或者频率、路面实际温度与软化点的差值及针入度指数等参数。

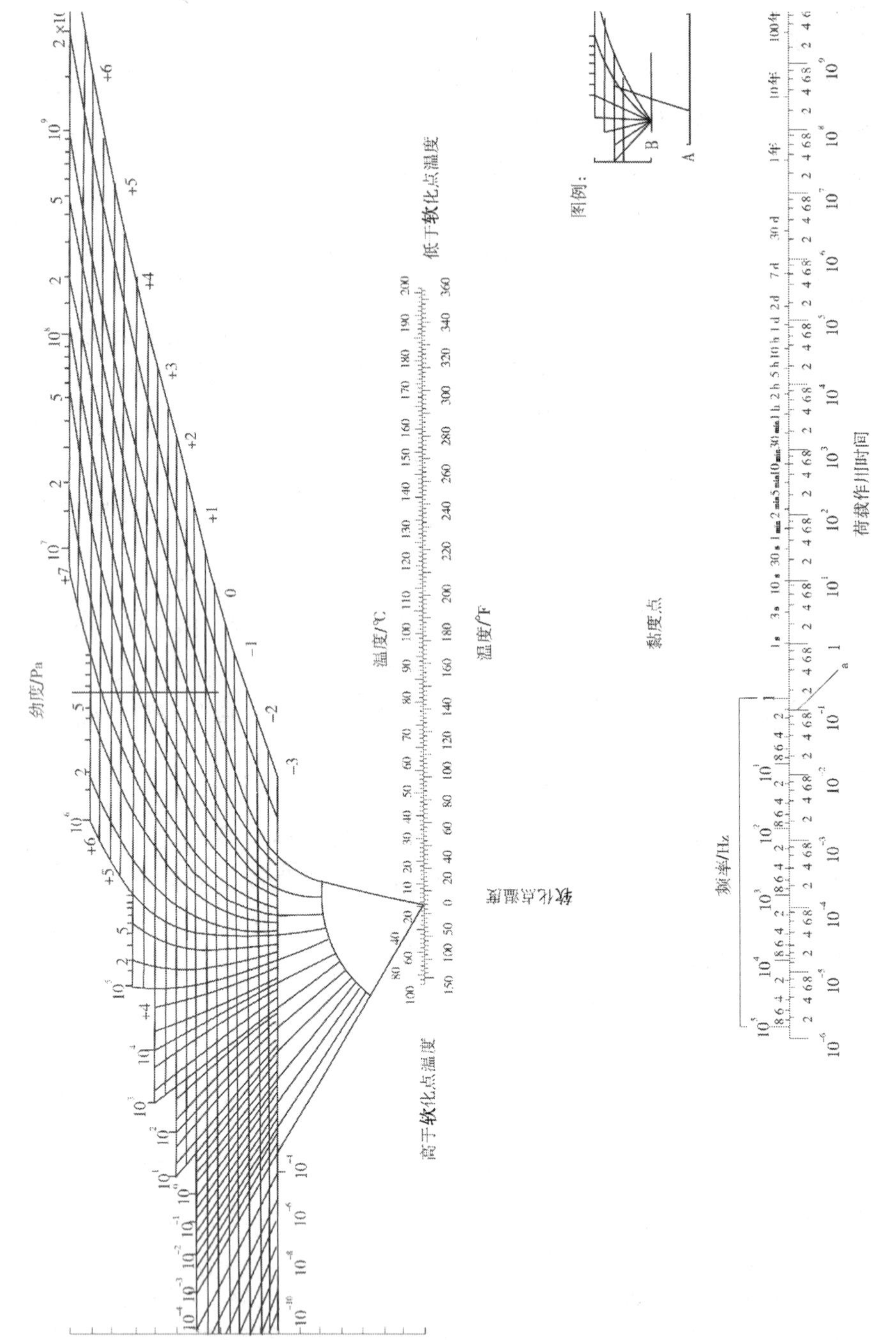

图 3-15　沥青劲度模量诺谟图

（八）黏附性

沥青与集料的黏附性直接影响沥青路面的使用质量和耐久性，所以黏附性是评价沥青技术性能的一个重要指标，尤其是工程上使用酸性岩石或潮湿石料时，黏附性更为重要。当采用一种固定的沥青时，不同矿物成分的石料的剥落度有所不同。从碱性、中性直至酸性石料，随着 SiO_2 含量的增加，剥落度也随之增加。所以，在选择石料时应优先考虑利用碱性石料，当地缺乏碱性石料必须采用酸性石料时，可掺加各种抗剥剂以提高沥青与石料的黏附性。对沥青与石料的黏附性的试验方法，《公路工程沥青及沥青混合料试验规程》（JTG E20—2011）规定：对于大于 13.2 mm 及小于或等于 13.2 mm 的集料分别选用水煮法或水浸法进行试验。对同一种料源既有大于又有小于或等于 13.2 mm 不同粒径的集料时，取大于或等于 13.2 mm 的集料以水煮法试验为标准，对细粒式沥青混合料以水浸法试验为标准。按剥离面积百分率来评定沥青与集料的黏附性，评定等级的确定见表 3-3。

表 3-3　沥青与集料黏附性的等级评定

试验后石料表面上沥青膜剥落情况	黏附性等级
沥青膜完全保存，剥离面积百分率接近于 0	5
沥青膜少部为水所移动，厚度不均匀，剥离面积百分率小于 10%	4
沥青膜局部明显为水所移动，基本保留在石料表面上，剥离面积百分率少于 30%	3
沥青膜大部分为水所移动，局部保留在石料表面上，剥离面积百分率大于 30%	2
沥青膜完全为水所移动，石料基本裸露，沥青全浮于水面上	1

（九）安全性

沥青材料在使用时必须加热，当加热至一定温度时，沥青材料中挥发的油分蒸气与周围空气组成混合气体，此混合气体遇火焰则易发生闪火。若继续加热，油分蒸气的饱和度增加，由于此种蒸气与空气组成的混合气体遇火焰极易燃烧，而易引起溶油车间发生火灾或使沥青烧坏造成损失。为此，必须测定沥青加热闪火和燃烧的温度，即所谓闪点和燃点。闪点和燃点是保证沥青加热质量和施工安全的一项重要指标。

闪点：指加热沥青挥发出可燃气体与空气组成的混合气体在规定条件下与火接触，产生闪光时的沥青温度（℃）。

燃点：指沥青加热产生的混合气体与火接触，持续燃烧 5 s 以上时的沥青温度。

燃点与闪点温度相差 10 ℃左右。

《公路工程沥青及沥青混合料试验规程》（JTG E20—2011）规定：采用克利夫兰开口杯式闪点测定仪测定沥青的闪点和燃点。

四、道路石油沥青的技术要求

（一）沥青标号、等级及适用范围

沥青产品分级主要有 3 种情况。第一种按针入度分级（按 25 ℃的针入度划分沥青的牌号）；第二种按黏度分级（按 60 ℃黏度划分沥青的牌号）；第三种按沥青的性能分级。黏度分级可细分为两类：以 60 ℃沥青黏度及旋转薄膜烘箱残余物分级。日本、德国及我国主要采用沥青针入度分级体系。美国、加拿大等国家则是针入度及黏度分级同时存在。性能分级是根据美国 SHRP 的研究成果，模拟路用性能的分级标准，许多国家纷纷模仿使用。我国沥青标号以针入度值作为划分依据。

根据沥青使用和生产水平，按技术性能沥青将石油沥青分为 A 级、B 级、C 级 3 个等级，各自适用范围应符合表 3-4 规定。

表 3-4　道路石油沥青适用范围

沥青等级	适用范围
A 级沥青	各个等级的公路，适用于任何场合和层次
B 级沥青	1. 高速公路、一级公路沥青下面层及以下的层次，二级及二级以下公路的各个层次； 2. 用作改性沥青、乳化沥青、改性乳化沥青、稀释沥青的基质沥青
C 级沥青	三级及三级以下公路的各个层次

沥青性能等级分级采用“标准值不变，温度改变”的办法，即“标准是一致的，测试条件不同”，对沥青进行分析，这种分级方法直接采用设计使用温度表示沥青的适用范围。设计最高温度为 7 d 最高路面平均温度，设计最低温度为年极端最低温度。如 PG58-16，意思就是此沥青可以适应沥青路面表面最高温度 58 ℃，最低温度-16 ℃的气候条件。

（二）道路石油沥青标号及技术要求

道路石油沥青按针入度划分为 160 号、130 号、110 号、90 号、70 号、50 号、30 号 7 个标号。同时对各标号沥青的延度、软化点、闪点、含蜡量、薄膜加热试验等技术指标也提出相应的要求。道路石油沥青的质量应符合表 3-5 规定的技术要求。经建设单位同意，沥青的针入度指数、60 ℃动力黏度、10 ℃延度可作为选择性指标。

表 3-5　道路石油沥青技术要求

指标	单位	等级	沥青标号																
			160 号	130 号	110 号			90 号					70 号					50 号	30 号
针入度（25 ℃，5 s，100 g）	0.1 mm		140～200	120～140	100～120			80～100					60～80					40～60	20～40
适用的气候分区					2-1	2-2	2-3	1-1	1-2	1-3	2-2	2-3	1-3	1-4	2-2	2-3	2-4	1-4	
针入度指数 PI		A	-1.5～+1.0																
		B	-1.8～+1.0																
软化点（R&B）≥	℃	A	38	40	43			45			44		46		45			49	55
		B	36	39	42			43			42		44		43			46	53
		C	35	37	41			42					43					45	50

续表 3-5

指标	单位	等级	沥青标号														
			160 号	130 号	110 号	90 号					70 号					50 号	30 号
60℃动力黏度≥	Pa·s	A	—	60	120	160			140		180		160			200	260
10 ℃延度≥	cm	A	50	50	40	45	30	20	30	20	20	15	25	20	15	15	10
		B	30	30	30	30	20	15	20	15	15	10	20	15	10	10	8
15 ℃延度≥	cm	A、B	100													80	50
		C	80	80	60	50					40					30	20
含蜡量（蒸馏法）≤	%	A	2.2														
		B	3														
		C	4.5														
闪点≥	℃		230			245					260						
溶解度≥	%		99.5														
密度（15 ℃）	g/cm³		实测记录														
TFOT（或 RTFOT）后，老化试验以 TFOT 为准，也可以 RTFOT 代替																	
质量变化≤	%		±0.8														
残留针入度比（25 ℃）≥	%	A	48	54	55	57					61					63	65
		B	45	50	52	54					58					60	62
		C	40	45	48	50					54					58	60
残留延度（10 ℃）≥	cm	A	12	12	10	8					6					4	—
		B	10	10	8	6					4					2	—
15 ℃延度≥	cm	C	40	35	30	20					15					10	—

注：试验方法按照现行《公路工程沥青及沥青混合料试验规程》（JTG E20—2011）规定的方法执行。

（三）道路用液体沥青技术标准

液体石油沥青适用于透层、黏层及拌制冷拌沥青混合料。按凝结速度分为快凝、中凝及慢凝 3 个等级。其黏度采用标准黏度计测定，除黏度外，对蒸馏的馏分和残留物性质、闪点和水分提出了要求。其技术要求见表 3-6。

表 3-6　道路用液体石油沥青技术要求

试验项目		快凝		中凝						慢凝					
		AL(R)-1	AL(R)-2	AL(M)-1	AL(M)-2	AL(M)-3	AL(M)-4	AL(M)-5	AL(M)-6	AL(S)-1	AL(S)-2	AL(S)-3	AL(S)-4	AL(S)-5	AL(S)-6
黏度/s	$C_{25,5}$	<20	—	<20	—	—	—	—	—	<20	—	—	—	—	—
	$C_{60,5}$	—	5~15	—	5~15	16~25	26~40	41~100	101~200	—	5~15	16~25	26~40	41~100	101~200
蒸馏体积/%	225 ℃前	>20	>15	<10	<7	<3	<2	0	0	—	—	—	—	—	—
	315 ℃前	>35	>30	<35	<25	<17	<14	<8	<5	—	—	—	—	—	—
	360 ℃前	>45	>35	<50	<35	<30	<25	<20	<15	<40	<35	<25	<20	<15	<5
蒸馏后残留物	针入度 25 ℃/(0.1 mm)	60~200	60~200	100~300	100~300	100~300	100~300	100~300	100~300	—	—	—	—	—	—
	延度 25 ℃/cm	60	60	60	60	60	60	60	60	—	—	—	—	—	—
	浮漂度(5 ℃)/s	—	—	—	—	—	—	—	—	<20	<20	<30	<40	<45	<50
闪点(开口法)/℃,≥		30	30	65	65	65	65	65	65	70	70	100	100	120	120
含水量(%)≤		0.2	0.2	0.2	0.2	0.2	0.2	0.2	0.2	2.0	2.0	2.0	2.0	2.0	2.0

(四)不同标号沥青适用性的大致规律

低标号沥青针入度小、稠度大、黏度高,适宜在炎热地区使用;标号高的沥青针入度大、稠度小、黏度低,适宜在较寒冷地区使用。

针入度为 50 号及 70 号沥青,适宜在我国大部分地区采用热拌沥青混合料的时候使用。少数寒冷地区适用于选用 90 号沥青。110 号沥青适用于中轻交通的公路上。重交通比例大,应选择针入度小的沥青。

五、乳化沥青

乳化沥青是沥青和乳化剂在一定工艺作用下,生成水包油或油包水(具体谁包谁要看乳化剂的种类)的液态沥青。乳化沥青的乳化原理是:将通常高温使用的道路沥青,经过机械搅拌和化学稳定的方法(乳化)扩散到水中,而液化成常温下黏度很低、流动性很好的一种道路建筑材料。

乳化沥青的特点是在众多的道路建设应用中,乳化沥青提供了一种比热沥青更为安全、节能和环保的系统,这种工艺避免了高温操作、加热和有害排放。乳化沥青可以在常温下拌和,常温下铺筑也可以做冷铺,节约了能源,保护了环境。

(一)组成

乳化沥青主要由沥青、乳化剂、稳定剂和水等组分组成。

1. 沥青

沥青是乳化沥青组成的最主要材料,占55%~70%。沥青的质量如何,直接关系到乳化沥青的性能。相同油源和工艺的沥青,针入度较大者易于形成乳液。但是针入度的选择,应根据乳化沥青在路面工程中的用途而决定。

2. 乳化剂

乳化剂是乳化沥青形成的关键材料,其决定乳化沥青的质量。沥青乳化剂按其亲水基在水中是否电离而分为离子型和非离子型两大类。离子型乳化剂按其离子电性,又衍生为阴(负)离子型、阳(正)离子型和两性离子型等3类。阴离子型沥青乳化剂是在溶于水中时,能电离为离子或离子胶束,且与亲油基相连的亲水基团带有阴(负)电荷的乳化剂;带阳(正)电荷的乳化剂为阳离子型沥青乳化剂;既带有阴电荷又带有阳电荷的乳化剂为两性离子型沥青乳化剂。

3. 稳定剂

乳化沥青在施工过程中,使乳液具有良好的储存稳定性。稳定剂分为有机稳定剂和无机稳定剂。有机稳定剂常用的有聚乙烯醇、聚丙烯酰胺、羧甲基纤维素纳、糊精、MF废液等,这类稳定剂可提高乳液的储存稳定性和施工稳定性。无机稳定剂常用的有氯化钙、氯化镁、氯化铵和氯化铬等,这类稳定剂可提高乳液的储存稳定性。稳定剂对乳化剂的协同作用,与它们之间的性质有关,有的稳定剂可在生产乳液时同时加入乳化剂溶液中,但有的稳定剂会影响乳化剂的乳化作用,而须后加入乳液中。因此,必须通过试验来确定它们的匹配作用。稳定剂用量不宜过多,以沥青乳液的0.1%~0.15%为宜。

4. 水

水是乳化沥青的主要组成部分,水在乳化沥青中起着润湿、溶解及化学反应的作用。用量一般为30%~70%。

(二)乳化沥青的作用、品种及适用范围

乳化沥青主要用于道路的升级与养护,如石屑封层,还有多种独特的、其他沥青材料不可替代的应用,如冷拌料、稀浆封层。乳化沥青亦可用于新建道路施工,如黏层油、透层油等。乳化沥青品种及适用范围见表3-7。

表3-7　乳化沥青品种及适用范围

分类	品种代号	适用范围
阳(正)离子型乳化沥青	PC-1	表处、贯入式路面及下封层用
	PC-2	透层油及基层养护用
	PC-3	黏层油用
	BC-1	稀浆封层或冷拌沥青混合料用

续表 3-7

分类	品种代号	适用范围
阴(负)离子型乳化沥青	PA-1	表处、贯入式路面及下封层用
	PA-2	透层油及基层养护用
	PA-3	黏层油用
	BA-1	稀浆封层或冷拌沥青混合料用
非离子型乳化沥青	PN-2	透层油用
	BN-1	与水泥稳定集料同时使用(基层路拌或再生)

制备乳化沥青的基质沥青,对于高速公路及一级公路,选择符合道路石油沥青 A 级、B 级沥青的要求,其他情况下可采用 C 级沥青。

六、改性沥青

改性沥青是指掺加了橡胶、树脂等高分子聚合物,磨细了的橡胶粉或其他填料型外加剂,与沥青混合,从而使沥青的性能得到改善而制成的沥青混合物。通过对改性材料的改性,可以提高沥青的高温抗变形能力、提高弹性性能,从而增强了沥青路面的抗车辙性能和抗低温、疲劳及开裂性能;改善了沥青与矿料的黏附性;提高沥青抗老化性能,延长道路使用寿命。

(一)改性沥青的分类

用于道路沥青改性剂的聚合物主要有以下几类:

(1)树脂:聚乙烯(PE)、聚丙烯(PP)、乙烯-乙酸乙烯(EVA)等。

(2)橡胶:丁苯橡胶(SBR)、氯丁橡胶(CR)及橡胶粉等。

(3)热塑性弹性体:苯乙烯-丁二烯-苯乙烯(SBS)、苯乙烯-异戊二烯-苯乙烯(SIS)、苯乙烯-聚乙烯/丁基-聚乙烯(SE/BS)等。

树脂类的改性沥青具有良好的高温稳定性和抗车辙能力,但沥青路面的低温抗裂性能无法改善;橡胶类改性沥青具有较好的低温抗裂性和黏结性,热塑性弹性体类改性沥青具有良好的温度稳定性,降低温度敏感性,增强耐老化、耐疲劳等性能。具体分类见图 3-16。

(二)常用聚合物改性沥青

1. 热塑性树脂类改性沥青

改性剂有聚乙烯(PE)、聚丙烯、聚氯乙烯、聚苯乙烯和乙烯-乙酸乙烯酯共聚物(EVA),这些改性剂不同程度地被应用于道路沥青中。其共同特点就是加热后软化,冷却时变硬。该类改性剂可使沥青混合料常温黏度增大,高温稳定性增强,强度及劲度提高;但加热后易离析,对沥青结合料弹性效果没有明显改善。

2. 橡胶类改性沥青

使用最多的是丁苯橡胶(SBR)和氯丁橡胶(CR),以胶乳形式加入到沥青中,提高了沥青的黏度、韧性、软化点,降低了脆点,使沥青的感温性得到改善。

- 改性沥青技术
  - 掺加改性剂
    - 改善力学性能
      - 高温稳定性、耐疲劳性、低温抗裂性 → 聚合物
        - 橡胶类:SBR、CR
        - 热塑性橡胶类:SBS
        - 热塑性树脂类:PE
    - 改善黏附性 → 抗剥离剂:有机胺、消石灰等
    - 耐老化性 → 抗老化剂:受阻胺等
  - 物理改性
    - 矿物填料:炭黑、硫磺、木质纤维等
    - 玻璃纤维格栅、塑料格栅、土工布等
    - 废橡胶粉
  - 调和沥青 → 掺加天然沥青(湖沥青、岩石沥青、海底沥青)
  - 沥青工艺 → 半氧化沥青、泡沫沥青等

图 3-16　改性沥青分类

3. 热塑性橡胶类改性沥青

具有树脂类与橡胶类特性,既能改善沥青高温稳定性又能有效改变低温抗裂及疲劳性能,主要产品有苯乙烯-丁二烯-苯乙烯嵌段共聚物(SBS)、苯乙烯-异戊二烯-苯乙烯(SIS)、苯乙烯-聚乙烯/丁基-聚乙烯(SE/BS)。其中,SBS 常用于路面沥青混合料,SIS 主要用于热熔黏结料,SE/BS 主要用于抗氧化、抗高温变形要求高的道路。SBS 是目前世界各国道路改性沥青使用最多的改性剂。SBS 改善了沥青温度敏感性,提高了低温韧性。

4. 掺加天然沥青的改性沥青

在沥青中可掺加天然沥青进行改性,如湖沥青、岩石沥青及海底沥青等。掺加岩石沥青的混合沥青具有抗剥离、耐久性好、抗老化和抗车辙的特点;掺加湖沥青后的混合沥青有良好的高温稳定性和低温抗裂性及耐久性;掺加海底沥青的混合沥青适用于重交通道路、机场跑道抗磨耗等道路,可降低工程造价。

(三)改性沥青的特点

(1)温差较大的地区有很好的耐高温、抗低温能力。

(2)有较好的抗车辙能力,其弹性和韧性好。

(3)提高了路面的抗疲劳能力,特别是在大流量、超载严重的公路上具有良好的应变能力,可减少路面的永久变形。

(4)黏结能力特别强,能明显改善路面遇水后的抗拉能力,并极大地改善了沥青的水稳定性。

(5)提高了路面的抗滑能力。

(6)增强了路面的承载能力。

(7)减少路面因紫外线辐射而导致的沥青老化现象。

(8)减少因车辆渗漏柴油、机油和汽油而造成的破坏。

(四)改性沥青的技术要求

道路改性沥青指的是聚合物改性沥青,技术要求见表 3-8。

表 3-8 聚合物改性沥青技术要求

指标	单位	SBS 类(Ⅰ类)				SBR 类(Ⅱ类)			EVA、PE 类(Ⅲ类)			
		Ⅰ-A	Ⅰ-B	Ⅰ-C	Ⅰ-D	Ⅱ-A	Ⅱ-B	Ⅱ-C	Ⅲ-A	Ⅲ-B	Ⅲ-C	Ⅲ-D
针入度(25 ℃,100 g,5 s)	0.1 mm	>100	80~100	60~80	30~60	>100	80~100	60~80	>80	60~80	40~60	30~40
针入度指数 PI≥		-1.2	-0.8	-0.4	0	-1.0	-0.8	-0.6	-1.0	-0.8	-0.6	-0.4
延度(5 ℃,5 mm/min)>	cm	50	40	30	20	60	50	40	—			
软化点 $T_{R\&B}$>	℃	45	50	55	60	45	48	50	48	52	56	40
运动黏度①(135 ℃)<	Pa·s	3										
闪点>	℃	230				230			230			
溶解度>	%	99				99			—			
弹性恢复(25 ℃)>	%	55	60	65	75	—			—			
黏韧性>	N·m	—				5			—			
韧性>	N·m	—				2.5			—			
储存稳定性②(离析,48 h 软化点差)<	℃	2.5				—			无改性剂明显析出、凝聚			
TFOT(或 RTFOT)后残留物												
质量变化<	%	±1.0										
针入度比(25 ℃)>	%	50	55	60	65	50	55	60	50	55	58	60
延度(5 ℃)>	cm	30	25	20	15	30	20	10	—			

注:①表中 135 ℃运动黏度可采用《公路工程沥青及沥青混合料试验规程》(JTG E20—2011)中的“沥青布氏旋转黏度试验方法(布洛克菲尔德黏度计法)”进行测定。若在不改变改性沥青物理力学性质并符合安全条件的温度下易于泵送和拌和,或经证明适当提高泵送和拌和温度时能保证改性沥青的质量,容易施工,或不要求测定。

②储存稳定性指标适用于工厂生产的成品改性沥青。现场制作的改性沥青对储存稳定性指标可不做要求,但必须在制作后,保持不间断地搅拌或泵送循环,保证使用前没有明显的离析。

检测项目一 聚合物改性沥青弹性恢复试验

1. 目的与适用范围

本试验适用于评价热塑性橡胶类聚合物改性沥青的弹性恢复性能,即测定用延度试验仪拉长一定长度后的可恢复变形的百分率。非经注明,试验温度为 25 ℃,拉伸速率为(5±0.25)cm/min。

2. 仪具与材料

(1)试模(见图 3-17):采用延度试验所用试模,但中间侧模是直侧模。

(2)水槽。

(3)延度仪。

(4)温度计。

(5)剪刀。

图 3-17　试模(二)

3. 试验步骤

(1)按标准延度试验方法浇灌改性沥青试样、制模,最后将试样在 25 ℃水槽中保温 1.5 h。

(2)将试样安装在滑板上,按延度试验方法以规定的 5 cm/min 的速率拉伸试样达(10±0.25)cm 时停止拉伸。

(3)拉伸一停止就立即用剪刀在中间将沥青试样剪断,保持试样在水中 1 h,并保持水温不变。注意在停止拉伸后至剪断试样之间不得有时间间歇,以免拉伸应力松弛。

(4)取下两个半截的回缩的沥青试样轻轻捋直,但不得施加拉力,移动滑板使改性沥青试样的尖端刚好接触,测量试件的残留长度 X。

4. 计算

按式(3-12)计算弹性恢复率:

$$D = \frac{10 - X}{10} \times 100\% \tag{3-12}$$

式中　D——试样的弹性恢复率;

X——试样的残留长度,cm。

七、煤沥青

煤沥青俗称柏油沥青,是由煤干馏得到的煤焦油再经蒸馏加工制成的沥青。路用煤沥青主要是高温煤焦油加工而得到的。

(一)煤沥青的化学组分和结构特点

煤沥青的组成主要是芳香族碳氢化合物及其氧、硫和氮衍生物的混合物。元素组成为 C、H、O、S 和 N。煤沥青化学组分的研究与石油沥青相似,采用溶解等方法将煤沥青分离为游离碳、硬树脂、软树脂和油分等 4 个组分。

1. 游离碳

游离碳又称自由碳,是高分子的有机化合物的固态碳质微粒,不溶于任何有机溶剂,只在高温情况下才溶解。煤沥青中的游离碳相当于石油沥青中的沥青质。游离碳增加,沥青的黏度和温度稳定性就提高,但其含量超出一定程度时,沥青的低温脆性随之增加。

2. 树脂

树脂分为硬树脂和软树脂,溶于氯仿,相当于石油沥青中的树脂。

3. 油分

油分是液态碳氢化合物,是结构最为简单的物质。油分中含有萘、蒽等。萘、蒽溶解于油分中,影响沥青低温变形能力。

煤沥青的胶体结构与石油沥青相似,也是一种复杂的胶体分散系。游离碳和硬树脂组成的胶体微粒作为分散相,油分为分散介质,软树脂吸附于固态分散胶粒周围,向外逐渐扩展,并且溶解在油分中,形成稳定的胶体结构。

(二)煤沥青的技术性质及技术要求

1.煤沥青的技术性质

煤沥青与石油沥青相比在技术性质上有下列差异。

1)温度稳定性较低

煤沥青是较粗的分散系,同时树脂的可溶性较高,所以热稳定性较低。在一定温度下,随着煤沥青的黏度降低,可减少可溶性树脂,增加油分含量。当煤沥青黏度升高时,粗分散相的游离碳含量增加,但不足以补偿同时发生的可溶树脂数量的变化带来的热稳定性的损失。

2)与矿质集料的黏附性较好

在煤沥青组成中含有较多数量的极性物质,它赋予煤沥青高的表面活性,因此煤沥青与矿质集料具有较好的黏附性。

3)气候稳定性较差

煤沥青化学组成中含有较高含量的不饱和芳香烃,这些化合物有相当大的化学潜能,它在空气中的氧、日光、温度和紫外线及大气降水的作用下,老化进程较石油沥青快。

2.煤沥青适用范围

(1)各种等级公路的各种基层上的透层,宜采用T-1级或T-2级,其他等级不符合喷洒要求时可适当稀释使用。

(2)三级及三级以下的公路铺筑表处或贯入式沥青路面,宜采用T-5级、T-6级或T-7级。

(3)与道路石油沥青、乳化沥青混合使用,以改善渗透性。

(4)道路用煤沥青严禁用于热拌热铺的沥青混合料,作其他用途时的储存温度宜为70~90 ℃。

3.煤沥青的技术要求

煤沥青在工程上根据其稠度可划分为软煤沥青及硬煤沥青两类。道路工程上主要应用软煤沥青,其技术要求见表3-9。

表3-9 道路工程用软煤沥青的技术要求

试验项目		T-1	T-2	T-3	T-4	T-5	T-6	T-7	T-8	T-9
标准黏度/s	$C_{30,5}$	5~25	26~70							
	$C_{30,10}$			5~25	26~50	51~120	121~200			
	$C_{50,10}$							10~75	76~200	
	$C_{60,10}$									35~65

续表 3-9

试验项目		T-1	T-2	T-3	T-4	T-5	T-6	T-7	T-8	T-9
蒸馏/%	170 ℃前	3	3	3	2	1.5	1.5	1.0	1.0	1.0
	270 ℃前	20	20	20	15	15	15	10	10	10
	300 ℃≤	15~35	15~35	30	30	25	25	20	20	15
300 ℃蒸馏残留物软化点(环球法)/℃		30~45	30~45	35~65	35~65	35~65	35~65	40~70	40~70	40~70
水分(%)<		1	1	1	1	1	0.5	0.5	0.5	0.5
萘含量(%)<		5	5	5	4	4	3.5	3	2	2
焦油含量(%)<		4	4	3	3	2.5	2.5	1.5	1.5	1.5
甲苯不溶物(%)<		20	20	20	20	20	20	20	20	20

任务二　沥青混合料

沥青混合料是由矿料(粗集料、细集料、矿粉)与沥青结合料(包括沥青、外掺剂、改性剂等)拌和而成的混合料。其中,矿料起骨架作用,沥青和填料起胶结和填充作用,是高等级公路最主要的路面材料,具有以下特点:

(1)具有良好的力学性能,路面平整无接缝,行车舒适。

(2)具有良好的抗滑性,路面有一定的粗糙度。

(3)便于分期修筑路面及再生利用。

(4)沥青混合料修成的路面,晴天无尘,雨天不泞,便于汽车高速行驶。

一、沥青混合料的分类

沥青混合料的分类方法取决于矿石混合料的级配、集料的公称最大粒径、沥青的种类及压实空隙率。

(一)按结合料类型分类

根据所使用的结合材料的不同,沥青混合料可分为石油沥青混合料和煤沥青混合料。

石油沥青混合料包括黏稠石油沥青混合料、乳化石油沥青混合料和液体石油沥青混合料。

(二)按矿料级配类型分类

按矿料级配类型分类,沥青混合料可分为连续级配沥青混合料和间断级配沥青混合料。

(三)按矿料级配组成及空隙率大小分类

1. 密级配沥青混合料

密级配沥青混合料是各种粒径的矿料,与沥青结合料拌和而成的,压实后剩余空隙率为3%~5%(行人道路为2%~6%,重载交通道路为4%~6%)的密实型沥青混凝土混合料(以AC表示)。

2. 开级配沥青混合料

开级配沥青混合料是矿料级配主要由粗集料嵌挤组成,细集料和填料较少,矿料相互分开,压实后空隙率大于18%的开式沥青混合料。

3. 半开级配沥青混合料

半开级配沥青混合料由适当比例的粗集料、细集料及少量填料(或不加填料)与沥青结合料拌和而成,压实后剩余空隙率在6%~12%的半开式沥青混合料,也称沥青碎石混合料(以AM表示)。

(四)按公称最大粒径分类

(1)特粗粒式沥青混合料:公称最大粒径大于或等于37.5 mm的沥青混合料。

(2)粗粒式沥青混合料:公称最大粒径大于或等于26.5 mm的沥青混合料。

(3)中粒式沥青混合料:公称最大粒径为16 mm或19 mm的沥青混合料。

(4)细粒式沥青混合料:公称最大粒径为9.5 mm或13.2 mm的沥青混合料。

(5)砂粒式沥青混合料:公称最大粒径小于或等于4.75 mm的沥青混合料。

各种类型沥青混合料压实成型后如图3-18所示。

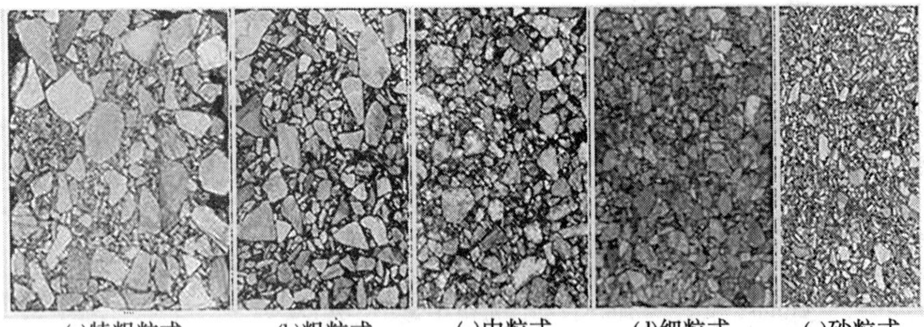

(a)特粗粒式　(b)粗粒式　(c)中粒式　(d)细粒式　(e)砂粒式

图3-18　按公称最大粒径分类的沥青混合料

(五)按施工温度分类

沥青混合料按拌制和摊铺温度分为以下3类。

1. 热拌热铺沥青混合料

热拌热铺沥青混合料简称热拌沥青混合料。沥青与矿料在热态拌和、热态铺筑的混合料。这种沥青混合料是长期延续下来的一种施工方式,属于主流技术,路用性能好。但是因其热拌温度高达160 ℃以上,故而易污染环境,能耗大,易老化。

2. 温拌沥青混合料

温拌沥青混合料是能在相对较低的温度下进行拌和及施工，同时保持其不低于热拌沥青混合料的使用性能的沥青混合料，该技术称为温拌沥青技术。这种沥青混合料比热拌沥青混合料温度低了 40 ℃多，起到了环保和节能的作用。但是该技术在我国还不够成熟。

3. 冷拌沥青混合料

冷拌沥青混合料也称常温沥青混合料，以乳化沥青或稀释沥青与矿料在常温状态下拌制、铺筑的混合料。该种沥青混合料拌和温度低、环保、节能且混合料能储存。但是这种类型混合料的路用性能相对于热拌沥青混合料、温拌沥青混合料要差。

二、沥青混合料的结构类型及其特点

沥青混合料组成结构

沥青混合料按其结构组成通常可分为以下 3 种组成方式。

(一)悬浮密实结构

连续密级配的沥青混合料，由于细集料的数量较多，粗集料被细集料挤开，如图 3-19(a)所示，粗集料以悬浮状态位于细集料之间。这种结构的沥青混合料的密实度较高、耐久性好、黏聚力也较高，但高温稳定性较差、内摩阻力小。按连续密级配原理设计的 AC 型沥青混合料是典型的悬浮密实结构。

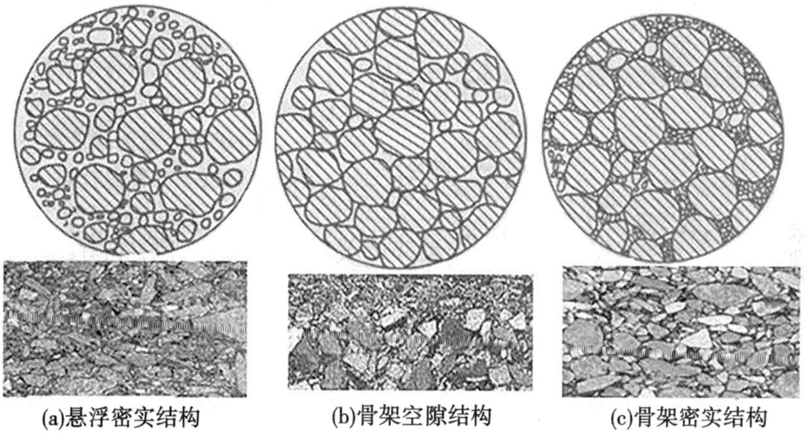

(a)悬浮密实结构　(b)骨架空隙结构　(c)骨架密实结构

图 3-19　沥青混合料典型组成结构

(二)骨架空隙结构

连续开级配的沥青混合料由于组成矿料的细集料的数量较少，粗集料占比高，粗集料间就能靠拢形成骨架。细集料少，不足以填充，故有较多的空隙，如图 3-19(b)所示。这种结构的沥青混合料的内摩阻力高，高温稳定性好，但黏聚力较低，耐久性差。

(三)骨架密实结构

间断密级配的沥青混合料，是上面两种结构形式的有机组合。它既有一定数量的粗集料形成骨架结构，又有足够的细集料填充到粗集料之间的空隙中去，如图 3-19(c)所示，这种结构兼具上述两种结构的优点，但施工和易性较差，是一种较理想的结构类型。

沥青玛琋脂碎石混合料(SMA)即是典型的骨架密实结构。

三、沥青混合料的强度理论

沥青混合料在路面结构中产生破坏的情况,主要是在高温时抗剪强度不足而发生破坏,一般采用库仑内摩擦理论分析。通过三轴剪切强度研究得出结论:沥青混合料的抗剪强度(τ)主要取决于沥青与矿料物理、化学交互作用而产生的黏聚力,以及矿料在沥青混合料中分散程度不同而产生的内摩阻角,用式(3-13)所示:

沥青用量对抗剪强度的影响

$$\tau = c + \sigma\tan\varphi \tag{3-13}$$

式中 τ——沥青混合料的抗剪强度,MPa;

c——沥青混合料黏聚力,MPa;

σ——试验时正应力,MPa;

φ——沥青混合料的内摩阻角,rad。

四、沥青混合料抗剪强度的影响因素

(一)沥青用量与矿粉比表面积的影响

在沥青混合料中,矿粉不仅起着填充和提高密实度的作用,在很大程度上对混合料的黏聚力也存在影响。在密实性的沥青混合料中,矿料的比表面积占总面积的80%以上,这使矿料与沥青的相互作用增强了,减薄了沥青薄膜厚度,沥青在矿料表面形成"结构沥青层",构成强度。沥青用量与矿粉比例是影响沥青混合料的重要因素。不同沥青用量所形成的沥青混合料结构见图3-20。

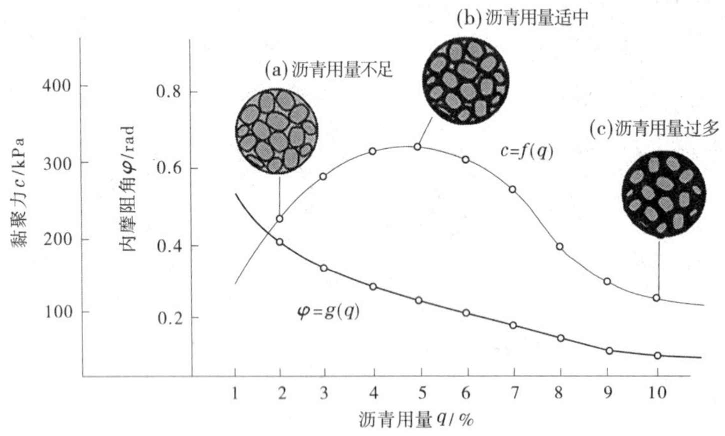

图3-20 沥青用量对沥青混合料 c、φ 值的影响

在沥青用量很少时,沥青不足以形成结构沥青薄膜来黏结矿料颗粒。随着沥青用量的增加,结构沥青逐渐形成,沥青与矿料间的黏聚力随着沥青的用量增加而增大。沥青用量足以形成薄膜并充分黏附矿粉颗粒表面,沥青胶浆具有最优的黏聚力。当沥青用量继续增加,沥青用量过多,逐渐将矿料颗粒推开时,在颗粒间形成未与矿粉交互作用的自由

沥青,则沥青胶浆的黏聚力随着自由沥青的增加而降低。当沥青用量增加至某一用量后,沥青混合料的黏聚力主要取决于自由沥青,随着沥青用量的增加,沥青不仅起着黏结剂的作用,而且起着润滑剂的作用,降低了沥青混合料的黏聚力。沥青用量越高,矿料间相互位移就会越容易,沥青混合料的内摩阻角就越小。

(二)沥青与矿料间相互作用的影响

在沥青混合料中,沥青与矿料相互作用后,沥青在矿料表面形成一层扩散结构膜[见图 3-21(a)],在此结构膜以内的沥青称为结构沥青,膜层较薄,黏度高,有较强的黏聚力;在此膜以外的沥青称为自由沥青。自由沥青未与矿料发生交互作用,保持了沥青的初始黏聚力。

矿粉颗粒间的接触处由结构沥青膜联结[见图 3-21(b)],沥青扩散溶剂膜与矿料接触面积大,颗粒间黏聚力就大。反之,矿粉颗粒间由自由沥青联结[见图 3-21(c)],溶剂膜与矿料接触面小,黏聚力就小。

沥青与矿料相互作用不仅与沥青的化学性质有关,而且与矿粉的性质有关。大量实践证明,碱性矿料与沥青拌和后沥青黏附性比酸性矿料好。在不同性质矿粉表面形成不同组成结构和厚度的吸附溶化膜,在石灰石粉表面形成较为发育的吸附溶化膜;而在石英石粉表面则形成发育较差的吸附溶化膜。所以,在沥青混合料中,当采用石灰石矿粉时,矿粉之间更有可能通过结构沥青来联结,因而具有较高的黏聚力。

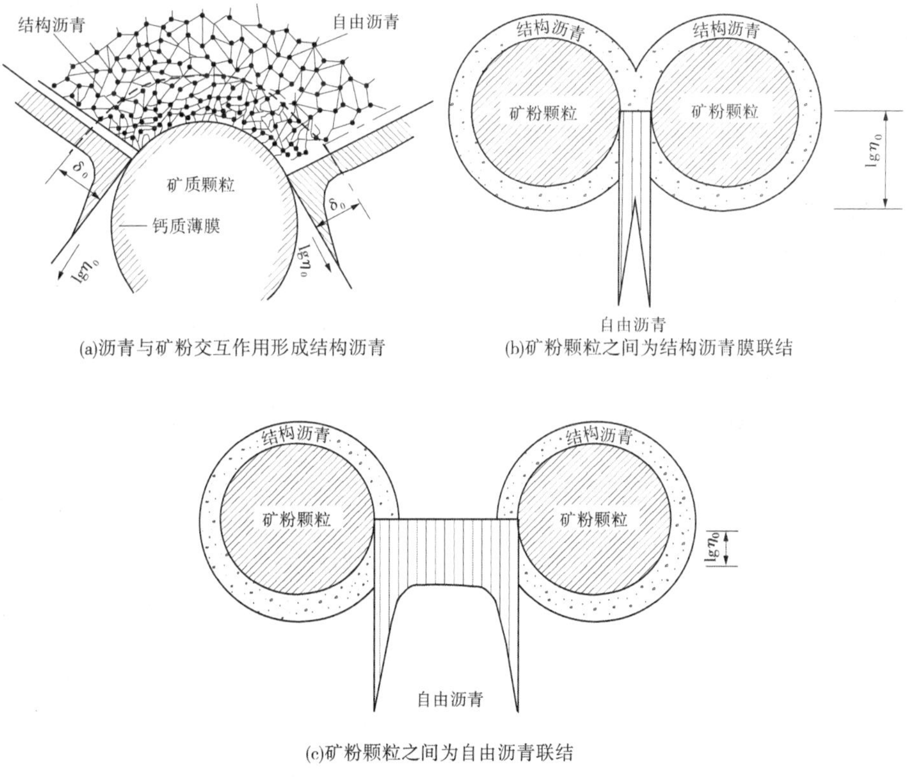

(a)沥青与矿粉交互作用形成结构沥青　(b)矿粉颗粒之间为结构沥青膜联结

(c)矿粉颗粒之间为自由沥青联结

图 3-21　沥青与矿料相互作用示意图

(三)沥青黏度对混合料的影响

沥青的黏度反映了沥青在外力作用下抵抗变形的能力,沥青黏度越大,混合料的黏聚力就越大,矿料的嵌挤作用就能得到保证,抗变形能力就强。所以,沥青的黏度影响混合料的抗剪强度。

(四)矿料级配类型及表面性质的影响

矿质集料的级配类型、颗粒形状和棱角、表面性质对沥青混合料都具有极为明显的影响。悬浮密实结构混合料的强度主要依赖于沥青与矿料的黏聚力和沥青的黏聚力,矿料颗粒间的内摩阻力相对较小;骨架空隙结构主要依赖矿料间嵌锁力,沥青的黏聚力只是辅助作用;骨架密实结构有粗集料的嵌锁骨架,也有很强的黏聚力。

矿料的颗粒形状及其粗糙度,在很大程度上将决定混合料压实后颗粒间相互位置的特性和颗粒接触有效面积的大小。有显著的面和棱角,各方向尺寸相差不大,近似正立方体且有明显细微凸出的粗糙表面的矿质集料,在碾压后能相互嵌锁而具有很大的内摩擦角。这种矿料所组成的沥青混合料具有较高的抗剪强度。

(五)温度及变形速率的影响

随着温度升高,沥青的黏聚力值减小,变形能力增强。温度降低,混合料黏聚力提高,强度增加,变形能力降低。但温度过低会使沥青混合料路面开裂。由于加荷频率高,可使沥青混合料产生过大的应力和塑性变形,弹性恢复很慢,产生不可恢复的永久变形。

沥青混合料的抗剪强度与变形速率的关系:在条件相同的情况下,黏聚力随变形速率增加而显著提高,内摩阻角随变形速率增加而减小。

五、沥青混合料的技术性质及技术标准

(一)沥青路面使用性能的气候分区

沥青混合料的技术性质与其所处环境有着密切的关系,故在选择沥青结合料等级、沥青混合料配合比设计和检验沥青混合料使用性能时应考虑沥青路面工程的环境因素[如能承受高温、低温、雨(雪)水的考验]。因此,应按照不同气候分区的特点对沥青混合料的技术性能提出相应要求。

1. 气候分区指标

1)气候分区的高温指标

采用最近30年内最热月的平均日最高气温的平均值作为反映高温和重载条件下出现车辙等流动变形的气候因子,并作为气候区划的一级指标。按照设计高温指标,一级区划分为3个区。

2)气候分区的低温指标

采用最近30年内的极端最低气温作为反映路面温缩裂缝的气候因子,并作为气候区划的二级指标。按照设计低温指标,二级区划分为4个区。

3)气候分区的雨量指标

采用最近30年内的年降水量的平均值作为反映沥青路面受雨(雪)水影响的气候因子,并作为气候区划的三级指标。按照设计雨量指标,三级区划分为4个区。

2. 气候分区的确定

沥青路面使用性能气候分区由一级、二级、三级区划组合而成，以综合反映该地区的气候特征，见表 3-10。每个气候分区用 3 个数字来表示：第一个数字代表高温分区，第二个数字代表低温分区，第三个数字代表雨量分区。数字越小表示气候因素对沥青路面的影响就越严重。如辽宁省沈阳市属于 2-2-2 分区，即夏热冬寒湿润区，对沥青混合料的低温抗裂及水稳定性要求较高。

表 3-10 沥青路面使用性能气候分区

气候分区指标		气候分区			
按高温指标	高温气候区	1	2	3	
	气候区名称	夏炎热区	夏热区	夏凉区	
	最热月平均最高气温/℃	>30	20~30	<20	
按低温指标	低温气候区	1	2	3	4
	气候区名称	冬严寒区	冬寒区	冬冷区	温区
	极端最低气温/℃	<-37.0	-37.0~-21.5	-21.5~-9.0	>-9.0
按雨量指标	雨量气候区	1	2	3	4
	气候区名称	潮湿区	湿润区	半干区	干旱区
	年降水量/mm	>1 000	500~1 000	250~500	<250

(二)沥青混合料路用性能

沥青混合料路用性能

1. 高温稳定性

沥青混合料的高温稳定性，是指沥青混合料在夏季高温(通常为 60 ℃)条件下，能够抵抗车辆反复作用，不产生显著永久变形，保证沥青路面平整的特性。

1)高温稳定性评价方法及指标

沥青混合料在长期高温及长时间荷载作用下会使路面出现车辙、拥包、波浪等破坏，所以《公路沥青路面施工技术规范》(JTG F40—2004)规定，采用马歇尔稳定度试验来评价沥青混合料高温稳定性。高速公路、一级公路等还通过车辙试验检测其抗车辙能力。

(1)马歇尔稳定度试验。

马歇尔稳定度试验用于测定沥青混合料试件的破坏荷载和变形能力，即测定出稳定度及流值两项指标。将沥青混合料制成直径为(101.6±0.25)mm、高为(63.5±1.3)mm 的圆柱体试件，将试件置于马歇尔稳定度试验仪上，在规定的条件下测定其稳定度和流值。

马歇尔稳定度是按规定条件采用马歇尔试验仪测定沥青混合料所能承受的最大荷载，以 kN 计；流值是沥青混合料在马歇尔试验时相应于最大荷载时试件的竖向变形，以 mm 计。

马歇尔稳定度和流值是我国沥青路面工程中控制施工质量的重要项目，也是进行沥青混合料配合比设计的主要指标。对于某些沥青混合料，即使马歇尔稳定度、流值的指标都满足技术要求,但实际中也会出现路面被破坏的现象,如车辙的出现。所以,还需采用其他试验对沥青混合料的抗车辙能力进行评价。

(2)车辙试验。

车辙试验是一种模拟车轮在路面上滚动形成车辙的工程试验方法。我国车辙试验是用标准成型方法将沥青混合料制成 300 mm×300 mm×50 mm 的试件,在标准试验条件下,车轮沿着试件表面同一轨迹反复行走,测试试件表面在试验车轮反复作用下形成的车辙深度,以产生 1 mm 车辙变形所需行走次数即动稳定度,来评价沥青混合料的抗车辙能力。

车辙试验(一)

《公路沥青路面施工技术规范》(JTG F40—2004)规定,高速公路、一级公路及主干道路沥青路面上面层和中面层所使用沥青混合料,经过马歇尔配合比设计时,须采用车辙试验检验其抗车辙能力。不满足要求时需调整矿料级配或沥青用量,重新设计配合比。

车辙试验(二)

2)高温稳定性影响因素

矿料级配、矿料的尺寸及形状、沥青用量、沥青黏度都是影响沥青混合料高温稳定性的因素。需提高沥青混合料的黏聚力和内摩阻角来提高其高温稳定性。增加粗粒径矿料的含量以提高沥青混合料的内摩阻力;提高沥青黏度,控制沥青和矿料的比值,严格控制沥青用量,可改善混合料的黏聚力。

检测项目一　沥青混合料马歇尔试件制作方法(击实法)

1. 目的与适用范围

(1)本方法适用于标准击实法或大型击实法制作沥青混合料试件,以供试验室进行沥青混合料物理力学性质试验使用。

(2)标准击实法适用于马歇尔试验、间接抗拉试验(劈裂法)等所使用的 ϕ 101.6 mm×63.5 mm 圆柱体试件的成型。大型击实法适用于 ϕ 152.4 mm×95.3 mm 的大型圆柱体试件的成型。

马歇尔试件制备

(3)沥青混合料试件制作时的矿料规格及试件数量应符合如下规定:

①当集料公称最大粒径小于或等于 26.5 mm 时,采用标准击实法。一组试件的数量不少于 4 个。

②当集料公称最大粒径大于 26.5 mm 时,宜采用大型击实法。一组试件的数量不少于 6 个。

2. 仪具与材料

马歇尔试件制作所需仪器见图 3-22。

马歇尔试件成型

(1)自动击实仪:击实仪应具有自动计数、控制仪表、按钮设置、复位及暂停等功能。按用途分为以下两种:

①标准击实仪:由击实锤、ϕ(98.5±0.5)mm 平圆形压实头及带手柄的导向棒组成。用机械将压实锤提升,从(457.2±1.5)mm 高度沿导向棒自由落下连续击实,标准击实锤质量为(4 536±9)g。

②大型击实仪:由击实锤、ϕ(149.4±0.1)mm 平圆形压实头及带手柄的导向棒组成。

用机械将压实锤提升,从(457.2±2.5)mm高度沿导向棒自由落下击实,大型击实锤质量为(10 210±10)g。

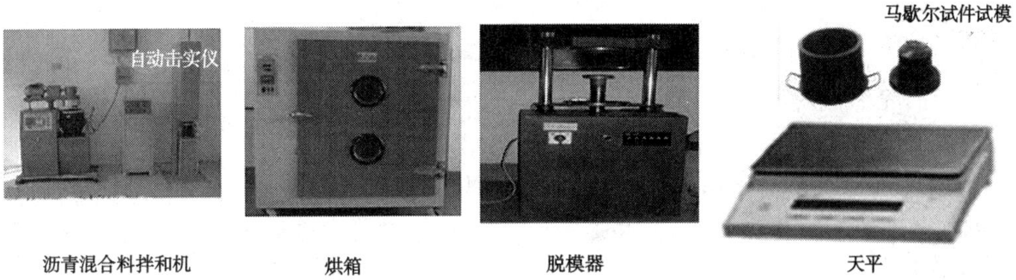

图3-22 马歇尔试件制作所需仪器

(2)试验室用沥青混合料拌和机:能保证拌和温度并充分拌和均匀,可控制拌和时间,容量不小于10 L。搅拌叶自转速度70~80 r/min,公转速度40~50 r/min。

(3)脱模器:电动或手动,应无破损地推出圆柱体试件,备有标准试件及大型试件尺寸的推出环。

(4)试模:由高碳钢或工具钢制成,几何尺寸如下:

①标准击实仪试模的内径(101.6±0.2)mm,圆柱形金属筒高87 mm、底座直径约120.6 mm,套筒内径104.8 mm、高70 mm。

②大型击实仪试模与套筒尺寸如图3-23所示。套筒外径165.1 mm,内径(155.6±0.3)mm,总高83 mm。试模内径(152.4±0.2)mm,总高115 mm,底座板厚12.7 mm,直径172 mm。

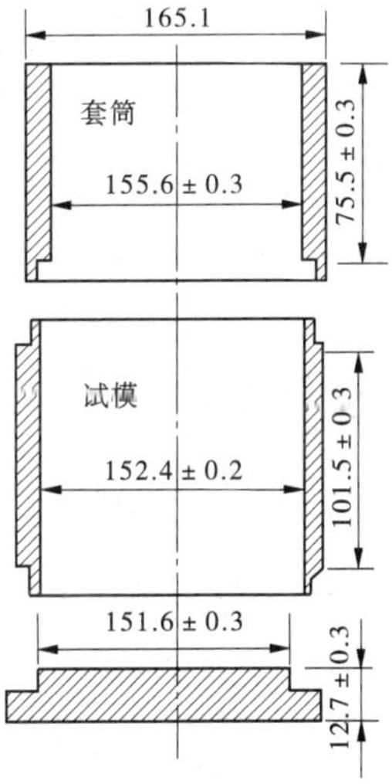

图3-23 大型圆柱体试件试模与套筒尺寸 (单位:mm)

(5)烘箱:大型、中型各1台,应有温度调节器。

(6)天平或电子秤:用于称量矿料的,感量不大于0.5 g;用于称量沥青的,感量不大于0.1 g。

(7)布洛克菲尔德黏度计。

(8)插刀或大螺丝刀。

(9)温度计:分度值 1 ℃。宜采用有金属插杆的数显温度计,金属插杆的长度不小于 150 mm。量程 0~300 ℃。

(10)其他:电炉或煤气炉、沥青熔化锅、拌和铲、标准筛、滤纸(或普通纸)、胶布、卡尺、秒表、粉笔、棉纱等。

3. 准备工作

1)确定制作沥青混合料试件的拌和温度与压实温度

(1)测定沥青的黏度,绘制黏温曲线。按表 3-11 的要求确定适宜于沥青混合料拌和及压实的沥青等黏温度。

表 3-11　沥青混合料拌和及压实的沥青等黏温度

沥青混合料种类	黏度与测定方法	适宜于拌和的沥青混合料黏度	适宜于压实的沥青混合料黏度
石油沥青	表观黏度	(0.17±0.02)Pa·s	(0.28±0.03)Pa·s

注:液体沥青混合料的压实成型温度按石油沥青要求执行。

(2)当缺乏沥青黏度测定条件时,试件的拌和与压实温度可按表 3-12 选用,并根据沥青品种和标号做适当调整。针入度小、稠度大的取沥青高限;针入度大、稠度小的沥青取低限;一般取中值。

表 3-12　沥青混合料拌和及压实温度参考

沥青混合料种类	拌和温度/℃	压实温度/℃
石油沥青	130~160	120~150
改性沥青	160~175	140~170

(3)对于改性沥青,应根据实践经验、改性剂的品种和用量,适当提高混合料的拌和温度和压实温度;对大部分聚合物改性沥青,通常在普通沥青的基础上提高 10~20 ℃;掺加纤维时,尚需再提高 10 ℃左右。

(4)常温沥青混合料的拌和及压实在常温下进行。

2)沥青混合料试件的制作条件

(1)在拌和厂或施工现场采集沥青混合料试样。按相关规范规定的沥青混合料取样方法取样,将试样置于烘箱中加热或保温,在混合料中插入温度计测量温度,待混合料温度符合要求后成型。需要适当拌和时可倒入已加热的小型沥青混合料拌和机中适当拌和,时间不超过 1 min。但不得用铁锅在电炉或明火上加热炒拌。

(2)在试验室人工配制沥青混合料时,材料准备按下列步骤进行:

①将各种规格的矿料置于(105±5)℃的烘箱中烘干至恒重(一般不少于 4~6 h)。

②将烘干分级的粗集料、细集料,按每个试件设计级配要求称其质量,在一金属盘中混合均匀,矿粉单独放入小盆里;然后置于烘箱中预热至沥青拌和温度以上约 15 ℃(采用石油沥青时通常为 163 ℃;采用改性沥青时通常需 180 ℃)备用。一般按一组试件(每组 4~6 个)备料,但进行配合比设计时宜对每个试件分别备料。常温沥青混合料的矿料

不应加热。

③将按相关规范规定的要求采集的沥青试样，用烘箱加热至规定的沥青混合料拌和温度，但不得超过 175 ℃。当不得已采用燃气炉或电炉直接加热进行脱水时，必须使用石棉垫隔开。

4. 拌制沥青混合料

(1) 黏稠石油沥青混合料。

①将沥青混合料拌和机预热至拌和温度以上 10 ℃左右。

②用蘸有少许黄油的棉纱擦净试模、套筒及击实座等，置 100 ℃左右的烘箱中加热 1 h 备用。常温沥青混合料用试模不加热。

③将加热的粗集料、细集料置于拌和机中，用小铲子适当混合，然后加入需要数量的已加热至拌和温度的沥青(如沥青已称量在一专用容器内，可在倒掉沥青后用一部分热矿粉将粘在容器壁上的沥青擦拭干净，一起倒入拌和机中)，开动拌和机，一边搅拌一边将拌和叶片插入混合料中拌和 1~1.5 min；然后暂停拌和，加入加热的矿粉，继续拌和至均匀，并使沥青混合料保持在要求的拌和温度范围内。标准的总拌和时间为 3 min。

(2) 液体石油沥青混合料：将每组(或每个)试件的矿料置于已加热至 55~100 ℃的沥青混合料拌和机中，注入要求数量的液体沥青，并将混合料边加热边拌和，使液体沥青中的溶剂挥发至 50%以下。拌和时间应事先试拌决定。

(3) 乳化沥青混合料：将每个试件的粗集料、细集料置于沥青混合料拌和机中(不加热，也可用人工炒拌)；注入计算的用水量(阴离子型乳化沥青不加水)后，拌和均匀并使矿料表面完全湿润；再注入设计的沥青乳液用量，在 1 min 内使混合料拌匀，然后加入矿粉后迅速拌和，直到使混合料拌成褐色。

5. 成型方法

(1) 击实法的成型步骤如下。

①将拌好的沥青混合料，用小铲适当拌和均匀，称取一个试件所需的用量(标准马歇尔试件约 1 200 g，大型马歇尔试件约 4 050 g)。当已知沥青混合料的密度时，可根据试件的标准尺寸计算并乘以 1.03 得到要求的混合料数量。当一次拌和几个试件时，宜将其倒入经预热的金属盘中，用小铲适当拌和均匀分成几份，分别取用。在试件制作过程中，为防止混合料温度下降，应连盘放在烘箱中保温。

②从烘箱中取出预热的试模及套筒，用蘸有少许黄油的棉纱擦拭套筒、底座及击实锤底面。将试模装在底座上，放一张圆形的吸油性小的纸，用小铲将混合料铲入试模中，用插刀或大螺丝刀沿周边插捣 15 次，中间 10 次。插捣后将沥青混合料表面整平。对大型马歇尔试件，混合料分两次加入，每次插捣次数同上。

③插入温度计，至混合料中心附近，检查混合料温度。

④待混合料温度符合要求的压实温度后，将试模连同底座一起放在击实台上固定，在装好的混合料上面垫一张吸油性小的圆纸，再将装有击实锤及导向棒的压实头放入试模中。开启电动机使击实锤从 457 mm 的高度自由落下击实规定的次数(75 次或 50 次)。对大型试件，击实次数为 75 次(相应于标准击实 50 次)或 112 次(相应于标准击实 75 次的情况)。

⑤试件击实一面后，取下套筒，将试模翻面，装上套筒，然后以同样的方法和次数击实

另一面。

乳化沥青混合料试件在两面击实后，将一组试件在室温下横向放置 24 h；另一组试件置于温度为(105±5)℃的烘箱中养护 24 h。将养护试件取出后再立即两面锤击各 25 次。

⑥试件击实结束后，立即用镊子取掉上下面的纸，用卡尺量取试件离试模上口的高度并由此计算试件高度，如高度不符合要求，试件应作废，并按式(3-14)调整试件的混合料质量，以保证高度符合(63.5±1.3)mm(标准试件)或(95.3±2.5)mm(大型试件)的要求。

$$\text{调整后混合料质量} = \frac{\text{要求试件高度} \times \text{原用混合料质量}}{\text{所得试件的高度}} \tag{3-14}$$

(2)卸去套筒和底座，将装有试件的试模横向放置冷却至室温后(不少于 12 h)，在脱模机上脱出试件。用作现场马歇尔指标检验的试件，在施工质量检验过程中如急需试验，允许采用电风扇吹冷 1 h 或浸水冷却 3 min 以上的方法脱模，但浸水脱模法不能用于测量密度、空隙率等各项物理指标。

(3)将试件仔细地置于干燥洁净的平面上，供试验用。

检测项目二 沥青混合料马歇尔稳定度试验

1. 目的与适用范围

(1)本方法适用于马歇尔稳定度试验和浸水马歇尔稳定度试验，以进行沥青混合料的配合比设计或沥青路面施工质量检验。浸水马歇尔稳定度试验(根据需要，也可进行真空饱水马歇尔试验)供检验沥青混合料受水损害时抵抗剥落的能力时使用，通过测试其水稳定性，检验配合比设计的可行性。

(2)本方法适用于成型的标准马歇尔试件圆柱体和大型马歇尔试件圆柱体。

2. 仪具与材料

(1)沥青混合料马歇尔试验仪：如图 3-24 所示，分为自动马歇尔试验仪和手动马歇尔试验仪。自动马歇尔试验仪应具备控制装置、记录荷载–位移曲线、自动测定荷载与试件的垂直变形，能自动显示和存储或打印试验结果的功能。手动马歇尔试验仪由人工操作，试验数据通过操作者目测后读取。对于高速公路和一级公路沥青混合料宜采用自动马歇尔试验仪。

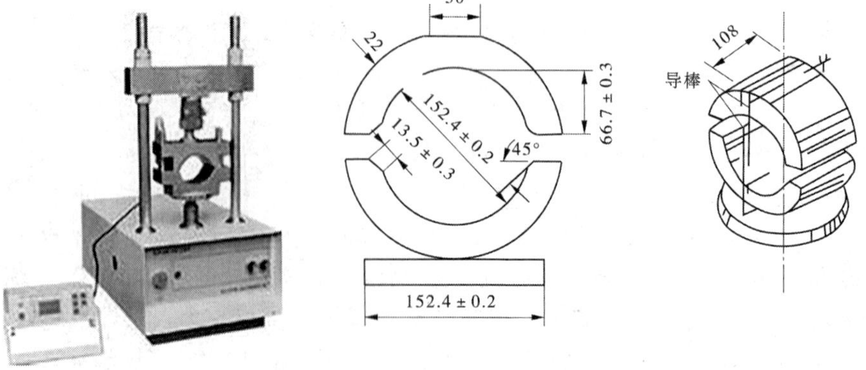

图 3-24 马歇尔试验仪与大型马歇尔试件的压头 (单位：mm)

①当集料公称最大粒径小于或等于 26.5 mm 时，宜采用 ϕ 101.6 mm×63.5 mm 的标准马歇尔试件，试验仪最大荷载不得小于 25 kN，读数精确至 0.1 kN，加载速度应能保持(50±5)mm/min。钢球直径(16±0.05)mm，上下压头曲率半径为(50.5±0.08)mm。

②当集料公称最大粒径大于 26.5 mm 时，宜采用 ϕ 152.4 mm×95.3 mm 的大型马歇尔试件，试验仪最大荷载不得小于 50 kN，读数精确至 0.1 kN。上下压头的曲率内径为(152.4±0.2) mm，上下压头间距(19.05±0.1)mm。大型马歇尔试件的压头尺寸如图 3-24 所示。

(2)恒温水槽：控温准确度为 1 ℃，深度不小于 150 mm。

(3)真空饱水容器：包括真空泵及真空干燥器。

(4)烘箱。

(5)天平：感量不大于 0.1 g。

(6)温度计：分度为 1 ℃。

(7)卡尺。

(8)其他：棉纱、黄油。

3. 标准马歇尔试验方法

1)准备工作

(1)按标准击实法成型马歇尔试件，标准马歇尔试件尺寸应符合直径(101.6±0.2) mm、高(63.5±1.3)mm 的要求。对于大型马歇尔试件，尺寸应符合直径(152.4±0.2) mm、高(95.3±2.5)mm 的要求。一组试件的数量不得少于 4 个，并符合相关规范的规定。

(2)量测试件的直径及高度：用卡尺测量试件中部的直径，用马歇尔试件高度测定器或用卡尺在十字对称的 4 个方向量测离试件边缘 10 mm 处的高度，准确至 0.1 mm，并以其平均值作为试件的高度。如试件高度不符合(63.5±1.3)mm 或(95.3±2.5)mm 要求，或两侧高度差大于 2 mm，此试件应作废。

(3)按相关规程规定的方法测定试件的密度，并计算空隙率、沥青体积百分率、沥青饱和度、矿料间隙率等体积指标。

(4)将恒温水槽调节至要求的试验温度，对黏稠石油沥青或烘箱养护过的乳化沥青混合料为(60±1)℃，对煤沥青混合料为(33.8±1)℃，对空气养护的乳化沥青或液体沥青混合料为(25±1)℃。

2)试验步骤

(1)将试件置于已达规定温度的恒温水槽中保温，保温时间对标准马歇尔试件需 30~40 min，对大型马歇尔试件需 45~60 min。试件之间应有间隔，底下应垫起，距水槽底部不小于 5 cm。

(2)将马歇尔试验仪的上下压头放入水槽或烘箱中达到同样温度，然后将上下压头从水槽或烘箱中取出擦拭干净内面。为使上下压头滑动自如，可在下压头的导棒上涂少量黄油，再将试件取出置于下压头上，盖上上压头，然后装在加载设备上。

(3)在上压头的球座上放妥钢球，并对准荷载测定装置的压头。

(4)当采用自动马歇尔试验仪时，将自动马歇尔试验仪的压力传感器、位移传感器与计算机或 X-Y 记录仪正确连接，调整好适宜的放大比例，压力传感器和位移传感器调零。

(5)当采用压力环和流值计时,将流值计安装在导棒上,使导向套管轻轻地压住上压头,同时将流值计读数调零。调整压力环中百分表,对零。

(6)启动加载设备,使试件承受荷载,加载速度为(50±5)mm/min。计算机或 *X-Y* 记录仪自动记录传感器压力和试件变形曲线并将数据自动存入计算机。

(7)当试验荷载达到最大值的瞬间,取下流值计,同时读取压力环中百分表读数及流值计的读数。

(8)从恒温水槽中取出试件至测出最大荷载值的时间,不得超过 30 s。

3)浸水马歇尔试验方法

浸水马歇尔试验方法与标准马歇尔试验方法的不同之处在于,试件在已达规定温度的恒温水槽中的保温时间为 48 h,其余步骤均与标准马歇尔试验方法相同。

4)计算

(1)试件的稳定度及流值。

①当采用自动马歇尔试验仪时,将计算机采集的数据绘制成压力和试件变形曲线,或由 *X-Y* 记录仪自动记录的荷载-变形曲线,按图 3-25 所示的方法在切线方向延长曲线与横坐标相交于 O_1,将 O_1 作为修正原点,从 O_1 起量取相应于荷载最大值时的变形作为流值(FL),以 mm 计,准确至 0.1 mm。最大荷载即为稳定度(MS),以 kN 计,精确至 0.01 kN。

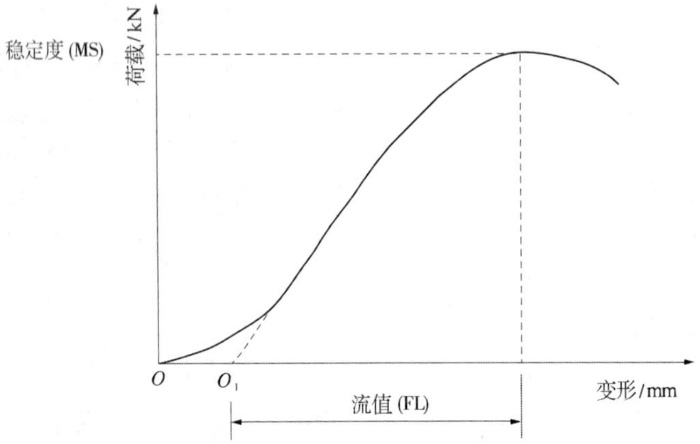

图 3-25　马歇尔试验结果的修正方法

②采用压力环和流值计测定时,根据压力环标定曲线,将压力环中百分表的读数换算为荷载值,或者由荷载测定装置读取的最大值即为试件的稳定度(MS),以 kN 计,准确至 0.01 kN。由流值计及位移传感器测定装置读取的试件垂直变形,即为试件的流值(FL),以 mm 计,准确至 0.1 mm。

(2)试件的马歇尔模数按式(3-15)计算。

$$T=\frac{\mathrm{MS}}{\mathrm{FL}} \tag{3-15}$$

式中　*T*——试件的马歇尔模数,kN/mm;

MS——试件的稳定度,kN;

FL——试件的流值,mm。

(3)试件的浸水残留稳定度按式(3-16)计算。

$$MS_0 = \frac{MS_1}{MS} \times 100\% \qquad (3\text{-}16)$$

式中　MS_0——试件的浸水残留稳定度(%);

MS_1——试件浸水48 h后的稳定度,kN。

4. 报告

当一组测定值中某个测定值与平均值之差大于标准差的 k 倍时,该测定值应予舍弃,并以其余测定值的平均值作为试验结果。当试件数 n 为3、4、5、6时,k 值分别为1.15、1.46、1.67、1.82。

检测项目三　车辙试验试件制备(轮碾法)

1. 目的与适用范围

(1)本方法规定了在试验室用轮碾法制作沥青混合料试件的方法,以供进行沥青混合料物理力学性质试验时使用。

(2)轮碾法适用于长300 mm、宽300 mm、厚50~100 mm板块状试件的成型,此试件可用切割机切制成棱柱体试件或在试验室用芯样钻机钻取试样。成型试件的密度应符合马歇尔标准击实试样密度(100±1)%的要求。

(3)沥青混合料试件制作时的试件厚度可根据集料粒径大小及工程需要选择。对于集料公称最大粒径小于或等于19 mm的沥青混合料,宜采用长300 mm、宽300 mm、厚50 mm的板块试模成型;对于集料公称最大粒径大于或等于26.5 mm的沥青混合料,宜采用长300 mm、宽300 mm、厚80~100 mm的板块试模成型。

2. 仪具与材料

(1)轮碾成型机:如图3-26所示,具有与钢筒式压路机相似的圆弧形碾压轮,轮宽300 mm,压实线荷载为300 N/cm,碾压行程等于试件长度,经碾压后的板块状试件可达到马歇尔试验标准击实密度的(100±1)%。

图3-26　轮碾成型机及车辙试模

(2)试验室用沥青混合料拌和机：能保证拌和温度并充分拌和均匀，可控制拌和时间，宜采用容量大于30 L的大型沥青混合料拌和机，也可采用容量大于10 L的小型拌和机。

(3)试模：由高碳钢或工具钢制成，试模尺寸应保证成型后符合要求试件尺寸的规定。试验室制作车辙试验板块状试件的标准试模如图3-26所示，内部平面尺寸为长300 mm、宽300 mm、厚50~100 mm。

(4)烘箱：大型、中型各一台，装有温度调节器。

(5)台秤、天平或电子秤：称量5 kg以上的，感量不大于1 g；称量5 kg以下时，用于称量矿料的感量不大于0.5 g，用于称量沥青的感量不大于0.1 g。

(6)沥青黏度测定设备：布洛克菲尔德黏度计、真空减压毛细管。

(7)小型击实锤：钢制端部断面80 mm×80 mm，厚10 mm，带手柄，总质量0.5 kg左右。

(8)温度计：分度为1 ℃。宜采用有金属插杆的插入式数显温度计，金属插杆的长度不小于150 mm，量程0~300 ℃。

(9)其他：电炉或煤气炉、沥青熔化锅、拌和铲、标准筛、滤纸、胶布、卡尺、秒表、粉笔、垫木、棉纱等。

3. 准备工作

(1)按相关规程规定的制作沥青混合料的方法决定制作沥青混合料试件的拌和与压实温度。常温沥青混合料的拌和及压实在常温下进行。

(2)在拌和厂或施工现场采取代表性的沥青混合料，如混合料温度符合要求，可直接用于成型。在试验室人工配制沥青混合料时，按相关规程规定制备沥青混合料的方法准备矿料及沥青。常温沥青混合料的矿料不加热。

(3)将金属试模及小型击实锤等置于100 ℃左右烘箱中加热1 h备用。常温沥青混合料用试模不加热。

(4)按相关规程规定的方法拌制沥青混合料。当采用大容量沥青混合料拌和机时宜全量一次拌和；当采用小型混合料拌和机时，可分两次拌和。混合料质量及各种材料数量由块状试件的体积按马歇尔标准击实密度乘以1.03的系数求得。常温沥青混合料的矿料不加热。

4. 轮碾成型方法

1)在试验室用轮碾成型机制备试件

试件尺寸通常为长300 mm、宽300 mm、厚50~100 mm。试件的厚度可根据集料粒径大小选择，同时根据需要也可采用其他尺寸，但混合料一层碾压的厚度不得超过100 mm。

(1)将预热的试模从烘箱中取出，装上试模框架；在试模中铺一张裁好的普通纸(可用报纸)，使底面及侧面均被纸隔离，将拌和好的全部沥青混合料(注意不得散失，分两次拌和的应倒在一起)，用小铲稍加拌和后均匀地沿试模由边至中按顺序转圈装入试模，中部要略高于四周。

(2)取下试模框架，用预热的小型击实锤由边至中转圈夯实一遍，整平成凸圆弧形。

(3)插入温度计，待混合料达到规定的压实温度(为使冷却均匀，试模底下可用垫木支起)时，在表面铺一张裁好尺寸的普通纸。

(4)成型前将碾压轮预热至100 ℃左右。然后，将盛有沥青混合料的试模置于轮碾机的平台上，轻轻放下碾压轮，调整总荷载为 9 kN(线荷载 300 N/cm)。

(5)启动轮碾机，先在一个方向碾压 2 个往返(4 次)；卸荷，再抬起碾压轮，将试件调转方向；再加相同荷载碾压至马歇尔标准密实度(100±1)%。试件正式压实前，应经试压，测定密度后，确定试件碾压次数。对普通沥青混合料，一般 12 个往返(24 次)左右可达到要求(试件厚度为 50 mm)。

(6)压实成型后，揭去表面的纸，用粉笔在试件表面标明碾压方向。

(7)盛有压实试件的试模，置室温下冷却，至少 12 h 后方可脱模。

2)在工地制备试件

(1)按规定采取代表性的沥青混合料样品，数量需多于 3 个试件的需要量。

(2)按试验室方法称取一个试样混合料数量装入符合要求尺寸的试模中，用小锤均匀击实。试模应不妨碍碾压成型。

(3)碾压成型：在工地上，可用小型振动压路机或其他适宜的压路机碾压，在规定的压实温度下，每一遍碾压 3~4 s，约 25 次往返，使沥青混合料压实密度达到马歇尔标准密度(100±1)%。

(4)如将工地取样的沥青混合料送往试验室成型时，混合料必须放在保温桶内，不使温度下降，且在抵达试验室后立即成型，如温度低于要求可适当加热至压实温度后，用轮碾成型机成型。如是完全冷却后经二次加热重塑成型的试件，必须在试验报告中注明。

检测项目四　沥青混合料车辙试验

1. 目的与适用范围

(1)本方法适用于测定沥青混合料的高温抗车辙能力，供沥青混合料配合比设计的高温稳定性检验使用，也可用于现场沥青混合料的高温稳定性检验。

(2)车辙试验的试验温度与轮压(试验轮与试件的接触压强)可根据有关规定和需要选用，非经注明，试验温度为 60 ℃，轮压为 0.7 MPa。根据需要，如在寒冷地区也可采用 45 ℃，在高温条件下采用 70 ℃，对重载交通的轮压可增加至 1.4 MPa，但应在报告中注明。计算动稳定度的时间原则上为试验开始后 45~60 min。

(3)本方法适用于用轮碾成型机碾压成型的长 300 mm、宽 300 mm、厚 50~100 mm 的板块状试件，切割试件的尺寸根据现场面层的实际情况由试验确定。

2. 仪具与材料

(1)车辙试验机：如图 3-27 所示，主要由下列部分组成。

①试件台：可牢固地安装两种宽度(300 mm 及 150 mm)的规定尺寸试件的试模。

②试验轮：橡胶制的实心轮胎，外径 200 mm，轮宽 50 mm，橡胶层厚 15 mm。橡胶硬度(国际标准硬度)20 ℃时为(84±4)，60 ℃时为(78±2)。试验轮行走距离为(230±10) mm，往返碾压速度为(42±1)次/min(21 次往返/min)。允许采用曲柄连杆驱动加载轮往返运行方式。

注：轮胎橡胶硬度应注意检验，不符合要求者应及时更换。

③加载装置：通常情况下试验轮与试件的接触压强在 60 ℃时为(0.7±0.05)MPa，施加的总荷重为 780 N 左右，根据需要可以调整接触压强大小。

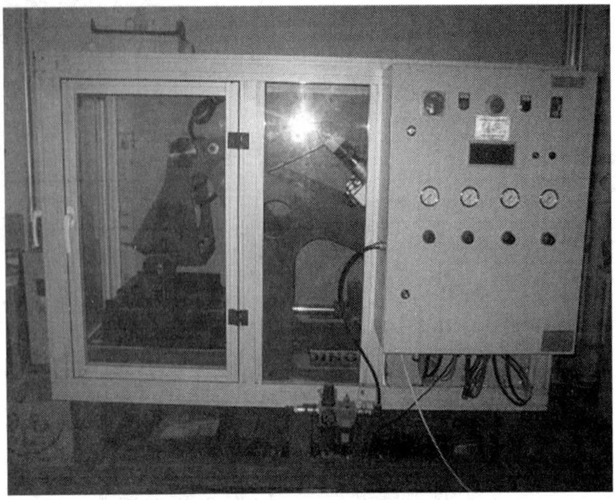

图 3-27 车辙试验机

④试模:由钢板制成,由底板及侧板组成,试模内侧尺寸宜采用长 300 mm、宽 300 mm、厚 50~100 mm,也可根据需要对厚度进行调整。

⑤试件变形测量装置:自动采集车辙变形并记录曲线的装置,通常用位移传感器 LVDT 或非接触位移计。位移测量范围 0~130 mm,精度±0.01 mm。

⑥温度检测装置:自动检测并记录试件表面及恒温室内温度的温度传感器,精度±0.5 ℃。温度应能自动连续记录。

(2)恒温室:应具有足够的空间。车辙试验机必须整机安放在恒温室内,装有加热器、气流循环装置及自动温度控制设备,同时恒温室还应有至少能保温 3 块试件并进行试验的条件。保持恒温室温度(60±1)℃[试件内部温度(60±0.5)℃],根据需要亦可采用其他试验温度。

(3)台秤:称量 15 kg,感量不大于 5 g。

3. 方法与步骤

1)准备工作

(1)试验轮接地压强测定:测定在 60 ℃时进行,在试验台上放置一块 50 mm 厚的钢板,其上铺一张毫米方格纸,上铺一张新的复写纸,以规定的 700 N 荷载后试验轮静压复写纸,即可在方格纸上得出轮压面积,并由此求得接地压强。当压强不符合(0.7±0.05)MPa 时,荷载应予适当调整。

(2)用轮碾成型法制作车辙试验试块。在试验室或工地制备成型的车辙试件,板块状试件尺寸为长 300 mm、宽 300 mm、厚 50~100 mm(厚度根据需要确定),也可从路面切割得到需要尺寸的试件。

(3)当直接在拌和厂取拌和好的沥青混合料样品制作车辙试件检验生产配合比设计或混合料生产质量时,必须将混合料装入保温桶中,在温度下降至成型温度之前迅速送达试验室制作试件,如果温度稍有不足,可放在烘箱中稍加热(时间不超过 30 min)后成型,但不得将混合料放冷却后二次加热重塑制作试件。重塑制件的试验结果仅供参考,不得用于评定配合比设计检验是否合格的标准。

(4)如需要，将试件脱模按相关规程规定的方法测定密度及空隙率等各项物理指标。

(5)试件成型后，连同试模一起在常温条件下放置的时间不得少于 12 h。对聚合物改性沥青混合料，放置的时间以 48 h 为宜，使聚合物改性沥青充分固化后方可进行车辙试验，但室温放置时间也不得长于一周。

注：为使试件与试模紧密接触，应保持四边的方向位置不变。

2)试验步骤

(1)将试件连同试模一起，置于已达到试验温度(60±1)℃的恒温室中，保温不少于 5 h，也不得多于 12 h。在试件的试验轮不行走的部位上，粘贴一个热电偶温度计(也可在试件制作时预先将热电偶导线埋入试件一角)，控制试件温度稳定在(60±0.5)℃。

(2)将试件连同试模移置于车辙试验机的试验台上，试验轮在试件的中央部位，其行走方向须与试件碾压或行车方向一致。开动车辙变形自动记录仪，然后启动试验机，使试验轮往返行走，时间约 1 h，或至最大变形达到 25 mm。试验时，记录仪自动记录变形曲线(见图 3-28)及试件温度。

注：对试验变形较小的试件，也可对一块试件在两侧 1/3 位置上进行两次试验，然后取平均值。

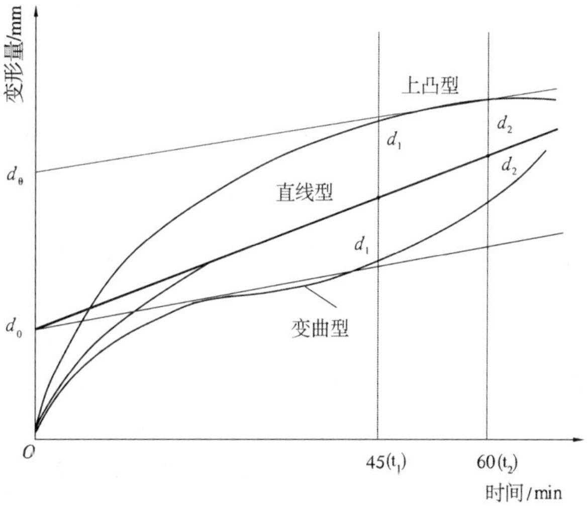

图 3-28　车辙试验自动记录的变形曲线

4. 计算

(1)从图 3-28 上读取 45 min(t_1)及 60 min(t_2)时的车辙变形 d_1 及 d_2，准确至 0.01 mm。当变形过大，在未到 60 min 变形已达 25 mm 时，则以达到 25 mm(d_2)时的时间为 t_2，将其前 15 min 为 t_1，此时的变形为 d_1。

(2)沥青混合料试件的动稳定度按式(3-17)计算。

$$DS = \frac{(t_2 - t_1) \times N}{d_2 - d_1} \times C_1 \times C_2 \tag{3-17}$$

式中　DS——沥青混合料试件的动稳定度，次/mm；

d_1——对应于时间 t_1 的变形量，mm；

d_2——对应于时间 t_2 的变形量,mm;

C_1——试验机类型修正系数,曲柄连杆驱动试件的变速行走方式为 1.0;

C_2——试件系数,试验室制备的宽 300 mm 的试件为 1.0;

N——试验轮往返碾压速度,通常为 42 次/min。

5. 报告

(1)同一沥青混合料或同一路段的路面,至少平行试验 3 个试件,当 3 个试件动稳定度变异系数小于 20%时,取其平均值作为试验结果;当 3 个试件动稳定度变异系数大于 20%时,应分析原因,并追加试验。如计算动稳定度值大于 6 000 次/mm,记作:>6 000 次/mm。

(2)试验报告应注明试验温度、试验轮接地压强、试件密度、空隙率及试件制作方法等。

(3)重复性试验动稳定度变异系数的允许差为 20%。

2. 低温抗裂性

冬季低温沥青混合料将产生体积收缩,周围材料对其有约束,致使沥青混合料不能自由收缩,在其结构层内部产生温度应力。由于沥青材料有一定的应力松弛,当温度降低缓慢时,产生的温度应力会随时间逐渐松弛减小,对沥青路面不会造成消极影响。但当气温突降时,产生的温度应力就来不及松弛,温度应力超过混合料允许应力值,沥青混合料就会被拉裂,路面就会出现裂缝,造成路面破坏。因此,沥青混合料应具备一定的低温抗裂性。

《公路沥青路面施工技术规范》(JTG F40—2004)规定,采用低温弯曲试验的破坏应变指标评价沥青混合料低温的抗裂能力。

低温弯曲试验是指在试验温度(−10±0.5)℃条件下,以 50 mm/min 速率,对沥青混合料小梁试件跨中施加集中荷载至断裂破坏,记录试件跨中荷载与挠度的关系曲线。

3. 耐久性

耐久性是指在使用过程中抵抗环境因素及行车荷载反复作用的能力,包括沥青混合料的抗老化性、水稳定性。

沥青混合料老化是指沥青混合料在使用过程中,受到自然因素的作用,如空气中的氧、阳光、水,使沥青混合料变脆,导致路面出现各种与老化相关的裂纹和裂缝。

沥青混合料的水稳定性不足指的是由于水的作用使沥青与集料剥离,使沥青混合料的黏结强度降低,而松散的矿料颗粒易被车轮带走,在路表形成坑槽。

影响沥青混合料耐久性的因素有沥青混合料的组成结构(残留空隙、沥青填隙率)、矿料的矿物成分及沥青的化学性质。

沥青混合料空隙率与水稳定性有关。空隙率大且沥青与矿料黏附性差的混合料在饱水后石料与沥青黏附力降低,易发生剥落,同时颗粒相互推移产生体积膨胀及出现力学强度显著降低等现象,引起路面早期破坏。沥青混合料水稳定性应符合相关规范要求。

沥青路面的使用寿命还与沥青含量有关。当沥青用量较正常沥青用量减少时,则沥青膜变薄,混合料的延伸能力降低,脆性增加;如沥青用量偏少,将使混合料的空隙率增大,沥青膜暴露较多,加速了老化作用,同时增加了渗水率,加强了水对沥青的剥落作用。

4. 抗滑性

用于高等级公路沥青路面的沥青混合料,其表面应具有一定的抗滑性,才能保证汽车高速行驶的安全性。

沥青混合料抗滑性与矿料的表面性质、混合料的级配组成及沥青用量等因素有关。为保证长期高速行车的安全,配料时要特别注意粗集料的耐磨光性,应选择硬质有棱角的集料。《公路沥青路面施工技术规范》(JTG F40—2004)提出:沥青用量影响路面的抗滑性能,沥青用量超过最佳沥青用量的0.5%,就会降低摩阻系数。

沥青含蜡量对混合料的影响也非常显著,应选用含蜡量低的沥青,避免路面出现滑溜现象。《公路沥青路面施工技术规范》(JTG F40—2004)在道路沥青技术要求中对沥青的含蜡量提出要求:A级沥青不大于2.2%;B级沥青不大于3.0%;C级沥青不大于4.5%。

5. 施工和易性

沥青混合料应具备良好的施工和易性,以便在拌和、摊铺和碾压过程中矿料分布均匀,经压实能达到要求的密实度,保证路面使用质量。影响沥青混合料施工和易性的因素包括混合料的级配情况,如粗细集料的颗粒大小相差过大,缺乏中间尺寸,易使粗粒集中在表面,细粒集中在底部;如细集料太少,沥青层就不容易均匀地分布在粗颗粒表面;细集料过多,则使拌和困难。此外,当沥青用量过少,或矿粉用量过多时,混合料容易产生疏松,不易压实。反之,如沥青用量过多,或矿粉质量不好,则容易使混合料黏结成团块,不易摊铺。间断级配的施工和易性比较差。

另外,沥青混合料的施工和易性还受拌和时间、拌和与摊铺设备及压实工具等因素的影响,在施工时结合施工条件和方式综合考虑。

(三)沥青混合料技术标准

《公路沥青路面施工技术规范》(JTG F40—2004)对热拌沥青混合料的主要技术指标规定如下。

1. 密级配沥青混凝土混合料马歇尔试验技术标准

密级配沥青混凝土混合料马歇尔试验技术标准如表3-13所示,适用于公称粒径小于26.5 mm的密级配沥青混凝土。

表3-13　密级配沥青混凝土混合料马歇尔试验技术标准

<table>
<tr><th colspan="2" rowspan="3">试验指标</th><th rowspan="3">单位</th><th colspan="4">高速公路、一级公路</th><th rowspan="3">其他等级公路</th><th rowspan="3">行人道路</th></tr>
<tr><th colspan="2">夏炎热区(1-1、1-2、1-3、1-4区)</th><th colspan="2">夏热区及夏凉区(2-1、2-2、2-3、2-4、3-2区)</th></tr>
<tr><th>中轻交通</th><th>重载交通</th><th>中轻交通</th><th>重载交通</th></tr>
<tr><td colspan="2">击实次数(双面)</td><td>次</td><td colspan="4">75</td><td>50</td><td>50</td></tr>
<tr><td colspan="2">试件尺寸</td><td>mm</td><td colspan="6">ϕ101.6×63.5</td></tr>
<tr><td rowspan="2">空隙率</td><td>深约90 mm以上</td><td>%</td><td>3~5</td><td>4~6</td><td>2~4</td><td>3~5</td><td>3~6</td><td>2~4</td></tr>
<tr><td>深约90 mm以下</td><td>%</td><td colspan="2">3~6</td><td>2~4</td><td>3~6</td><td>3~6</td><td>—</td></tr>
</table>

续表 3-13

试验指标	单位	高速公路、一级公路				其他等级公路	行人道路
		夏炎热区(1-1、1-2、1-3、1-4 区)		夏热区及夏凉区(2-1、2-2、2-3、2-4、3-2 区)			
		中轻交通	重载交通	中轻交通	重载交通		
稳定度 MS≥	kN	8				5	3
流值 FL	mm	2~4	1.5~4	2~4.5	2~4	2~4.5	2~5
矿料间隙率(%)≥	设计空隙率/%	相应于以下公称最大粒径(mm)的最小 VMA 及 VFA 技术要求/%					
		26.5	19	16	13.2	9.5	4.75
	2	10	11	11.5	12	13	15
	3	11	12	12.5	13	14	16
	4	12	13	13.5	14	15	17
	5	13	14	14.5	15	16	18
	6	14	15	15.5	16	17	19
沥青饱和度 VFA/%		55~70	65~75			70~85	

2. 沥青混合料高温稳定性车辙试验技术标准

对于高速公路、一级公路的公称最大粒径≤19 mm 的密级配沥青混合料及 SMA、OGFC 混合料,按规定的方法进行车辙试验,其动稳定度应符合表 3-14 的要求。

表 3-14　沥青混合料车辙试验动稳定度技术要求

气候条件与技术指标		相应于下列气候分区所要求的动稳定度/(次/mm)								
7 月平均最高气温(℃)及气候分区		>30				20~30				<20
		1. 夏炎热区				2. 夏热区				3. 夏凉区
		1-1	1-2	1-3	1-4	2-1	2-2	2-3	2-4	3-2
普通沥青混合料≥		800	1 000			600	800			600
改性沥青混合料≥		2 400	2 800			2 000	2 400			1 800
SMA 混合料	非改性≥	1 500								
	改性≥	3 000								
OGFC 混合料		1 500(一般交通路段)、3 000(重交通量路段)								

3. 沥青混合料水稳定性检验的技术标准

沥青混合料按规定的试验方法进行浸水马歇尔试验和冻融劈裂试验,残留稳定度及残留稳定度比都应符合表 3-15 的要求,达不到的须采取抗剥落措施,调整最佳沥青用量后再试验。

表 3-15　沥青混合料水稳定性检验技术要求

气候条件与技术指标			相应于下列气候分区的技术要求/%			
年降水量(mm)及气候分区			>1 000	500~1 000	250~500	<250
			1. 潮湿区	2. 湿润区	3. 半干旱区	4. 干旱区
浸水马歇尔试验残留稳定度(%)≥	普通沥青混合料		80		75	
	改性沥青混合料		85		80	
	SMA 混合料	普通沥青混合料	75			
		改性沥青混合料	80			
冻融劈裂试验残留稳定度比(%)≥	普通沥青混合料		75		70	
	改性沥青混合料		80		75	
	SMA 混合料	普通沥青混合料	75			
		改性沥青混合料	80			

4. 沥青混合料低温抗裂性检验技术标准

采用低温弯曲试验测定密级配沥青混合料的破坏的强度、应变和劲度模量，根据应力应变曲线，综合评价沥青混合料的低温抗裂性，应变指标符合表 3-16 的技术要求。

表 3-16　沥青混合料低温弯曲试验破坏应变技术要求

气候条件与技术指标	相应于下列气候分区所要求的破坏应变/με								
年极端最低气温(℃)及气候分区	<-37.0		-21.5~-37.0			-9.0~-21.5		>-9.0	
	1. 冬严寒区		2. 冬寒区			3. 冬冷区		4. 冬温区	
	1-1	2-1	1-2	2-2	3-2	1-3	2-3	1-4	2-4
普通沥青混合料≥	2 600		2 300			2 000			
改性沥青混合料≥	3 000		2 800			2 500			

5. 沥青混合料渗水系数检验技术标准

对轮碾成型的车辙试件进行试验检验沥青混合料的渗水系数，应符合表 3-17 的要求。

表 3-17　沥青混合料的渗水系数技术要求

级配类型	渗水系数要求/(mL/min)
密级配沥青混凝土≤	120
SMA 混合料≤	80
OGFC 混合料≥	实测

六、普通热拌沥青混合料原材料组成及组成设计

普通热拌沥青混合料是由矿质混合料与黏稠沥青在专门的设备中加热拌和而成的，用保温运输设备运送到施工现场，并在要求的温度下进行摊铺和压实的混合料，简称热拌沥青混合料(以 HMA 表示)。

(一)沥青混合料组成材料的技术要求

为了保证沥青混合料的技术性质，选择材料时，必须选择满足质量要求的各组成材料。

1. 沥青材料

沥青是沥青混合料的重要组成材料，其性能优劣直接影响沥青混合料的技术性质。所以，在选择沥青标号时，宜按照公路等级、气候条件、交通条件、路面类型、所处结构层中的层位及受力特点和施工方法等众多因素，结合当地使用经验确定。对高速公路、一级公路，夏季气温高、高温持续时间长、重载交通、山区及丘陵区上坡、服务区、停车场等行车速度慢的路段，尤其是汽车荷载剪应力大的层次，宜采用稠度大的沥青，也可提高高温气候分区的温度水平选用沥青等级；对冬季寒冷的地区或交通量小的公路、旅游公路宜选用稠度小、低温延度大的沥青；对温度日温差、年温差大的地区注意选用针入度指数大的沥青。当高温要求与低温要求发生矛盾时，应优先满足高温性能的要求。

沥青适用范围应符合表 3-4 的要求。经检验后的沥青必须符合表 3-5 的各项技术指标的要求。当缺乏所需标号沥青时，可采用不同标号掺配的调和沥青，其掺配比例由试验决定。掺配后的沥青技术指标应符合表 3-6 道路石油沥青的技术要求。

道路石油沥青的储存须按品种、标号分开放置。储罐中沥青温度应保持在 130~170 ℃。同时，做好储运、使用及存放过程中的放水措施。

2. 粗集料

(1)粗集料应该是洁净、干燥、表面粗糙、形状接近的立方体，且无风化、不含杂质，并具有足够的强度、耐磨耗性。沥青混合料用粗集料的质量应符合表 3-18 的要求。当某一规格集料的质量指标达不到表 3-18 的要求，但按照集料配合比计算的质量指标符合要求时，工程上允许使用。对受热容易变质的集料，宜采用拌和机烘干后的集料进行检验。

表 3-18　沥青混合料用粗集料技术要求

指标	高速公路、一级公路		其他等级公路
	表面层	其他层次	
表观相对密度	≥2.60	≥2.50	≥2.45
石料压碎值/%	≤26	≤28	≤30
洛杉矶磨耗损失/%	≤28	≤30	≤35
吸水率/%	≤2.0	≤3.0	≤3.0
坚固性/%	≤12	≤12	—

续表 3-18

指标	高速公路、一级公路		其他等级公路
	表面层	其他层次	
针片状含量(混合料)/%	≤15	≤18	≤20
粒径大于 9.5 mm/%	≤12	≤15	—
粒径小于 9.5 mm/%	≤18	≤20	—
水洗法小于 0.075 mm 颗粒含量/%	≤1		

(2)沥青混合料用粗集料的粒径规格应按表 3-19 的规定生产和选用。

表 3-19　沥青混合料用粗集料规格

规格名称	公称粒径/mm	通过下列筛孔(mm)的质量百分率/%												
		106	75	63	53	37.5	31.5	26.5	19	13.2	9.5	4.75	2.36	0.6
S1	40~75	100	90~100	—	—	0~15	—	0~5						
S2	40~60		100	90~100	—	0~15	—	0~5						
S3	30~60		100	90~100	—	—	0~15	—	0~5					
S4	25~50			100	90~100	—	—	0~15	—	0~5				
S5	20~40				100	90~100	—	—	0~15	—	0~5			
S6	15~30					100	90~100	—	—	0~15	—	0~5		
S7	10~30					100	90~100	—	—	—	0~15	0~5		
S8	10~25						100	90~100	—	0~15	—	0~5		
S9	10~20							100	90~100	—	0~15	0~5		
S10	10~15								100	90~100	0~15	0~5		

续表 3-19

规格名称	公称粒径/mm	通过下列筛孔(mm)的质量百分率/%												
		106	75	63	53	37.5	31.5	26.5	19	13.2	9.5	4.75	2.36	0.6
S11	5~15								100	90~100	40~70	0~15	0~5	
S12	5~10									100	90~100	0~15	0~5	
S13	3~10									100	90~100	40~70	0~20	0~5
S14	3~5										100	90~100	0~15	0~3

(3)高速公路、一级公路沥青路面面层粗集料磨光值应符合表 3-20 的要求。除 SMA、OGFC 路面外,允许在硬质粗集料中掺加部分较小粒径的磨光值没有达到要求的粗集料,掺加比例视磨光值试验结果而定。

(4)粗集料与沥青黏附性应符合表 3-20 的要求,当使用不符合要求的粗集料时,宜掺加消石灰、水泥或饱和石灰水处理后使用,必要时可同时在沥青中掺加耐热、耐水、长期性能好的抗剥落剂,也可用改性沥青,使沥青混合料的水稳定性检验达到相关规范规定的要求。外加剂掺量由沥青混合料水稳定性检验确定。

表 3-20　粗集料与沥青的黏附性、磨光值的技术要求

雨量气候区	1. 潮湿区	2. 湿润区	3. 半干旱区	4. 干旱区
年降水量/mm	>1 000	500~1 000	250~500	<250
粗集料的磨光值 PVC≥(高速公路、一级公路表面层)	42	40	38	36
粗集料与沥青的黏附性≥(高速公路、一级公路表面层)	5	4	4	3
粗集料与沥青的黏附性≥(高速公路、一级公路的其他层次及其他等级公路的各个层次)	4	4	3	3

(5)破碎砾石应采用粒径大于 50 mm 的颗粒轧制,破碎前必须清洗,含泥量不大于 1%,破碎面应符合表 3-21 的要求。

表 3-21　粗集料对破碎面的要求

路面部位或混合料类型		具有一定数量破碎面颗粒含量/%	
		1 个破碎面	2 个或 2 个以上破碎面
沥青路面上面层	高速公路、一级公路	100	90
	其他等级公路	80	60
沥青路面中下面层、基层	高速公路、一级公路	90	80
	其他等级公路	70	50
SMA 混合料		100	90
贯入式路面		80	60

(6)筛选的砾石仅适用于三级或三级以下公路的沥青表面处治路面。

(7)经过破碎并且存放期超过半年以上的钢渣可作为粗集料使用,除吸水率可适当放宽,其他各项指标应符合表 3-18 的要求。钢渣在使用前应进行活性检验,要求钢渣中游离氧化钙含量小于 3%,浸水膨胀率小于 2%。

3. 细集料

细集料密度及吸水率试验(一)　　细集料密度及吸水率试验(二)　　细集料水洗筛分试验(一)　　细集料水洗筛分试验(二)

(1)细集料是洁净、干燥、无风化、不含杂质,并有适当的级配范围的天然砂、机制砂或石屑。其物理力学指标要求见表 3-22。天然砂以小于 0. 075 mm 含量的百分数表示,石屑、机制砂以砂当量(适用于 0~4. 75 mm)或亚甲蓝值(适用于 0~2. 36 mm 或 0~0. 15 mm)表示。

表 3-22　沥青混合料用细集料质量要求

项目	单位	高速公路、一级公路	其他等级公路
表观相对密度≥	—	2. 50	2. 45
坚固性(>0. 3 mm 部分)≥	%	12	—
含泥量(小于 0. 075 mm 的含量)≤	%	3	5
砂当量≥	%	60	50
亚甲蓝值≤	g/kg	25	—
粗糙度、棱角性(流动时间)≥	s	30	—

(2)天然砂可采用河砂和海砂,通常采用粗砂、中砂,其规格符合表 3-23 的规定,砂含泥量超过规定时应水洗后使用,海砂中的贝壳等必须筛除。热拌密级配沥青混合料中天然砂的用量通常不宜超过集料总量的 20%,SMA 及 OGFC 混合料不建议使用天然砂。

表 3-23 沥青混合料用天然砂规格

筛孔尺寸/mm	通过各孔筛的质量百分率/%		
	粗砂	中砂	细砂
9.5	100	100	100
4.75	90~100	90~100	90~100
2.36	65~95	75~90	85~100
1.18	35~65	50~90	75~100
0.6	15~30	30~60	60~84
0.3	5~20	8~30	15~45
0.15	0~10	0~10	0~10
0.075	0~5	0~5	0~5

注:当生产石屑采用喷水抑制扬尘工艺时,应特别注意含粉量不得超过表中要求。

(3)石屑是采石场破碎石料后通过 4.75 mm 或 2.36 mm 筛下的部分,其规格应符合表 3-24 的要求。

表 3-24 沥青混合料用机制砂或石屑规格

规格	公称粒径/mm	水洗法通过各筛孔(mm)的质量百分率/%							
		9.5	4.75	2.36	1.18	0.6	0.3	0.15	0.075
S15	0~5	100	90~100	60~90	40~75	20~55	7~40	2~20	0~10
S16	0~3	—	100	80~100	50~80	25~60	8~45	0~25	0~15

高速公路、一级公路的沥青混合料,宜将 S14 与 S16 组合使用,S15 可在沥青稳定碎石基层或其他等级公路中使用。

(4)机制砂宜采用专门制砂机制造,选用优质石料,级配符合 S16 的要求。

4. 填料

(1)沥青混合料填料多为矿粉,是采用石灰岩或岩浆岩中的碱性岩石磨细制得的。

(2)矿粉要求干燥、洁净,能自由地从石粉仓中流出,其质量应符合表 3-25 的要求。

(3)粉煤灰作为填料时,用量不能超过填料总量的 50%且烧失量不大于 12%,与矿粉混合后的塑性指数应小于 4%,其余质量要求与矿粉相同。

(4)高速公路、一级公路面层不宜采用粉煤灰作填料。

表 3-25 沥青混合料用矿粉质量要求

项目		单位	高速公路、一级公路	其他等级公路
表观密度≥		t/m^3	2.50	2.45
含水量≤		%	1	1
粗粒范围	<0.6 mm	%	100	100
	<0.15 mm	%	90~100	90~100
	<0.075 mm	%	75~100	70~100
外观		—	无团粒结块	
亲水系数		—	<1	
塑性指数		—	<4	
加热安定性		—	实测记录	

(二)沥青混合料配合比设计方法(马歇尔法)

沥青混合料配合比设计包括3个阶段:目标配合比设计阶段、生产配合比设计阶段、生产配合比验证(试验路试铺)阶段。后两个阶段是在前一个阶段的基础上进行的,要借助施工单位的拌和、摊铺及碾压设备完成。通过3个阶段配合比设计的过程,可确定沥青混合料中组成材料的品种、矿质集料的级配和沥青用量。在此着重介绍目标配合比的设计过程。

1. 目标配合比设计

目标配合比设计可分成两个步骤进行:矿质混合料的组成设计和最佳沥青用量的确定。密级配的沥青混合料的目标配合比采用马歇尔配合比设计方法,其设计流程见图3-29。

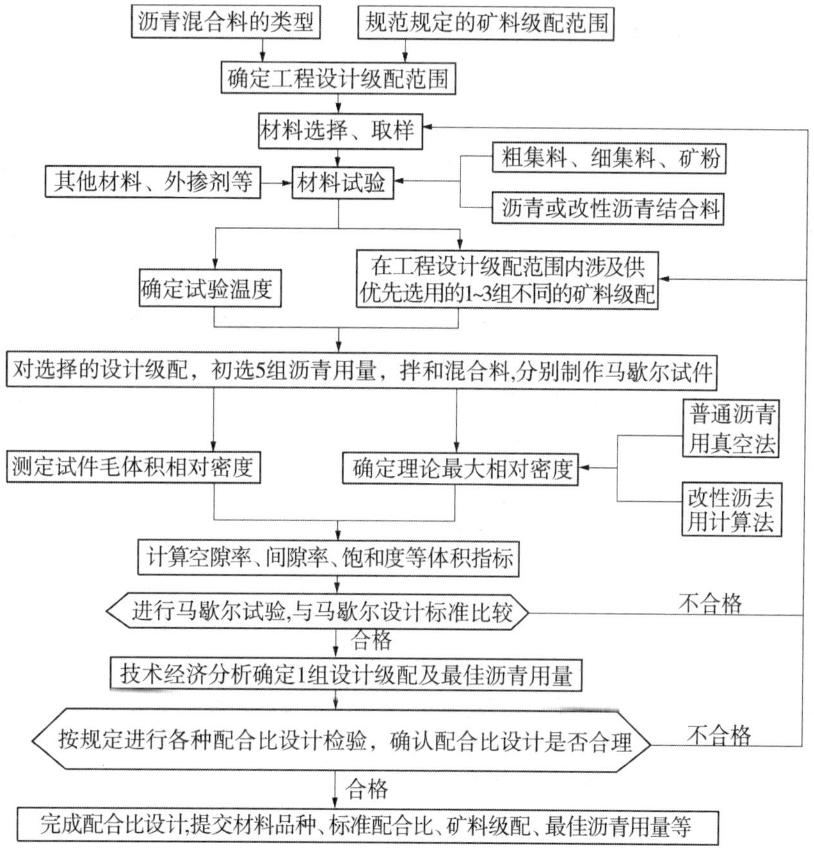

图3-29　马歇尔配合比设计流程

1)矿质混合料的组成设计

矿质混合料组成设计的目的是选配一个具有足够密实度,并且有较高的内摩阻力的矿质混合料。通常用规范推荐的矿质混合料级配范围来确定。

(1)选择热拌沥青混合料类型:热拌沥青混合料适用于各种等级公路的沥青路面。其种类应考虑集料公称最大粒径、矿料级配、空隙率等因素进行选择,热拌沥青混合料种类见表3-26。

表 3-26　热拌沥青混合料种类

沥青混合料类型	密级配			开级配		半开级配	公称最大粒径/mm	最大粒径/mm
	连续级配		间断级配	间断级配				
	沥青混凝土	沥青稳定碎石	沥青玛琋脂碎石	排水式沥青磨耗层	排水式沥青碎石层	沥青稳定碎石		
粗粒式	AC-25	ATB-25	—	—	ATPB-25	—	26.5	31.5
中粒式	AC-20	—	SMA-20	—	—	AM-20	19.0	26.5
	AC-16	—	SMA-16	OGFC-16	—	AM-16	16.0	19.0
细粒式	AC-13	—	SMA-13	OGFC-13	—	AM-13	13.2	16.0
	AC-10	—	SMA-10	OGFC-10	—	AM-10	9.5	13.2
砂粒式	AC-5	—	—	—	—	AM-5	4.75	9.5
设计空隙率/%	3~5	3~4	3~4	>18	>18	6~12		

(2)确定工程设计级配范围:根据公路等级、气候及交通条件按表 3-27 选择采用粗型(C)或细型(F)混合料,并在表 3-28 规定的范围内确定级配范围。

表 3-27　粗型和细型密级配沥青混凝土的关键性筛孔通过率

混合料类型	公称最大粒径/mm	用以分类的关键性筛孔/mm	粗型密级配		细型密级配	
			名称	关键性筛孔通过率/%	名称	关键性筛孔通过率/%
AC-25	26.5	4.75	AC-25C	<40	AC-25F	>40
AC-20	19	4.75	AC-20C	<45	AC-20F	>45
AC-16	16	2.36	AC-16C	<38	AC-16F	>38
AC-13	13.2	2.36	AC-13C	<40	AC-13F	>40
AC-10	9.5	2.36	AC-10C	<45	AC-10F	>45

调整工程设计级配范围应遵循以下原则:

①按规范确定采用粗型(C 型)或细型(F 型)的混合料。对夏季温度高、高温持续时间长,重载交通多的路段,宜选用粗型密级配沥青混合料,并取较高的设计空隙率。对冬季温度低且低温持续时间长的地区,或者重载交通较少的路段,宜选用细型密级配沥青混合料,并取较低的设计空隙率。

②在通常情况下,合成级配曲线宜尽量接近设计级配中限,尤其应使 0.075 mm、2.36 mm 和 4.75 mm 筛孔的通过量尽量接近设计级配范围中限。

③为确保高温抗车辙能力,同时兼顾低温抗裂性能的需要。配合比设计时宜适当减少公称最大粒径附近的粗集料用量,减少 0.6 mm 以下部分细集料的用量,使中等粒径集料较多,形成平坦的 S 形级配曲线,并取中等或偏高水平的设计空隙率。

表 3-28　密级配沥青混凝土混合料矿料级配范围

级配类型		通过下列筛孔(mm)的质量百分率/%												
		31.5	26.5	19	16	13.2	9.5	4.75	2.36	1.18	0.6	0.3	0.15	0.075
粗粒式	AC-25	100	90~100	75~90	65~83	57~76	45~65	24~52	16~42	12~33	8~24	5~17	4~13	3~7
中粒式	AC-20		100	90~100	78~92	62~80	50~72	26~56	16~44	12~33	8~24	5~17	4~13	3~7
	AC-16			100	90~100	76~92	60~80	34~62	20~48	13~36	9~26	7~18	5~14	4~8
细粒式	AC-13				100	90~100	68~85	38~68	24~50	15~38	10~28	7~20	5~15	4~8
	AC-10					100	90~100	45~75	30~58	20~44	13~32	9~23	6~16	4~8
砂粒式	AC-5						100	90~100	55~75	35~55	20~40	12~28	7~18	5~10

(3)矿质混合料配合比计算。

①组成材料的技术指标测定:按照规定的方法对实际工程中使用的材料进行取样,测试粗集料、细集料和矿粉的密度并进行筛析试验,确定各种规格集料的级配组成。

②确定各档集料的用量比例:根据各档集料筛分结果,借助电子计算机的电子表格用试配法确定各档集料用量比例,计算矿质混合料的合成级配。矿质混合料的合成级配曲线必须符合设计级配范围的要求,不得有过多的犬牙交错。当经过再三调整,仍有两个以上的筛孔超过级配范围时,必须对原材料进行调整或更换原材料重新设计。

2)确定沥青混合料的最佳沥青用量

沥青用量是指沥青与沥青混合料的比例。沥青最佳用量是通过马歇尔试验的结果确定出来的,用 OAC 表示。

(1)制备试样:按确定的矿质混合料配合比,计算各种规格集料的用量。根据矿质混合料的合成毛体积相对密度或合成表观密度等物理常数,预估沥青混合料适宜的沥青掺加量。预估最佳油石比(油石比是指沥青占集料及矿粉之和的比例)可用式(3-18)表示;矿料混合料合成毛体积相对密度用式(3-19)表示。

$$p_a = \frac{p_{a1}\gamma_{sb1}}{\gamma_{sb}} \tag{3-18}$$

$$\gamma_{sb} = \frac{100}{\dfrac{p_1}{r_1} + \dfrac{p_2}{r_2} + \cdots + \dfrac{p_n}{r_n}} \tag{3-19}$$

式中　p_a——预估的最佳油石比(%);

p_{a1}——已建类似工程沥青混合料的标准油石比(%);

γ_{sb}——集料的合成毛体积相对密度;

γ_{sb1}——已建类似工程集料的合成毛体积相对密度;

p_1、p_2、…、p_n——各种矿料成分的配合比,其和为 100;

r_1、r_2、…、r_n——各种矿料相应的毛体积相对密度,机制砂及石屑可用筛筛出 2.36~4.75 mm。

部分的毛体积相对密度代替,矿粉以表观相对密度代替。

以预估的油石比为中值,按一定间隔(密级配通常按 0.5%,对沥青碎石混合料可适当缩小间隔,为 0.3%~0.4%),取 5 个或者 5 个以上不同油石比分别制成马歇尔试件。每一组试件制成的个数按现行试验规程要求确定,粒径较大的沥青混合料,宜增加数量。

(2)测定物理指标:测定沥青混合料试件的毛体积密度和最大理论密度(改性沥青或 SMA 混合料采用计算最大理论密度),并计算试件的空隙率[指压实沥青混合料内矿料与沥青体积之外的空隙(不包括矿料本身或表面被沥青封闭的孔隙)的体积与试件总体积的百分率]、沥青饱和度(压实沥青混合料试件内有效沥青实体体积占矿料骨架实体之外的空间体积百分率)、矿料间隙率(压实沥青混合料内矿料实体之外的空间体积与试件总体积的百分率,它等于试件空隙率与有效沥青体积百分率之和)等体积参数。混合料密度的测定根据其类型及密实程度选择适宜的方法。吸水率小于 0.5%的密实性沥青混合料采用水中重法测定;吸水率大于 2%的沥青碎石混合料采用蜡封法测定;吸水率小于 2%的沥青混合料采用表干法测定。

(3)测定力学指标:进行马歇尔试验测定马歇尔稳定度和流值。

(4)确定最佳沥青用量(油石比):将马歇尔试验结果汇总,以沥青用量或油石比为横坐标,以马歇尔试验的各项指标(毛体积密度、空隙率、沥青饱和度、矿料间隙率、稳定度、流值)为纵坐标,将结果绘制成圆滑的曲线。确定符合沥青混合料技术标准的沥青用量范围 $OAC_{min} \sim OAC_{max}$。选择的沥青范围必须涵盖设计空隙率的全部范围,并尽可能涵盖沥青饱和度的要求范围,且使密度及稳定度出现峰值。如果没有涵盖设计空隙率全部范围,试验须扩大沥青用量范围重新进行。密级配沥青混凝土混合料马歇尔试验技术标准见表 3-29。

表 3-29 密级配沥青混凝土混合料马歇尔试验技术标准

试验指标		单位	高速公路、一级公路				其他等级公路	行人道路
			夏炎热区(1-1、1-2、1-3、1-4)		夏热区及夏凉区(2-1、2-2、2-3、2-4、3-2)			
			中轻交通	重载交通	中轻交通	重载交通		
击实次数(双面)		次	75				50	50
试件尺寸			φ101.6 mm×63.5 mm					
空隙率	深约 90 mm 以上	%	3~5	4~6	2~4	3~5	3~6	2~4
	深约 90 mm 以下	%	3~6		2~4	3~6	3~6	—
稳定度 MS 不小于		kN	8				5	3
流值 FL		mm	2~4	1.5~4	2~4.5	2~4	2~4.5	2~5

续表 3-29

<table>
<tr><td colspan="2" rowspan="3">试验指标</td><td rowspan="3">单位</td><td colspan="4">高速公路、一级公路</td><td rowspan="3">其他等级公路</td><td rowspan="3">行人道路</td></tr>
<tr><td colspan="2">夏炎热区(1-1、1-2、1-3、1-4)</td><td colspan="2">夏热区及夏凉区(2-1、2-2、2-3、2-4、3-2)</td></tr>
<tr><td>中轻交通</td><td>重载交通</td><td>中轻交通</td><td>重载交通</td></tr>
<tr><td rowspan="7">矿料间隙率(%)≥</td><td rowspan="2">设计空隙率/%</td><td colspan="7">相应于以下公称最大粒径(mm)的最小 VMA 及 VFA 技术要求/%</td></tr>
<tr><td>26.5</td><td>19</td><td colspan="2">16</td><td colspan="2">13.2</td><td>9.5</td><td>4.75</td></tr>
<tr><td>2</td><td>10</td><td>11</td><td colspan="2">11.5</td><td colspan="2">12</td><td>13</td><td>15</td></tr>
<tr><td>3</td><td>11</td><td>12</td><td colspan="2">12.5</td><td colspan="2">13</td><td>14</td><td>16</td></tr>
<tr><td>4</td><td>12</td><td>13</td><td colspan="2">13.5</td><td colspan="2">14</td><td>15</td><td>17</td></tr>
<tr><td>5</td><td>13</td><td>14</td><td colspan="2">14.5</td><td colspan="2">15</td><td>16</td><td>18</td></tr>
<tr><td>6</td><td>14</td><td>15</td><td colspan="2">15.5</td><td colspan="2">16</td><td>17</td><td>19</td></tr>
<tr><td colspan="2">沥青饱和度/%</td><td>55~70</td><td colspan="6">65~75</td><td colspan="2">70~85</td></tr>
</table>

注：本表适用于公称最大粒径≤ 26.5 mm 的密级配沥青混凝土。

①确定最佳沥青用量初始值 OAC_1：在曲线上求出相对应于密度最大值、稳定度的最大值、目标空隙率(或范围中值)、沥青饱和度范围中值的沥青用量 a_1、a_2、a_3、a_4，取其平均值作为 OAC_1(见式 3-20)。

$$OAC_1 = \frac{a_1 + a_2 + a_3 + a_4}{4} \tag{3-20}$$

如图 3-30 所示，相应于密度最大值、稳定度最大值、目标空隙率、沥青饱和度范围中值的沥青用量分别为 $a_1=5.35\%$、$a_2=4.19\%$、$a_3=4.80\%$、$a_4=4.98\%$，可以得到：

$OAC_1=(5.35\%+4.19\%+4.80\%+4.98\%)/4=4.83\%$；如果所选择的沥青用量范围未能涵盖沥青饱和度的要求范围，按式(3-21)求取三者的平均值作为 OAC_1。

$$OAC_1 = \frac{a_1 + a_2 + a_3}{3} \tag{3-21}$$

对所选择试验的沥青用量范围，密度或稳定度没有出现峰值(最大值经常在曲线的两端)时，可直接以目标空隙率所对应的沥青用量 a_3 作为 OAC_1，但 OAC_1 必须介于 OAC_{min} 与 OAC_{max} 的范围内，否则应重新进行配合比设计。

②确定最佳沥青用量初始值 OAC_2：以稳定度、流值、空隙率、饱和度指标均符合沥青混合料技术标准要求的沥青用量范围 $OAC_{min}\sim OAC_{max}$ 的中值作为 OAC_2。

$$OAC_2 = \frac{OAC_{min} + OAC_{max}}{2} \tag{3-22}$$

如图 3-30 所示：$OAC_{min}=4.68\%$，$OAC_{max}=5.29\%$。$OAC_2=(OAC_{min}+OAC_{max})/2=(4.68\%+5.29\%)/2=4.99\%$。

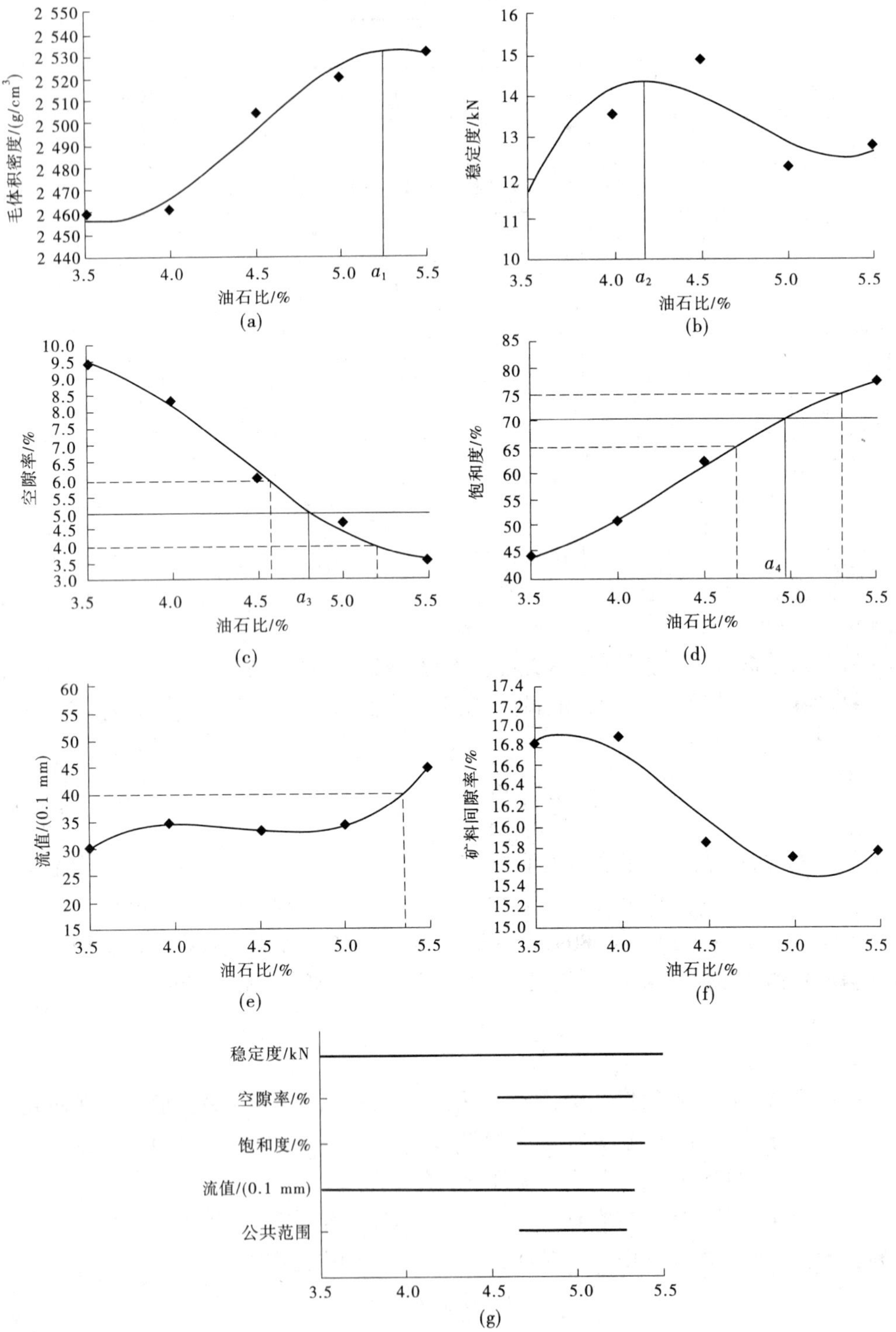

图 3-30　马歇尔试验各项指标与沥青用量关系

③综合确定最佳沥青用量 OAC：通常情况下取 OAC_1 及 OAC_2 的中值作为计算的最

佳沥青用量 OAC。检验与 OAC 对应的间隙率是否满足最小间隙率值的要求；也应考虑沥青路面工程实践经验、公路等级、气候条件和交通情况，调整确定最佳沥青用量 OAC。

对于炎热地区公路及高速公路、一级公路的重载交通路段，山区公路的长大坡度路段，预计有可能产生较大车辙时，宜在空隙率符合要求的范围内将计算的最佳沥青用量减小 0.1%~0.5%作为设计沥青用量。

对寒区公路、旅游公路、交通量很少的公路，最佳沥青用量可以在 OAC 的基础上增加 0.1%~0.3%，以适当减小设计空隙率，但不得降低压实度要求。

(5)检验最佳沥青用量时的粉胶比和有效沥青含量。

①计算沥青混合料中被集料吸收的沥青混合料比及有效沥青含量，分别按式(3-23)和式(3-24)计算。

沥青混合料中被集料吸收的沥青混合料比：

$$P_{ba}=\frac{\gamma_{se}-\gamma_{b}}{\gamma_{se}\times\gamma_{sb}}\times\gamma_{b}\times 100\% \tag{3-23}$$

沥青混合料中的有效沥青用量：

$$P_{be}=P_{b}-\frac{P_{ba}}{100\%}\times P_{s} \tag{3-24}$$

式中　γ_{se}——集料的有效相对密度，无量纲；

γ_{sb}——集料的合成毛体积相对密度，无量纲；

γ_{b}——沥青的相对密度，无量纲；

P_{b}——沥青含量；

P_{s}——各种矿料占沥青混合料总质量的百分率之和，即 $P_{s}=100\%-P_{b}$。

②计算最佳沥青用量时的粉胶比和有效沥青膜厚度。

沥青混合料的粉胶比是指沥青混合料的矿料中 0.075 mm 通过率与有效沥青含量的比值，按式(3-25)计算。常用的公称最大粒径为 13.2~19 mm，密级配沥青混合料的粉胶比宜控制在 0.8~1.2。

$$\mathrm{FB}=\frac{P_{0.075}}{P_{be}} \tag{3-25}$$

式中　FB——粉胶比，无量纲；

$P_{0.075}$——矿料级配中 0.075 mm 通过率(水洗法)。

集料的比表面积和沥青混合料的沥青膜有效厚度按式(3-26)和式(3-27)计算。

$$\mathrm{SA}=\sum(P_{i}\times \mathrm{FA}_{i}) \tag{3-26}$$

$$\mathrm{DA}=\frac{P_{be}}{\gamma_{b}\times \mathrm{SA}}\times 10 \tag{3-27}$$

式中　SA——集料的比表面积，m^2/kg；

P_{i}——各种粒径通过百分率；

DA——沥青膜有效厚度，μm；

FA_{i}——相对应各种粒径的集料的表面积系数，如表 3-30 所示。

表 3-30　集料表面积系数算例

筛孔尺寸/mm	19	16	13.2	9.5	4.75	2.36	1.18	0.6	0.3	0.15	0.075	集料比表面积总和 SA/(m^2/kg)
表面积系数 FA_i	0.004 1	—	—	—	0.004 1	0.008 2	0.016 4	0.028 7	0.061 4	0.122 9	0.327 7	
通过率 P_i/%	100	99.9	97.6	81.6	46	32.9	24.1	16.6	12.9	9.5	6.0	
比表面积 ($FA_i \times P_i$)/(m^2/kg)	0.41	—	—	—	0.19	0.27	0.40	0.48	0.79	1.17	1.97	5.67

(6)沥青混合料性能检验。

①高温稳定性检验:按照最佳沥青用量 OAC,按规范规定制成车辙试件,在规定的条件下进行试验,以检验沥青混合料在高温条件下抵抗车辙的能力。如果动稳定性不符合规定的要求,应对矿料的级配或者沥青用量进行调整,重新进行配合比的设计。

②低温抗裂性的检验:当沥青混合料中所采用的矿料最大公称粒径小于或等于 19 mm 时,按照最佳沥青用量 OAC 制成车辙试件,再切割成规范规定的棱柱体试件,在温度 -10 ℃、加载速率 50 mm/min 的条件下进行低温弯曲试验,测定破坏强度、破坏应变、破坏劲度模量,并根据应力应变曲线的形状,综合评价沥青混合料的低温抗裂性能。检验破坏应变是否符合规范要求。

③水稳定性的检验:按最佳沥青用量 OAC 制成马歇尔试件,然后做浸水马歇尔试验或者劈裂试验,其残留稳定度或者冻融劈裂强度比是否满足要求。

如果最佳沥青用量 OAC 与两个初始值 OAC_1 和 OAC_2 相差较大,按 OAC 和 OAC_1(或者 OAC_2)分别制成试件,进行上述性能检验,根据试验结果适当调整 OAC 的值。

2. 生产配合比设计

目标配合比确定后即进行生产配合比设计,结合实际施工的拌和机进行以确定生产配合比。试验前根据混合料的级配类型选择合适筛号,保证进料均匀并排除超粒径的矿料。试验时按目标配合比设计冷料比例,上料、烘干和筛分,然后从热料仓取样进行筛分,进行矿料级配计算,得到不同料仓和矿粉用量的比例,按该比例进行马歇尔试验。取目标配合比设计的最佳沥青用量 OAC、OAC±0.3%等 3 个沥青用量进行马歇尔试验和试拌,通过室内试验及从拌和机取样试验综合确定生产配合比的最佳沥青用量,由此确定的最佳沥青用量与目标配合比设计的结果的差值不宜大于±0.2%。

3. 生产配合比验证

拌和机采用生产配合比进行试拌、铺筑试验段,并用拌和沥青混合料及路上钻取的芯样进行马歇尔试验检验,由此确定生产用的标准配合比。标准配合比应作为生产上控制的依据和质量检验的标准。标准配合比的矿料级配中,至少应包括 0.075 mm、2.36 mm、4.75 mm 及公称最大粒径筛孔的通过率接近优选的工程设计级配范围的中值。试验室积极配合现场,在拌和、摊铺现场抽取沥青混合料进行马歇尔试验,进行车辙试验和水稳定性检验。在试铺时,试验室可到现场取样进行抽取试验,验证级配和油石比后是否合格,并采取钻芯取样法测定实际空隙率,如此确定标准配合比后进入正常生产阶段。

(三)沥青混合料配合比设计实例(以计算机电子表格方法)

【例 3-1】 设计某高速公路沥青路面面层用沥青混合料的配合比组成。

[原始资料]

1. 某高速公路沥青路面为三层式结构的中面层,中面层结构设计厚度 6 cm。

2. 气候条件:7 月平均最高气温为 31 ℃,年极端最低气温为 −7 ℃,年降水量为 1 400 mm。

3. 材料性能。

(1)沥青材料:沥青密度 1.016 g/cm³,经检验各项技术性能均符合要求。

(2)矿质材料:4 档集料的级配组成见表 3-31,洛杉矶磨耗率 13%,黏附性等级 5 级,粗集料 A 和 B 毛体积相对密度分别为 2.825、2.784,细集料表观相对密度为 2.962。矿粉采用石灰石磨细石粉,粒度范围符合技术要求,无团粒结块,表观密度 2.810 g/cm³。

表 3-31　矿质集料级配与设计级配范围

材料名称	各筛孔(mm)的通过百分率/%										
	19	16	13.2	9.5	4.75	2.36	1.18	0.6	0.3	0.15	0.075
集料 A	99.8	81.9	53.6	12.1	0.1	0	0	0	0	0	0
集料 B	100	100	100	98.5	21.4	0.1	0	0	0	0	0
集料 C	100	100	100	100	98.7	78.0	55.6	46.9	23.1	19.0	8.2
集料 D	100	100	100	100	98.5	81.1	49.9	38.5	8.9	6.1	2.6
矿粉 E	100	100	100	100	100	100	100	99.9	99.5	99.4	92
AC−16 级配范围	100	90~100	76~92	60~80	34~62	20~48	13~36	9~26	7~18	5~14	4~8

[设计要求]

1. 确定沥青混合料类型,并进行矿质混合料的配合比设计;

2. 确定最佳沥青用量;

3. 根据高速公路用沥青混合料要求,检验沥青混合料的水稳定性和抗车辙能力。

【解】 1. 矿质混合料配合比设计

(1)确定沥青混合料类型及矿质混合料的级配范围。

根据设计道路等级为高速公路,沥青路面中面层,选用 AC−16 型沥青混合料,满足结构层厚度大于矿料公称最大粒径 2.5~3.0 倍的要求。相应级配范围查规范确定,见表 3-31。

(2)利用计算机的电子表格用试配法进行矿质混合料配合比计算，计算结果见表3-32，级配曲线见图3-31。从图3-31可以看出，计算结果的合成级配曲线接近设计级配中值。

表3-32 矿质混合料组成配合比计算表

筛孔尺寸/mm	集料A/%	集料B/%	集料C/%	集料D/%	矿粉E/%	合成级配	工程设计级配范围		
							中值	下限	上限
19	99.8	100	100	100	100	99.92	100	100	100
16	81.87	100	100	100	100	92.93	95	90	100
13.2	53.59	100	100	100	100	81.9	84	76	92
9.5	12.11	98.47	100	100	100	65.4	70	60	80
4.75	0.09	21.35	98.71	98.45	100	44.03	48	34	62
2.36	0	0.11	78.04	81.05	100	32.82	34	20	48
1.18	0	0	55.57	49.94	100	23.55	24.5	13	36
0.6	0	0	46.9	38.49	99.92	20.07	17.5	9	26
0.3	0	0	23.05	8.93	99.53	10.78	12.5	7	18
0.15	0	0	19.03	6.09	99.36	9.56	9.5	5	14
0.075	0	0	8.19	2.63	92	6.58	6	4	8
配合比	39	21	19	16	5	100	—	—	—

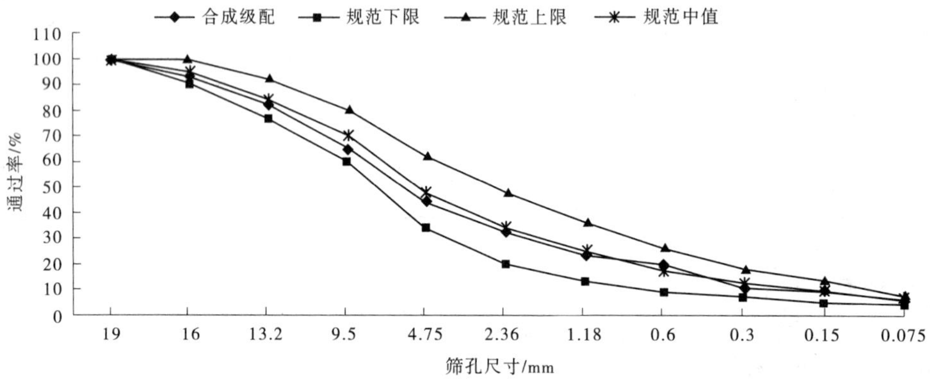

图3-31 AC-16型矿料级配组成合成曲线

2. 确定最佳沥青用量

1)马歇尔试验

(1)试件成型。

根据经验 AC-16 型沥青混合料的沥青用量范围为 4.0%~6.0%，采用 0.5%间隔变化，拌制 5 组试件，按规定每面各击实 75 次的方法成型。

(2)试件物理力学指标的测定。

按照规范，采用真空法实测试件的理论最大密度，采用表干法测定试件的毛体积相对密度，计算试件的空隙率、矿料间隙率、有效沥青的饱和度等体积指标，结果见表 3-33。测定物理指标后的试件，在 60 ℃温度下测定其马歇尔稳定度和流值，马歇尔试验结果见表 3-33。

表 3-33　马歇尔试验结果

沥青用量/%	3.5	4.0	4.5	5.0	5.5
毛体积相对密度	2.389	2.408	2.413	2.415	2.408
最大理论相对密度	2.549 1	2.529 9	2.511 1	2.492 7	2.474 9
稳定度/kN	8.58	9.41	10.77	8.80	8.37
流值/(0.1 mm)	20.1	24.8	28.4	30.4	36.0
空隙率/%	6.28	4.81	3.47	2.76	1.97
饱和度/%	56.2	65.7	72.8	78.8	85.6
矿料间隙率/%	14.9	14.3	14.0	14.6	14.9

(3)绘制沥青用量与物理-力学指标关系图。

根据表 3-33 马歇尔试验结果汇总表，绘制沥青用量与毛体积相对密度、空隙率、饱和度、矿料间隙率、稳定性、流值的关系图如图 3-32 所示。

2)最佳沥青用量的确定

(1)确定沥青用量初始值 OAC_1。

从图 3-32 得，相应于密度最大值的沥青用量 a_1=4.96%，稳定度最大值 a_2=4.65%，目标空隙率(或中值)a_3=4.50%，沥青饱和度范围的中值的沥青用量 a_4=4.49%。

$$OAC_1=(4.96\%+4.65\%+4.50\%+4.49\%)/4=4.65\%$$

(2)确定沥青用量初始值 OAC_2。

由图 3-32 得，各指标符合沥青混合料技术指标的沥青用量范围：OAC_{min} = 4.15%，OAC_{max} = 4.88%。

$$OAC_2 = (4.15\% + 4.88\%)/2 = 4.52\%$$

(3)综合确定最佳沥青用量 OAC。

由 OAC_1 和 OAC_2 综合确定沥青最佳用量取 OAC=4.58%。

3. 水稳定性和抗车辙能力检验

1)水稳定性检验

采用沥青用量 4.58%制备沥青混合料试件，按照规定方法进行浸水马歇尔试验和冻融劈裂试验，试验结果见表 3-34。

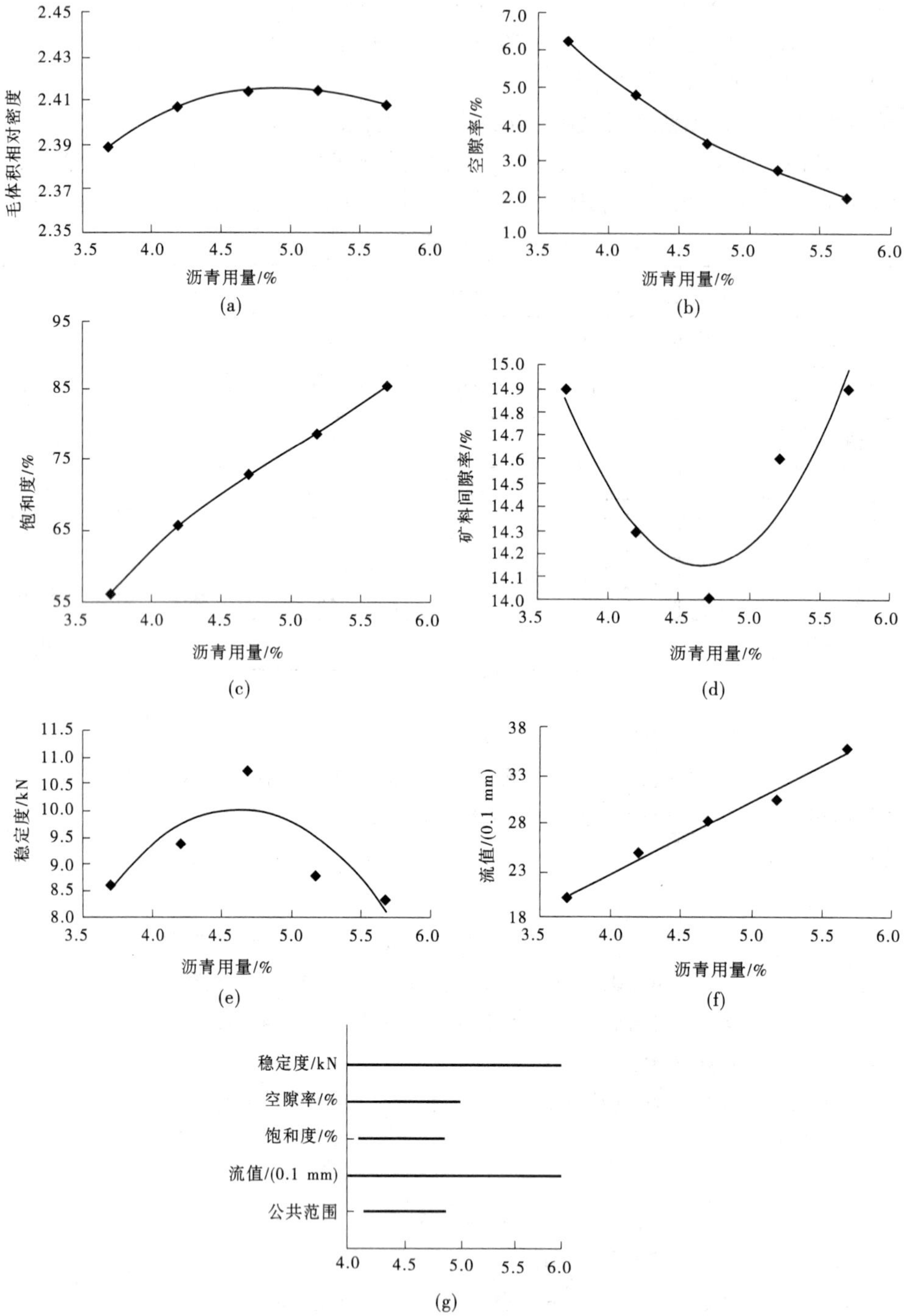

图 3-32　马歇尔试验结果

表 3-34 沥青混合料水稳定性试验结果

沥青用量/%	浸水残留稳定度 MS_0/%	冻融劈裂强度比 TSR/%
4.58	90.27	80.54
规范要求	≥80	≥75

从表 3-34 试验结果可知，OAC=4.58%的沥青混合料的水稳定性符合规范要求。

2)抗车辙能力检验

以沥青用量 4.58%进行抗车辙试验，试验结果见表 3-35。

表 3-35 沥青混合料抗车辙试验结果

沥青用量/%	动稳定度 DS/(次/mm)
4.58	2 810.2
规范要求	>1 000

从表 3-35 试验结果可知，OAC=4.58%的沥青混合料的动稳定度符合高速公路抗车辙的要求。

检测项目一 压实沥青混合料密度试验(表干法)

1. 目的与适用范围

(1)表干法适用于测定吸水率不大于 2%的各种沥青混合料试件，密实型沥青混凝土、沥青玛瑞脂碎石混合料(SMA)和沥青稳定碎石等沥青混合料试件的毛体积相对密度和毛体积密度。标准温度为(25±0.5)℃。

(2)本方法测定的毛体积相对密度和毛体积密度适用于计算沥青混合料试件的空隙率、矿料间隙率等各项体积指标。

沥青混合料
密度试验

2. 仪具与材料

(1)浸水天平或电子秤：当最大称量在 3 kg 以下时，感量不大于 0.1 g；当最大称量在 3 kg 以上时，感量不大于 0.5 g；应有测量水中重的挂钩。

(2)网篮。

(3)溢流水箱：如图 3-33 所示，使用洁净水，有水位溢流装置，试件和网篮浸入水中后的水位一定，能调整水温至(25±0.5)℃。

(4)试件悬吊装置：天平下方悬吊网篮及试件的装置，吊线应采用不吸水的细尼龙线绳，并有足够的长度。对轮碾成型机成型的板块状试件可用铁丝悬挂。

(5)秒表。

(6)毛巾。

(7)电风扇或烘箱。

3. 方法与步骤

(1)准备试件。可采用室内成型试件，也可采用工程现场钻芯、切割等方法获得的试

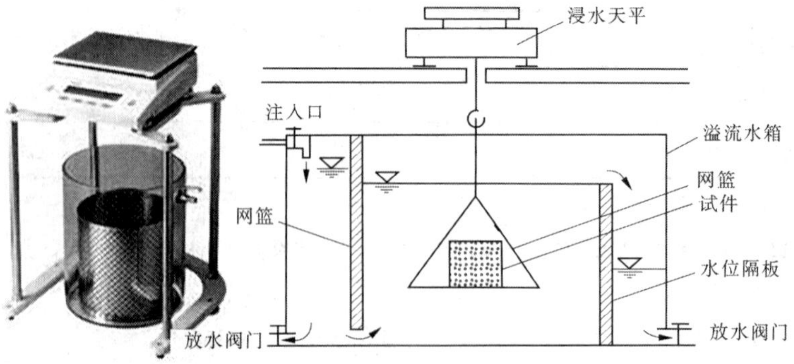

图 3-33　溢流水箱及下挂法水中重称量方法示意

件。当采用现场取芯样时,试验前试件宜在阴凉处保存(温度不宜高于 35 ℃),且放置在水平的平面上,注意不要使试件产生变形。

(2)选择适宜的浸水天平或电子秤,最大称量应满足试件质量的要求。

(3)除去试件表面的浮粒,称取干燥试件的空中质量(m_a),根据选择的天平的感量读数,准确至 0.1 g 或 0.5 g。

(4)将溢流水箱保持在(25±0.5)℃。挂上网篮,浸入溢流水箱中,调节水位,将天平调平并复零,把试件置于网篮中(注意不要晃动水)浸水中 3~5 min,称取水中质量(m_w)。若天平读数持续变化,不能很快达到稳定,说明试件吸水较严重,不适用于此法测定,应改用蜡封法测定。

(5)从水中取出试件,用洁净柔软的拧干湿毛巾轻轻擦去试件的表面水(不得吸走空隙内的水),称取试件的表干质量(m_f)。从试件拿出水面到擦拭结束不宜超过 5 s,称量过程中流出的水不得再擦拭。

(6)对从工程现场钻取的非干燥试件,可先取水中质量(m_w)和表干质量(m_f),然后用电风扇吹干至恒重[一般不少于 12 h,当不需进行其他试验时,也可用(60±5)℃烘箱烘干至恒重],再称取空气中质量(m_a)。

4. 计算

(1)按式(3-28)计算试件的吸水率,取 1 位小数。试件的吸水率即试件吸水体积占沥青混合料毛体积的百分率。

$$\omega_{x_a} = \frac{m_f - m_a}{m_f - m_w} \times 100\% \tag{3-28}$$

式中　ω_{x_a}——试件的吸水率;

m_a——干燥试件的空中质量,g;

m_w——试件的水中质量,g;

m_f——试件的表干质量,g。

(2)按式(3-29)及式(3-30)计算试件的毛体积相对密度和毛体积密度,取 3 位小数。

$$\gamma_f = \frac{m_a}{m_f - m_w} \tag{3-29}$$

$$\rho_f = \frac{m_a}{m_f - m_w} \times \rho_w \tag{3-30}$$

式中　γ_f——试件毛体积相对密度,无量纲;

ρ_f——试件毛体积密度,g/cm^3;

ρ_w——25 ℃水的密度,取 0.997 1 g/cm^3。

(3)按式(3-31)计算试件的空隙率,取1位小数。

$$VV = \left(1 - \frac{\gamma_f}{\gamma_t}\right) \times 100\% \tag{3-31}$$

式中　VV——试件的空隙率;

γ_t——沥青混合料理论最大相对密度,无量纲;

γ_f——试件的毛体积相对密度,用表干法测定,当试件吸水率>2%时,宜采用蜡封法测定,当按规定容许采用水中重法测定时,也可用表观相对密度代替。

(4)确定沥青混合料的理论最大相对密度,取3位小数。

①对非改性的普通沥青混合料,采用真空法实测沥青混合料的理论最大相对密度 γ_t。

②对改性沥青或SMA混合料宜按式(3-32)或式(3-33)计算沥青混合料对应油石比的理论最大相对密度。

$$\gamma_t = \frac{100\% + P_a}{\dfrac{100\%}{\gamma_{se}} + \dfrac{P_a}{\gamma_b}} \tag{3-32}$$

$$\gamma_t = \frac{100\% + P_a + P_x}{\dfrac{100\%}{\gamma_{se}} + \dfrac{P_a}{\gamma_b} + \dfrac{P_x}{\gamma_x}} \tag{3-33}$$

$$\gamma_{se} = \frac{100\% - P_b}{\dfrac{100\%}{\gamma_t} - \dfrac{P_b}{\gamma_b}}$$

式中　γ_t——计算沥青混合料对应油石比的理论最大相对密度,无量纲;

P_a——油石比,即沥青质量占矿料总质量的百分比,$P_a = [P_b/(100\% - P_b)] \times 100\%$;

γ_{se}——合成矿料的有效相对密度,无量纲;

P_b——沥青用量,即沥青质量占沥青混合料总质量的百分比;

γ_b——25 ℃时沥青的相对密度,无量纲;

γ_x——25 ℃时纤维的相对密度,由厂方提供或实测得到,无量纲。

注:对改性沥青及SMA等难以分散的混合料,有效相对密度直接由矿料合成毛体积相对密度与合成表观相对密度计算确定,其中系数 C 值根据材料的吸水率求得,合成矿料吸水率可根据下列公式计算。

$$\gamma_{se} = C\gamma_{sa} + (1 - C)\gamma_{sb}$$

$$C = 0.33w_x^2 - 0.293w_x + 0.933\,9$$

$$w_x = \left(\frac{1}{\gamma_{sb}} - \frac{1}{\gamma_{sa}}\right) \times 100$$

其中,γ_{sa} 为合成相对表观密度,即

$$\gamma_{sa} = \frac{100\%}{\frac{p_1}{\gamma'_1} + \frac{p_2}{\gamma'_2} + \cdots + \frac{p_n}{\gamma'_n}}$$

③对旧路面钻取芯样试件缺乏材料密度、配合比及油石比的沥青混合料可采用真空法实测沥青混合料的理论最大相对密度 γ_t。

(5)按式(3-34)~式(3-36)计算试件的空隙率、矿料间隙率 VMA 和有效沥青的饱和度 VFA,取 1 位小数。

$$VV = \left(1 - \frac{\gamma_f}{\gamma_t}\right) \times 100\% \tag{3-34}$$

$$VMA = \left(1 - \frac{\gamma_f}{\gamma_{sb}} \times \frac{P_s}{100\%}\right) \times 100\% \tag{3-35}$$

$$VFA = \frac{VMA - VV}{VMA} \times 100\% \tag{3-36}$$

式中 VV——沥青混合料试件的空隙率;

VMA——沥青混合料试件的矿料间隙率;

VFA——沥青混合料试件的有效沥青饱和度;

P_s——各种矿料占沥青混合料总质量的百分率之和,$P_s = 100\% - P_b$;

γ_{sb}——矿料的合成毛体积相对密度,无量纲。

(6)应在试验报告中注明沥青混合料的类型及测定密度采用的方法;试件毛体积密度重复性的允许误差为 0.020 g/cm³,试件毛体积相对密度试验重复性的允许误差为 0.020。

5. 工程示例

沥青混合料马歇尔稳定度试验(表干法)报告如表 3-36 所示。

表 3-36 沥青混合料马歇尔稳定度试验(表干法)报告

工程名称:××高速公路改扩建工程路面综合二合同　　　　报告编号:LH-S××-20210828××

承包单位	辽宁××公路工程有限责任公司								合同编号	LH-S××-20210828××
委托单位	辽宁××公路工程有限责任公司								分项工程	沥青面层
监理单位	××公路工程监理有限责任公司								试验者	×××
试验单位	辽宁省×××公路工程质量检测中心								校核者	×××
试验规程	JTG E20—2011(T 0719—2011)								试验日期	2021-08-28
试样描述	LAC-25 沥青混凝土								报告日期	2021-08-29
矿料名称	1#仓	2#仓	3#仓	4#仓	5#仓	6#仓	矿粉	水泥	沥青种类	道路石油沥青
矿料毛体积相对密度	2.733	2.700	2.710	2.712	2.723	2.722	2.721	3.076	沥青等级	A-90 号

续表 3-36

矿料表观相对密度	2.733	2.741	2.718	2.717	2.727	2.728	2.721	3.076	沥青相对密度	1.01	水的密度/(g/cm^3)	0.997
矿料比例	22	17	11	15	29	2	2	2	击实温度/℃	140	击实次数	双面各75次

油石比	4.5%	混合料级配	LAC-25	混合料用途	路面下面层	取样地点	拌和站	混合料种类	沥青混凝土

试件编号	试件尺寸/mm 直径	高度 1	高度 2	高度 3	高度 4	平均值	空气中质量/g	水中质量/g	表干质量/g	相对密度 理论值 2.547 / 实测值	空隙率VV/%	沥青体积百分率/%	矿料间隙率VMA/%	饱和度VFA/%	稳定度MS/kN	流值FL/mm	马歇尔模数/(kN/mm)
01	101.6	62.8	62.9	63.0	62.4	62.8	1 204.4	718.5	1 208.5	2.458	3.5	10.2	13.7	74.5	8.98	30.8	2.92
02	101.6	63.4	63.0	63.2	63.3	63.2	1 209.4	719.5	1 211.1	2.460	3.4	10.2	13.6	75.0	9.56	32.5	2.94
03	101.6	62.7	62.5	62.4	62.4	62.5	1 207.4	720.5	1 212.1	2.456	3.6	10.2	13.7	73.7	10.02	34.1	2.94
04	101.6	62.5	62.7	62.6	62.7	62.6	1 207.6	719.5	1 210.9	2.457	3.5	10.2	13.7	74.5	9.86	33.4	2.95
平均值										2.458	3.5	10.2	13.7	74.4	9.61	32.7	2.94

结论:符合设计要求	技术负责人意见: 签名:
监理(督)工程师签字: 签名:	试验室盖章:

检测项目二　沥青混合料理论最大相对密度试验(真空法)

1. 目的与适用范围

(1)本方法适用于采用真空法测定沥青混合料理论最大相对密度,供沥青混合料配合比设计、路况调查或路面施工质量管理计算空隙率、压实度等使用。

(2)本方法不适用于吸水率大于3%的多孔性集料的沥青混合料。

2. 仪具与材料

(1)天平:称量5 kg以上,感量不大于0.1 g;称量2 kg以下,感量不大于0.05 g。

(2)负压容器:根据试样数量选用表3-37中的A、B、C任何一种类型。负压容器扣带橡皮塞,上接橡胶管,管口下方有滤网,防止细集料部分吸入胶管。为便于抽真空时观察气泡情况,负压容器至少有一面透明或者采用透明的密封盖。

表3-37　负压容器类型

类型	容器	附属设备
A	耐压玻璃,塑料或金属制的罐,容积大于2 000 mL	有密封盖,接真空胶管,分别与真空装置和压力表连接
B	容积大于2 000 mL的真空容量瓶	带胶皮塞,接真空胶管,分别与真空装置和压力表连接
C	4 000 mL耐压真空容器皿或干燥器	带胶皮塞,接真空胶管,分别与真空装置和压力表连接

(3)真空负压装置:由真空泵、真空表、调压装置、压力表及干燥或积水装置等组成,如图3-34所示。

图3-34　理论最大相对密度仪及其装置

①真空泵应使负压容器内产生(3.7±0.3)kPa或[(27.5±2.5)mmHg]负压;真空表分度值大于2 kPa。

②调压装置应具备过压调节功能，以保持负压容器的负压稳定在要求的范围内，同时应具有卸除真空压力的功能。

③压力表应经过标定，能够测定 0~4 kPa(0~30 mmHg) 负压。当采用水银压力表时分度值 1 mmHg，示值误差为 2 mmHg；非水银压力表分度值 0.14 kPa。压力表不得直接与真空装置连接，应单独与负压容器相接。

④采用干燥或积水装置主要是为了防止负压容器内的水分进入真空泵。

(4)振动装置：试验过程中根据需要可以开启或关闭。

(5)恒温水槽：水温控制在(25±0.5)℃。

(6)温度计：分度值 0.5 ℃。

(7)其他：玻璃板、平底盘、铲子等。

3. 方法与步骤

1)准备工作

(1)按以下方法获取沥青混合料试样，试样数量宜不少于表 3-38 规定的数量。

表 3-38　沥青混合料试样数量

公称最大粒径/mm	试样最小质量/g	公称最大粒径/mm	试样最小质量/g
4.75	500	26.5	2 500
9.5	1 000	31.5	3 000
13.2、16	1 500	37.5	3 500
19	2 000		

①拌制 2 个平行试样的沥青混合料，放置于平底盘中。

②从拌和楼、运料车或者摊铺现场取代表性的沥青混合料，趁热按四分法将其缩分成 2 个平行试样，分别放置于平底盘中。

③从沥青路面上钻芯取样或切割的试样，或其他来源的冷沥青混合料，应置于(125±5)℃烘箱中加热至变软、松散后，缩分成 2 个平行试样，分别放置于平底盘中。

(2)将平底盘中的热沥青混合料，在室温中冷却或者用电风扇吹，一边冷却一边将混合料团块仔细分散，粗集料不破碎，细集料团块分散到小于 6.4 mm。若混合料坚硬可用烘箱适当加热，然后分散，加热温度不超过 60 ℃，分散试样时可用铲子翻动、分散，在温度较低时应用手掰开，不得用锤子打碎，防止集料破碎。当试样是从施工现场采集的非干燥混合料时，应用电风扇吹干至恒重再操作。

(3)负压容器标定：

①A 类容器：将容器全部浸入(25±0.5)℃的恒温水槽中，负压容器完全浸没、恒温(10±1)min，称取容器的水中质量 m_1。

②B、C 类容器：将 B、C 类容器装满(25±0.5)℃水(容器端口用玻璃板盖住以保持完全充满水)，正确称取负压容器与水的总质量 m_b。

(4)将负压容器干燥、编号,称取其干燥质量。

2)试验步骤

(1)将沥青混合料试样装入干燥的负压容器中,称取容器及沥青混合料总质量,得到试样的空气中质量 m_a。试样质量应不小于前述规定的最小数量。

(2)在负压容器中注入(25±0.5)℃的水,将混合料全部浸没,并较混合料顶面高出约2 cm。

(3)将负压容器放到试验仪上,与真空泵、压力表等连接,开动真空泵,负压容器负压在2 min内达到(3.7±0.3)kPa[(27.5±2.5)mmHg]时,开始计时,同时开动振动装置和抽真空,持续(15±2)min。为使气泡容易除去,可在水中加入0.01%浓度的表面活性剂(如每100 mL水中加0.01 g洗涤灵)。

(4)当抽真空结束后,关闭真空装置和振动装置,打开调压阀慢慢卸压,卸压速度不得大于8 kPa/s(通过真空表读数控制),使负压容器内压力表逐渐恢复。

(5)当负压容器采用A类容器时,将盛试样的容器浸入保温至(25±0.5)℃的恒温水槽中,恒温(10±1)min后,称取负压容器与沥青混合料的水中质量(m_2)。

(6)当负压容器采用B、C类容器时,将装有沥青混合料试样的容器浸入保温至(25±0.5)℃的恒温水槽中,恒温(10±1)min后注意容器中不得有气泡,擦净容器外的水分,称取容器、水和沥青混合料试样的总质量(m_c)。

4. 计算

(1)采用A类容器时,沥青混合料的理论最大相对密度按式(3-37)计算。

$$\gamma_t = \frac{m_a}{m_a - (m_2 - m_1)} \tag{3-37}$$

式中 γ_t——沥青混合料理论最大相对密度;

m_a——干燥沥青混合料试样的空气中质量,g;

m_1——负压容器在25 ℃水中的质量,g;

m_2——负压容器与沥青混合料在25 ℃水中的质量,g。

(2)采用B、C类容器作负压容器时,沥青混合料的最大相对密度按式(3-38)计算。

$$\gamma_t = \frac{m_a}{m_a + m_b - m_c} \tag{3-38}$$

式中 m_b——装满25 ℃水的负压容器质量,g;

m_c——25 ℃时试样、水与负压容器的总质量,g。

(3)沥青混合料25 ℃时的理论最大密度按式(3-39)计算。

$$\rho_t = \gamma_t \times \rho_w \tag{3-39}$$

式中 ρ_t——沥青混合料的理论最大密度,g/cm^3;

ρ_w——25 ℃时水的密度,取0.997 1 g/cm^3。

(4)同一试样至少平行试验两次,计算平均值作为试验结果,计算至小数点后3位。

5. 报告

沥青混合料最大密度试验(真空法)报告如表3-39所示。

表 3-39　沥青混合料最大密度试验(真空法)报告

工程名称:××高速公路改扩建工程路面综合二合同　　　　报告编号:LH-S××-20210812××

承包单位	辽宁××公路工程有限责任公司	委托单编号	LH-S××-20210828××
委托单位	辽宁××公路工程有限责任公司	分项工程	沥青面层
监理单位	××公路工程监理有限责任公司	试验者	×××
试验单位	辽宁省×××公路工程质量检测中心	校核者	×××
试验规程	JTG E20—2011(T 0711—2011)	试验日期	2021-08-12
试样描述	LAC-25 沥青混凝土,油石比 4.5%	报告日期	2021-08-12

试验水温	25 ℃	取样地点	拌和站	水的密度	0.997 1 g/cm^3
混合料类型	沥青混凝土	混合料级配	LAC-25	容器类型	C 类
混合料用途			沥青路面下面层		

试件组号	负压容器编号	负压容器质量/g	干燥混合料与负压容器质量/g	试样和水及负压容器质量/g	装满水的负压容器质量/g	理论最大相对密度	平均理论最大相对密度	理论最大密度/(g/cm^3)	平均理论最大密度/(g/cm^3)
1	01	1 023	3 265	8 594.1	7 262.1	2.464	2.464	2.457	2.457
	02	1 024	3 567	8 933.9	7 422.9	2.464		2.457	

结论:符合设计要求	技术负责人意见: 签名:
监理(督)工程师意见: 签名:	试验室盖章:

七、其他沥青混合料

（一）沥青玛琋脂碎石混合料（SMA）

沥青玛琋脂碎石混合料（SMA）是一种新型沥青混合料结构，是由沥青混合料与少量的纤维稳定剂、细集料及较多量的矿粉组成的沥青玛琋脂，填充于间断级配的粗集料骨架间隙中组成一体所形成的沥青混合料，简称 SMA。SMA 混合料属于骨架密实结构，具有耐磨抗滑、密实耐久、抗疲劳、抗高温车辙、减少低温开裂等优点，适用于高等级公路的路面的上面层使用。

1. SMA 的技术性质

1）高温稳定性

在 SMA 的组成中，粗集料骨架占 70%～80%，混合料中粗集料相互之间的接触面很多，细集料很少，矿粉用量达 8%～13%，玛琋脂部分填充了粗集料的骨架空隙，所以 SMA 抵抗荷载变形能力强。即使在高温条件下，沥青玛琋脂的黏度下降，对这种抵抗能力的影响也不大，因而 SMA 有较强的高温抗车辙能力。

2）低温抗裂性

低温条件下的沥青混合料抗裂性能主要由结合料的拉伸性能决定。由于在 SMA 的间填充了丰富的沥青玛琋脂，当温度下降，混合料收缩变形使集料被拉开时，沥青玛琋脂有较好的黏连作用，它的韧性和柔性使混合料有较好的低温变形性能。

3）耐久性

在 SMA 中粗集料骨架空隙被沥青玛琋脂充分填充，且沥青膜较厚，混合料的空隙率很小，沥青与空气的接触面少，因而沥青混合料的耐老化性能好，同时由于内部空隙小，其变形率小，因此有良好的耐久性。此外，由于 SMA 基本上是不透水的，用于路面表层时对中、下面层和基层都有较强的保护作用和隔水作用，使沥青路面保持较高的整体强度和稳定性。

4）表面特性

SMA 的集料要求使用坚硬、粗糙、耐磨的优质石料。在级配上采用间断级配，粗集料含量高，路面压实后表面构造深度大，一般超过 1 mm。使沥青路面面层具有良好的抗滑性和耐磨性能。雨天行车不会产生较大的水雾和溅水，增加雨天行车的可见度，减少噪声，提高了道路行驶质量。

2. SMA 对组成材料要求

SMA 路面在材料使用上可归纳为三多一少：粗集料多，矿粉多，沥青多，细集料少。对组成 SMA 的原材料要求如下。

1）集料

SMA 所用粗集料要求质地坚硬、表面粗糙、抗磨、耐磨、形状接近立方体，有良好的嵌挤能力。SMA 所用粗集料对抗压碎的能力要高，严格限制其针、片状含量。尽量选择碱性集料，若条件不允许，须采取抗剥落措施。

在 SMA 中细集料宜采用专用的细集料破碎机生产的机制砂，当采用普通石屑时，宜采用石灰岩石屑，且不得含有泥土、杂物。与天然砂混用时，天然砂的用量不宜超过机制砂或石屑的用量，棱角性宜大于 45%。

2)填料

SMA需要的填料必须采用由石灰石等碱性岩石磨细的矿粉,矿粉必须保持干燥,能从石粉仓自由流出,其质量要符合要求。回收粉尘比例不宜超出填料总量的25%。粉煤灰严禁作为SMA的填料使用。

3)沥青

SMA混合料需要采用黏度较大的沥青,以适应它的高沥青含量的低流淌性。一般采用等级90号以下的道路石油沥青。高等级公路、重大交通工程及夏季特别炎热、冬季特别寒冷地区宜采用改性沥青。

4)纤维稳定剂

SMA的纤维稳定剂一般有木质素纤维、矿物纤维、聚合物化学纤维三大类。由于木质素纤维防漏效果显著,且价格合理,因此SMA普遍采用木质素纤维作为稳定剂。其质量应符合规范要求的质量标准。

3. SMA的应用

我国自20世纪90年代引入SMA的技术,先后在许多省份推广采用这种结构类型修筑路面。SMA被广泛用于高速公路、城市快速干路、公路重交通路段、超载车多路段、停车场、钢桥桥面铺装及原路面加铺等。

(二)开级配抗滑磨耗层(OGFC)

开级配抗滑磨耗层是一种多孔性排水式开级配沥青混合料,具有优良的表面特性。OGFC路面具有如下特点。

1. 减少水雾和眩光

OGFC路面空隙率大,水不会留存在路表面,所以可消除水雾。雨天,其上面层集料呈不规则的棱角,雨天形成光线漫反射,可减少眩光,道路标线清晰,司机很安全。

2. 抗车辙能力

粗集料颗粒间相互直接接触可构成骨架结构,承担了荷载作用、高黏度沥青黏附作用,透水性沥青混合料动稳定度高达5 000次/min,高温下抵抗变形能力大,使路面具有良好的抗车辙性能。

3. 降低噪声

开级配抗滑磨耗层降低噪声的性能源于OGFC空隙率大,车轮滚动产生的噪声被多孔路面气流消散,所以OGFC可降低噪声。

4. 排水性

由于雨水可透过OGFC层,路表面不能形成连续水膜,即使长时间大雨,雨水也会通过OGFC的多孔结构消失,所以OGFC可防水漂,有较高的安全性。

5. 耐久性

OGFC耐久性比一般沥青混合料路面低。由于其空隙率大,在使用一定时间后,灰尘、雨天的污物就会堵塞其空隙,使排水功能降低,易老化及剥落。

开级配抗滑磨耗层沥青混合料虽有许多优点,同时也存在不足,需在材料选取、配合比设计、后期养护等采取一定措施保证OGFC能保持路面排水、降低噪声、延缓老化、提高透水性路面的耐久性。

课后练习

沥青

一、填空

1. 反映沥青温度稳定性的重要指标是(   )。
2. 我国现行规范中,(   )是用于划分沥青标号的技术指标。
3. 石蜡基沥青含蜡量大于(   )。
4. 反映沥青塑性的重要指标是(   )。
5. 沥青针入度试验中针和针连杆组合件总质量为(   )。
6. 试验测得沥青软化点为 81.4 ℃,试验结果应记为(   )。
7. 沥青与矿料黏附性试验用于评定集料的(   )。
8. 采用(   )值来判别沥青的胶体结构。
9. 沥青延度的单位为(   )。
10. 石油沥青按四组分划分为(   )。
11. 沥青软化点的单位为(   )。
12. 沥青针入度的单位为(   )。

二、判断

1. 在沥青延度试验中,发现沥青浮于水面,应向水中加入盐。(   )
2. 沥青软化点在 80 ℃以上时,采用(32±1)℃的甘油为介质。(   )
3. 延度试验隔离剂只涂端模。(   )
4. 当针入度试验结果在 50~149(0.1 mm)时,其允许差值为 2(0.1 mm)(   )。
5. 蜡影响路面的行车安全。(   )
6. 稠度高的沥青黏度也高。(   )
7. 沥青中含有较多石蜡,可以改善其路用性能。(   )
8. 软化点越高,沥青的温度稳定性越好。(   )
9. 影响塑性大小的因素与沥青组分及温度有关。(   )
10. 沥青老化后针入度减小,延度降低,软化点升高。(   )
11. 沥青与岩石的黏附性试验方法采用水煮法和水浸法。(   )
12. 沥青的软化点愈高其温度稳定性愈好。(   )
13. 石油沥青的三组分为油分、树脂、沥青质三部分。(   )
14. 针入度值越小表示黏度越大。(   )
15. 在石油沥青胶体结构中,以溶凝胶型沥青的温度敏感性为最好。(   )

沥青混合料

一、填空

1. 沥青混合料配合比设计中，沥青含量为以下两个质量比的百分率（　　　　）。
2. 车辙试验检验沥青混合料（　　　　）性能。
3. 石油沥青混合料马歇尔试件恒温要求是（　　　　）。
4. 沥青混合料中油石比是 5%，沥青用量是（　　　　）。
5. 沥青混合料选用岩石应选用（　　　　）。
6.（　　　　）用于评价沥青混合料高温稳定性。
7. 沥青混合料中的沥青用量是 4.2%，油石比是（　　　　）。

二、判断

1. 沥青的黏度越大，沥青混合料的黏聚力越大。（　　）
2. 车辙标准试件尺寸为 300 mm×300 mm×50 mm。（　　）
3. 马歇尔稳定度用于测定沥青混合料试件破坏荷载和变形能力。（　　）
4. 沥青混合料选用的岩石最优选择是酸性岩石。（　　）
5. 密实沥青混凝土混合料以 AC 表示。（　　）
6. 车辙试验主要用来评价沥青混合料的低温抗裂性。（　　）
7. 沥青混合料用集料筛分应用"干筛分"。（　　）
8. 在沥青混合料中沥青和填料起胶结和填充作用。（　　）
9. 沥青混合料的施工和易性取决于矿料级配、沥青品种用量及施工环境条件。（　　）
10. 沥青混合料对于集料的要求需洁净、无风化、无杂质、干燥、有足够强度、耐磨性，形状接近立方体。（　　）
11. 流值是达到最大破坏荷载时试件的垂直变形。（　　）
12. 沥青混合料按制造工艺可分为热拌、冷拌及再生沥青混合料。（　　）

三、简答

1. 黏稠沥青三大指标的单位如何表示？
2. 黏稠沥青三大指标是什么？各表征沥青什么性质？
3. 确定最佳沥青用量时应绘制哪些关系曲线？
4. 沥青混合料配合比设计包括哪几个阶段？
5. 沥青混合料有哪几种结构类型？
6. 沥青混合料按公称最大粒径分类可分为哪几种？
7. 沥青混合料技术性质包括哪几方面？
8. 影响沥青混合料抗剪强度的因素有哪些？

四、计算

现有 3 种沥青,其针入度-温度指数 A_{lgPen} 见表 3-40,计算沥青的针入度指数 PI,说明它们的胶体结构类型。

表 3-40 沥青针入度-温度指数

沥青技术指标	沥青种类		
	甲	乙	丙
A_{lgPen}	0.060	0.028	0.040
针入度指数 PI			
胶体结构类型			

模块四　建筑钢材

知识目标

1. 掌握钢材的类别及牌号。
2. 掌握桥梁工程所用钢材的技术性质。

技能目标

1. 学生能够熟练完成钢材的性能检测工作。
2. 学生能够选用相应规格的钢材。

素质目标

1. 培养学生诚实守信、做人善良的优良品德。
2. 锻炼学生坚持自主创新、锐意进取的精神。
3. 培养学生勇挑重担、屡克难关的拼搏奋斗精神。

任务一　钢材的类别及牌号

钢材是一种以铁为主要元素、含碳量一般在2%以下，并含有其他元素［磷(P)、硫(S)、氧(O)、氮(N)、硅(Si)和锰(Mn)］的材料。建筑钢材是指建筑工程中用的各种钢材。建筑钢材主要包括钢结构用各种型材（简单截面型钢·圆钢、方钢、六角钢、八角钢等；复杂截面型钢：工字钢、角钢、槽钢、钢轨等）、线材（如钢筋、钢丝等）、管材（无缝钢管、焊接钢管等），板材（光面钢板、花纹钢板、彩色涂层钢板）等。建筑钢材品种见图4-1。

(a)型材　(b)线材　(c)管材　(d)板材

图4-1　建筑钢材品种

一、钢材的分类

(一)按化学成分分类

1. 碳素钢

经冶炼直接得到的铁碳合金,其包含有硅、锰、磷、硫等杂质,按含碳量又可分为:

(1)低碳钢:含碳量不大于 0.25%;

(2)中碳钢:含碳量在 0.30%~0.60%;

(3)高碳钢:含碳量不小于 0.60%。

2. 合金钢

在冶炼时特意往钢中加入一些合金元素的钢,经常加入的合金元素有锰、硅、钛、钒、铬、钼、钨等,按合金含量又可分为:

(1)低合金钢:合金元素总含量小于 5%;

(2)中合金钢:合金元素总含量在 5%~10%;

(3)高合金钢:合金元素总含量大于 10%。

(二)按质量分类

根据钢中所含有害杂质硫(S)、磷(P)的含量可分为:

(1)普通碳素钢:S、P 含量分别不大于 0.055%和 0.045%;

(2)优质碳素钢:S、P 含量均不大于 0.040;

(3)高质碳素钢:S、P 含量分别不大于 0.030%和 0.035%。

(三)按用途分类

(1)结构钢:制造各种工程的构件和机械零件的钢,一般属于低碳钢和中碳钢。

(2)工具钢:制造各种刀具、量具、模具的钢,一般属于高碳钢。

(四)按冶炼时脱氧程度分类

(1)沸腾钢:是脱氧不充分的钢,在浇铸及钢液冷却时,有大量的一氧化碳气体逸出,钢液呈激烈沸腾状态。

(2)镇静钢:脱氧充分,钢水较纯净,浇铸钢锭时,钢水平静,镇静钢材质致密均匀,质量高于沸腾钢。

(3)半镇静钢:脱氧程度及钢水质量介于上述两者之间。

(五)按成型方法分类

钢材按成型方法可分为铸造钢、锻造钢、轧压钢、冷拔钢。

钢材是建筑工程中常用的建筑材料之一。桥梁用钢材要求具有较高的强度、良好的塑性和可焊性。因此,桥梁建筑用钢材、钢筋混凝土用的钢筋,从用途分类来说属于结构钢;从质量分类来说属于普通钢;从含碳量分类来说属于低碳钢。所以,桥梁结构用钢和钢筋混凝土用的钢筋属于碳素结构钢或低合金结构钢。

二、常用建筑钢材牌号表示方法

土木工程用钢材主要有碳素结构钢、低合金结构钢及优质碳素结构钢。

(一)碳素结构钢牌号

碳素结构钢适用于一般工程的结构中,可加工成各种型钢、钢筋和钢丝。牌号由以下4个部分组成:

(1)代表钢材屈服强度的“屈”字汉语拼音首字母“Q”。

(2)代表钢材屈服强度的数值,分别为195、215、235、255和275,以MPa计。

(3)代表钢材质量等级的符号,依钢材中硫(S)、磷(P)含量的多少分为A、B、C、D 4个等级:A级不要求冲击韧性;B级要求+20 ℃冲击韧性;C级要求0 ℃冲击韧性;D级要求-20 ℃冲击韧性。

(4)代表钢脱氧程度的符号,沸腾钢为F,镇静钢为Z,半镇静钢为B,特殊镇静钢为TZ。

例如:Q215AF表示屈服点值≥215 MPa的质量等级为A级的沸腾碳素结构钢。

Q195、Q215强度低,塑性和韧性好,易于冷弯加工。Q275钢强度高,塑性、韧性和焊接性都较差,不宜焊接和冷弯,可用于轧制钢筋和机械零件。Q235钢有较高的强度、良好的韧性、塑性及焊接性能,能满足钢结构和钢筋混凝土结构用钢要求,冶炼方便,成本较低,是工程用钢最典型、生产和使用量最大、用途最广泛的牌号。

(二)低合金结构钢

低合金结构钢可加工成各种型钢、钢板、钢管及钢筋,牌号由以下3个部分组成:

(1)代表钢材屈服强度的“屈”字汉语拼音首字母“Q”。

(2)代表钢材屈服强度的数值,分别为355、390、420、460、500、550、620和690,以MPa计。

(3)代表钢材质量等级的符号,依钢材中硫(S)、磷(P)含量的多少分为A、B、C、D和E 5个等级。

例如:Q390B表示屈服强度≥390 MPa的质量等级为B级的低合金结构钢。

低合金结构钢与碳素结构钢比较,其具有较高的强度,综合性能好,应用于各种重型结构、大跨度结构和桥梁工程等。

(三)优质碳素结构钢

优质碳素结构钢可加工成预应力混凝土用的碳素钢丝、刻痕钢丝及钢绞线,牌号由两部分组成:2位阿拉伯数字或阿拉伯数字和化学元素Mn。

(1)数字代表平均含碳量的万分数。

(2)Mn表示该钢属于较高锰含量钢。锰含量<0.8%为普通锰含量钢;锰含量在0.7%~1.2%的是较高锰含量钢。

例如:45号钢表示钢中平均碳含量为0.45%;35Mn表示平均碳含量为0.35%,含锰量为0.7%~1.0%。若是沸腾钢或半镇静钢,在牌号后加上“F”或“B”。

任务二　桥梁工程用钢材基本性能

桥梁工程用钢材基本性能包括力学性能和工艺性能。力学性能包括拉伸性能、冲击韧性、硬度;工艺性能包括冷弯性能和焊接性能。

一、力学性能

(一)拉伸性能

钢材拉伸试验

在外力作用下,材料抵抗变形和断裂的能力称为强度。测定钢材强度的主要方法是拉伸试验。由拉伸试验可知,拉伸性能是建筑钢材最重要的性能。钢材受拉时,在产生应力的同时,相应地产生应变。从图 4-2 钢材拉伸的应力-应变(σ-ε)关系中可看出,应力和应变的关系反映出钢材的主要力学特征。钢材从受拉到拉断,共经历了四个阶段:弹性阶段、屈服阶段、强化阶段和颈缩阶段。

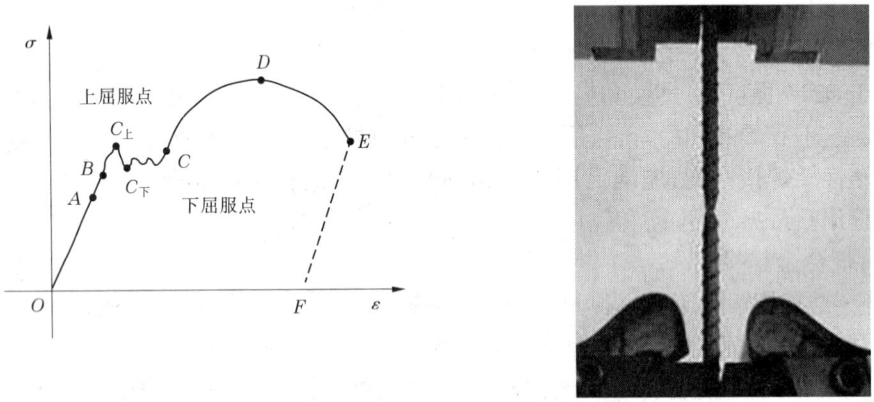

图 4-2　钢材拉伸过程的 $\sigma-\varepsilon$ 关系

1. 弹性阶段 *OB*

此阶段应力 σ 与应变 ε 呈正比关系,应力增加,应变也增大。其比值为常数,即弹性模量,用 E 表示,$E=\sigma/\varepsilon$。弹性模量反映了钢材抵抗变形的能力。它是钢材在受力条件下计算结构变形的重要指标。建筑常用碳素结构钢 Q235 的弹性模量 $E=(2.0\sim2.1)\times10^5$ MPa。使钢材产生最大弹性变形的应力称弹性极限,即 B 点对应的应力。建筑上常用钢的弹性极限 $\sigma_p=180\sim200$ MPa。

2. 屈服阶段 *BC*

在屈服阶段锯齿形的最高点所对应的应力称为屈服上限($C_上$点对应的应力值),齿形的最低点所对应的应力称为屈服下限($C_下$点对应的应力值)。因上屈服点不稳定,所以国标规定以下屈服点即 $C_下$所对应的应力,作为钢材的屈服强度,用 σ_S 表示。

屈服点的应力作为钢材的屈服强度(σ_S)以 MPa 表达,并按式(4-1)计算:

$$\sigma_S=\frac{F_S}{A_0} \tag{4-1}$$

式中　F_S——相当于所求应力的荷载,N;

A_0——试件的原横截面面积,mm^2。

屈服强度对钢材的使用有着重要的意义。在结构设计中,要求构件在弹性变形范围内工作,即使少量塑性变形也要避免,因此屈服强度是确定钢材容许应力的主要依据。

3. 强化阶段 *CD*

试件在屈服阶段以后，其抵抗塑性变形能力重新提高，称为强化阶段。*D* 点所对的应力称为抗拉强度，用 σ_b 表示，是钢材所能承受的最大拉应力。所以，屈服强度和抗拉强度是钢材力学性能的主要检验指标。抗拉强度(σ_b)以 MPa 表达，并按式(4-2)计算：

$$\sigma_b = \frac{F_b}{A_0} \tag{4-2}$$

式中　F_b——试件拉断前的最大荷载，N；

A_0——试件的原横截面面积，mm^2。

4. 颈缩阶段 *DE*

当应力超过抗拉强度后，处于试件薄弱处的截面将显著缩小，产生颈缩现象。塑性变形迅速增加，拉应力随着下降，最后钢材断裂。

钢材在受力破坏前可以经受永久变形的性能称为塑性。塑性指标通常用伸长率和断面收缩率表示。

1) 伸长率 δ

伸长率是钢材发生断裂时所能承受的永久变形的能力，以百分率表示，按式(4-3)计算：

$$\delta = \frac{l_1 - l_0}{l_0} \times 100\% \tag{4-3}$$

式中　l_1——试件拉断后标距部分的长度，mm；

l_0——试件的原标距长度，mm。

2) 断面收缩率 ψ

收缩率是试件拉断后缩颈处横截面面积的最大缩减量占横截面面积的百分率，以百分率表示，并按式(4-4)计算：

$$\psi = \frac{A_0 - A_1}{A_0} \times 100\% \tag{4-4}$$

式中　A_1——试件裂断处的横截面面积，mm^2；

A_0——试件的原横截面面积，mm^2。

伸长率 δ 与收缩率 ψ 都反映了钢材的变形性能。δ 与 ψ 越大，表明钢材塑性越好，钢材越易加工，且易保证质量。一般以 $\delta \geq 15\%$，$\psi \geq 10\%$ 为宜。

(二) 冲击韧性

冲击韧性是钢材在瞬间荷载作用下，抵抗破坏的能力。

钢材的冲击韧性试验(见图 4-3)是将标准弯曲试样置于冲击机的支架上，并使切槽位于受拉的一侧。试验时当试验机的重摆从一定高度自由落下时，试样中间 V

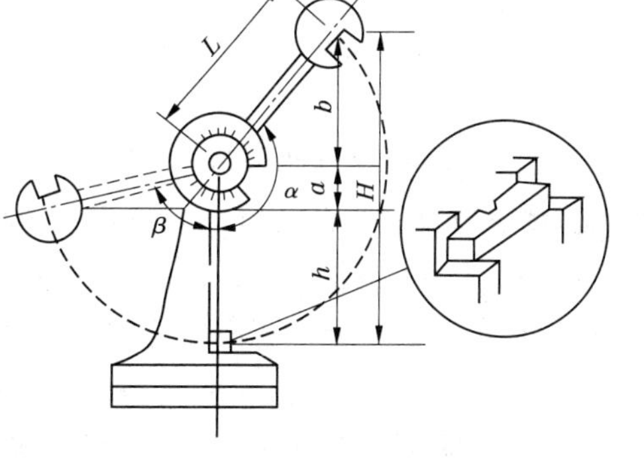

图 4-3　冲击韧性试验

形缺口受冲击破坏后,试样吸收的能量等于重摆所做的功 W。若试件在缺口处的最小横截面面积为 A,则冲击韧性 α_k(J/cm^2)为:

$$\alpha_k = \frac{W}{A} \tag{4-5}$$

α_k 值越大,表示钢材的冲击韧性越大,钢材抵抗冲击荷载的能力越强。钢材的冲击韧性对钢的化学成分、组织状态、冶炼和轧制质量,以及温度和时效等都较敏感。

(三)硬度

所谓硬度,一般理解为金属表面局部体积内抵抗更硬物体压入而引起塑性变形的抗力。硬度越高,表明金属抵抗塑性变形能力越大,金属产生塑性变形越困难。

我国现行标准测定钢材硬度的方法有布氏硬度法、洛氏硬度法和维氏硬度法等 3 种。

1. 布氏硬度(HBW)法

对一定直径的硬质合金球施加试验力压入试样表面,经过规定保持时间 10~15 s 后,卸除试验力,测量试样表面压痕的直径。布氏硬度法比较准确,但压痕较大,不宜用于成品检验。

2. 洛氏硬度(HR)法

用一个顶角 120°的金刚石圆锥体或直径为 1. 587 5 mm 或 3. 175 mm 的钢球(或硬质合金球),在一定荷载下压入被测试样表面,保持(4±2)s 时间后,卸除主试验力,测量在初试验力下的残余压痕深度 h。洛氏硬度法的压痕小,所以常用于判断工件的热处理效果。

洛氏硬度试验方法如下所述。

1)仪器

仪器主要有洛氏硬度计(见图 4-4)、压头。

图 4-4　洛氏硬度计

2)试样

(1)试样应尽量避免由于受热、冷加工等对试样表面的影响。

(2)试样的试验面尽可能是平面,不应有氧化皮及其他污物,表面粗糙度一般不大于 0. 8 μm。

(3)试样最小厚度应不小于 0. 2 mm。

3)步骤

在 10~35 ℃室温下进行,对精度要求较高的试验,室温应控制在(23±5)℃。

(1)依据试验材料选择压头类型和洛氏硬度标尺。使用与试样硬度值相近的标准洛氏硬度块对硬度计进行校验。

(2)试样的试验面、支承面、试台表面和压头表面应清洁。试样应稳固地放置在试台上,以保证在试验过程中不产生位移及变形。

(3)试验时,必须保证试验力方向与试样的试验面垂直。

(4)施加初始试验力时,指针或指示线不得超过洛氏硬度计规定范围。

(5)硬度检验每个试样一般测试 3 点(针),每一点(针)测得的硬度值加上修正值便可反映该试样的实际硬度值。

4）试验结果处理

（1）试验报告中给出的洛氏硬度值应精确至 0.5 个洛氏硬度单位。

（2）对于圆柱面和球面上测得的洛氏硬度值，应进行修正。

3. 维氏硬度（HV）法

将顶部两相对面夹角为 136°的正四面棱锥体金刚石压头用试验力压入试样表面，保持规定时间（10~15）s 后卸除试验力，测量试样表面压痕对角线长度。

二、工艺性能

（一）冷弯性能

冷弯性能是钢材在常温条件下承受规定弯曲程度的弯曲变形的能力，它是钢材的重要工艺性能之一。

冷弯试验的指标：①弯心直径 d 与试件厚度（直径）a 的比值 d/a；②弯曲角度（90°或 180°）。

如图 4-5 所示，弯曲角度愈大，弯心直径与试件厚度比愈小，则表示弯曲性能的要求愈高。试件按规定试验后弯曲处不产生裂纹、断裂和起层等工艺现象，即为合格。通过冷弯试验，更有助于暴露钢材的某些内在缺陷，它能揭示钢材是否存在内部组织不均匀、内应力和夹杂物等缺陷。

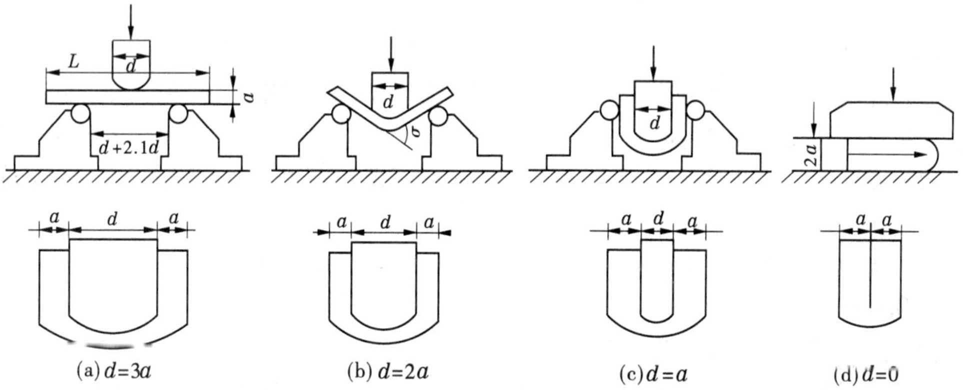

图 4-5　钢筋弯曲试验

冷弯也是检验钢材塑性的一种方法，并与伸长率存在有机的联系，伸长率大的钢材，其冷弯性能必然好，但冷弯检验对钢材塑性的评定比拉伸试验更严格、更敏感。

（二）焊接性能

焊接是把两块金属局部加热，并使其接缝部分迅速呈熔融或半熔融状态，而牢固地连接起来。焊接的质量取决于焊接工艺、焊接材料及钢的焊接性能，它是钢结构的主要连接形式。钢筋焊接方式如图 4-6 所示。

钢筋接头一般应采用焊接，螺纹钢筋也可采用挤压套管接头（或直螺纹连接）。

钢筋的焊接性能是指在一定的焊接工艺条件下，在焊缝及其附近过热区不产生裂纹及硬脆倾向，焊接后钢材的力学性能，特别是强度不低于原有钢材的强度。

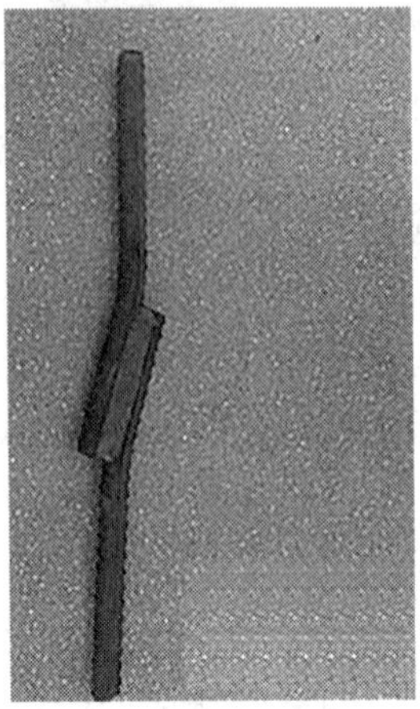
(a)钢筋搭接焊

(b)直螺纹连接

图 4-6　钢筋焊接方式

钢筋的化学成分对钢材的可焊性有很大的影响。随钢材的含碳量、合金元素及杂质元素含量的提高,钢材的可焊性降低。

钢筋的焊接应优先选用闪光对焊,当缺乏闪光对焊条件时,也采用电弧焊、电渣压力焊、气压焊等。

三、钢筋混凝土桥梁用钢种类抽检频率

(一)种类

钢筋混凝土桥梁用钢分为普通钢筋、预应力混凝土用冷拉钢筋、冷拔钢丝、高强钢丝、钢绞线和精轧螺纹粗钢筋等。目前在桥梁工程中,钢筋、预应力钢绞线应用最为广泛。

钢筋按外形分为光圆钢筋、带肋(螺纹)钢筋。螺纹钢筋有"人"字形钢筋、螺旋形钢筋。

钢筋按力学性能分为热轧光圆钢筋(HPB)、热轧带肋钢筋(HRB)、冷轧带肋钢筋(CRB)和低碳钢热轧圆盘条。

桥梁用钢筋种类见图 4-7。

预应力混凝土用钢绞线是钢厂用优质碳素结构钢经过冷加工,再经回火和绞捻等加工而成的。

(二)抽检频率

1. 钢筋

钢筋批量:同一厂别、同一炉号、同一规格、同一交货状态、同一进场时间为一验收批。热轧带肋钢筋、热轧光圆钢筋、低碳钢热轧圆盘条、余热处理钢筋每批数量不大于 60 t,取一组试样;冷轧带肋钢筋,每批数量不大于 50 t,取一组试样。

试件截取长度为:拉伸试件:$L \geq 10d+200$ mm;

冷弯试件:$L \geq 5d+150$ mm。

凡规定取两个试件的,均应从两根(或两盘)中分别切取,每根钢筋上切取一个拉力试件、一个冷弯试件;低碳钢热轧圆盘条,冷弯试件应取自同盘的两端;试件切取时,应在

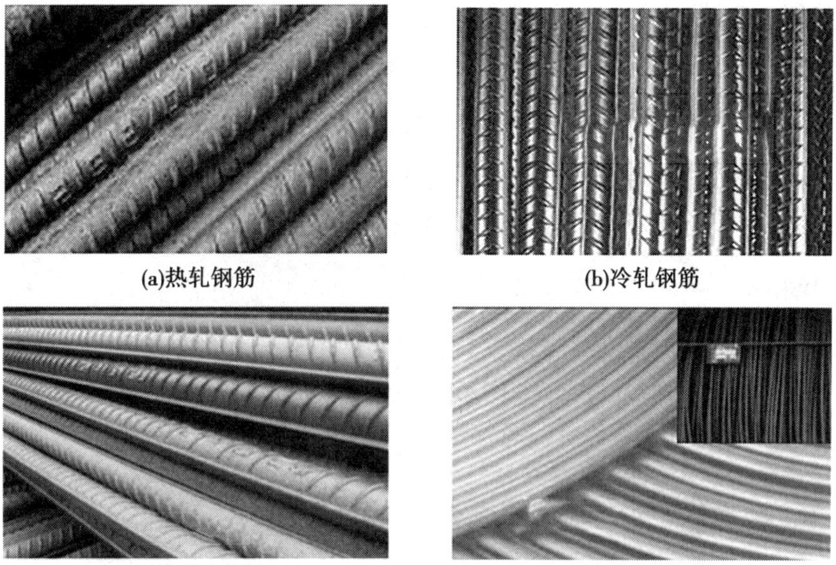

(a)热轧钢筋　(b)冷轧钢筋

(c)热轧带肋钢筋　(d)热轧光圆钢筋

图 4-7　桥梁用钢筋种类

钢筋或盘条的任意一端截去 500 mm 后切取。

拉伸试验和冷弯试验所取试样有一根不合格，需取双倍数量试件重新做试验。拉伸有一项指标不合格判定为不合格。冷弯有一根不合格判定为该材料不合格。

2. 钢绞线

批量规定：由同一牌号、同一规格、同一生产工艺制造的钢绞线为一验收批量，每批质量不大于 60 t。取样长度：$L \geqslant 500+200$ mm。

检验数量：从每批钢绞线中任取 3 盘，如每批少于 3 盘，则应逐盘进行检验。

可以从每批钢绞线的任一端切取样品，但发现钢丝有接缝的，任何试样都应作废，并应选取新的试样。

课后练习

一、单选

1. 伸长率和断面收缩率表示钢材断裂前经受(　　)变形的能力。

A. 干湿　　B. 塑性　　C. 温度　　D. 徐变

2. 在(　　)反复作用下，钢材在应力低于其抗拉强度时发生突然破坏，这种现象称为疲劳破坏。

A. 温度　　B. 潮湿环境　　C. 交变荷载　　D. 噪声

3. 钢材的冷弯性能用弯曲角度和(　　)与试件厚度或直径的比值来表示。

A. 直径　　B. 弯心直径　　C. 试件强度　　D. 塑性

4. 通过冷加工，钢材产生塑性变形，(　　)提高，塑性和韧性降低。

A. 耐久性　　B. 强度和硬度　　C. 直径　　D. 长度

5. 混凝土结构的用钢主要有各种(　　)、钢丝和钢绞线等。

A. 角钢　　B. 钢筋　　C. 工字钢　　D. 钢板

6. 碳素结构钢的屈服强度和抗拉强度随含碳量的增加而(　　)。

A. 增高　　B. 降低　　C. 不变　　D. 先增高后降低

二、判断

1. 将经过冷加工后的钢材在常温下放置 15~20 d，称为自然时效。(　　)
2. 将经冷加工后的钢材加热至 100~200 ℃，保持 1~2 h，这一过程叫人工时效。(　　)
3. 钢材冷拉加工可提高钢材的屈服强度，从而节约钢材。(　　)
4. 含碳量低于 0.3%的钢材焊接性能不好。(　　)
5. 硅、硫、锰、氮都是钢材中的有益元素。(　　)

三、简答

1. HRB 是什么种类钢筋？
2. 屈强比的含义是什么？
3. 钢材的热处理有哪四种方式？
4. 简述低碳钢拉伸变形破坏有哪四个过程。
5. 简述钢材作为建筑材料有哪些特性。
6. 简述钢的分类。
7. 简述钢材技术性质主要指标评价。
8. 简述钢材牌号表示方法。

附录　蒸馏水密度附表

单位：g/cm^3

温度/℃	+0.0	+0.1	+0.2	+0.3	+0.4	+0.5	+0.6	+0.7	+0.8	+0.9
5	0.999 991 9	0.999 990 2	0.999 988 3	0.999 986 4	0.999 984 2	0.999 981 9	0.999 979 5	0.999 976 9	0.999 974 1	0.999 971 2
6	0.999 968 1	0.999 964 9	0.999 961 6	0.999 958 1	0.999 954 4	0.999 950 6	0.999 946 7	0.999 942 6	0.999 938 4	0.999 934 0
7	0.999 929 5	0.999 924 8	0.999 920 0	0.999 915 0	0.999 909 9	0.999 904 6	0.999 899 2	0.999 893 6	0.999 887 9	0.999 882 1
8	0.999 876 2	0.999 870 1	0.999 863 8	0.999 857 4	0.999 850 9	0.999 844 2	0.999 837 4	0.999 830 5	0.999 823 4	0.999 816 2
9	0.999 808 8	0.999 801 3	0.999 793 6	0.999 785 9	0.999 778 0	0.999 769 9	0.999 761 7	0.999 753 4	0.999 745 0	0.999 736 4
10	0.999 727 7	0.999 718 9	0.999 709 9	0.999 700 8	0.999 691 5	0.999 682 0	0.999 672 4	0.999 662 7	0.999 652 9	0.999 642 8
11	0.999 632 8	0.999 622 5	0.999 612 1	0.999 601 7	0.999 591 1	0.999 580 3	0.999 569 4	0.999 558 5	0.999 547 3	0.999 536 1
12	0.999 524 7	0.999 513 2	0.999 501 6	0.999 489 8	0.999 478 0	0.999 466 0	0.999 453 8	0.999 441 5	0.999 429 1	0.999 416 6
13	0.999 404 0	0.999 391 3	0.999 378 4	0.999 365 5	0.999 352 4	0.999 339 1	0.999 325 8	0.999 312 3	0.999 298 7	0.999 285 0
14	0.999 271 2	0.999 257 2	0.999 243 2	0.999 229 0	0.999 214 7	0.999 200 3	0.999 185 8	0.999 171 1	0.999 156 4	0.999 141 5
15	0.999 126 5	0.999 111 3	0.999 096 1	0.999 060 8	0.999 065 3	0.999 049 7	0.999 034 0	0.999 018 2	0.999 002 3	0.998 986 2
16	0.998 970 1	0.998 953 8	0.998 937 4	0.998 920 9	0.998 904 3	0.998 887 6	0.998 870 7	0.998 853 8	0.998 836 7	0.998 819 5
17	0.998 802 2	0.998 784 9	0.998 767 3	0.998 749 7	0.998 731 9	0.998 714 1	0.998 696 1	0.998 678 1	0.998 659 9	0.998 641 6
18	0.998 623 2	0.998 604 6	0.998 586 1	0.998 567 3	0.998 548 5	0.998 529 5	0.998 510 5	0.998 491 3	0.998 472 0	0.998 432 6
19	0.998 433 1	0.998 413 6	0.998 393 8	0.998 374 0	0.998 354 1	0.998 334 1	0.998 314 0	0.998 293 7	0.998 273 3	0.998 252 9
20	0.998 232 3	0.998 211 7	0.998 190 9	0.998 170 1	0.998 149 0	0.998 128 0	0.998 106 8	0.998 069 5	0.998 064 1	0.998 042 6
21	0.998 021 0	0.997 999 3	0.997 977 5	0.997 955 6	0.997 904 3	0.997 911 4	0.997 889 2	0.997 866 9	0.997 844 4	0.997 821 9
22	0.997 799 3	0.997 776 5	0.997 753 7	0.997 730 8	0.997 707 7	0.997 684 6	0.997 661 3	0.997 638 0	0.997 614 5	0.997 591 8

续附录

温度/℃	+0.0	+0.1	+0.2	+0.3	+0.4	+0.5	+0.6	+0.7	+0.8	+0.9
23	0.997 567 4	0.997 543 7	0.997 519 8	0.997 495 9	0.997 471 8	0.997 447 7	0.997 443 5	0.997 399 1	0.997 371 7	0.997 350 2
24	0.997 325 6	0.997 300 9	0.997 276 0	0.997 251 1	0.997 226 1	0.997 201 0	0.997 175 8	0.997 150 5	0.997 125 0	0.997 099 5
25	0.997 073 9	0.997 043 2	0.997 022 5	0.996 996 6	0.996 970 6	0.996 944 5	0.996 918 4	0.996 892 1	0.996 865 7	0.996 839 3
26	0.996 812 8	0.996 786 1	0.996 759 4	0.996 732 6	0.996 705 7	0.996 673 6	0.996 651 5	0.996 624 3	0.996 597 0	0.996 569 6
27	0.996 524 1	0.996 514 6	0.996 486 9	0.996 459 1	0.996 431 3	0.996 403 3	0.996 375 3	0.996 347 2	0.996 319 0	0.996 290 7
28	0.996 262 3	0.996 233 8	0.996 205 2	0.996 176 6	0.996 147 8	0.996 119 0	0.996 090 1	0.996 061 0	0.996 031 9	0.996 002 7
29	0.995 973 5	0.995 944 0	0.995 914 6	0.995 885 0	0.995 855 4	0.995 825 7	0.995 795 8	0.995 765 9	0.995 735 9	0.995 705 9
30	0.995 675 6	0.995 645 4	0.995 615 1	0.995 584 6	0.995 554 1	0.995 523 5	0.995 492 8	0.995 462 0	0.995 431 2	0.995 400 2
31	0.995 369 2	0.995 338 0	0.995 306 8	0.995 275 5	0.995 244 2	0.995 212 7	0.995 181 2	0.995 149 5	0.995 117 8	0.995 086 1
32	0.995 054 2	0.995 022 2	0.994 990 1	0.994 958 0	0.994 925 8	0.994 893 5	0.994 861 2	0.994 828 6	0.994 796 1	0.994 763 5
33	0.994 730 8	0.994 698 0	0.994 665 1	0.994 632 1	0.994 599 1	0.994 566 0	0.994 532 8	0.994 499 5	0.994 466 1	0.994 432 7
34	0.994 399 1	0.994 365 5	0.994 331 9	0.994 298 1	0.994 264 3	0.994 230 3	0.994 196 3	0.994 162 2	0.994 128 0	0.994 093 8
35	0.994 059 4	0.994 025 1	0.994 990 6	0.994 956 0	0.994 921 4	0.994 886 7	0.994 851 8	0.994 817 0	0.994 782 0	0.994 747 0

参考文献

[1] 中华人民共和国交通运输部. 公路工程集料试验规程:JTG 3432—2024[S]. 北京:人民交通出版社,2024.
[2] 中华人民共和国交通运输部. 公路工程水泥及水泥混凝土试验规程:JTG 3420—2020[S]. 北京:人民交通出版社,2020.
[3] 中华人民共和国国家质量监督检验检疫总局,中国国家标准化管理委员会. 金属材料 拉伸试验 第1部分:室温试验方法:GB/T 228. 1—2021[S]. 北京:中国标准出版社,2021.
[4] 中华人民共和国国家质量监督检验检疫总局,中国国家标准化管理委员会. 钢筋混凝土用钢 第1部分:热轧光圆钢筋:GB/T 1499. 1—2017[S]. 北京:中国标准出版社,2017.
[5] 中华人民共和国国家质量监督检验检疫总局,中国国家标准化管理委员会. 钢筋混凝土用钢 第2部分:热轧带肋钢筋:GB/T 1499. 2—2018[S]. 北京:中国标准出版社,2018.
[6] 中华人民共和国国家质量监督检验检疫总局,中国国家标准化管理委员会. 冷轧带肋钢筋:GB/T 13788—2017[S]. 北京:中国标准出版社,2017.
[7] 中华人民共和国交通运输部. 公路工程沥青及沥青混合料试验规程:JTG E20—2011[S]. 北京:人民交通出版社,2011.
[8] 中华人民共和国交通部. 公路沥青路面施工技术规范:JTG F40—2004[S]. 北京:人民交通出版社,2004.
[9] 中华人民共和国住房和城乡建设部. 普通混凝土配合比设计规程:JGJ 55—2011[S]. 北京:中国建筑工业出版社,2011.
[10] 中华人民共和国交通运输部. 公路工程岩石试验规程:JTG 3431—2024[S]. 北京:人民交通出版社,2024.
[11] 国家市场监督管理总局,中国国家标准化管理委员会. 建设用砂:GB/T 14684—2022[S]. 北京:中国标准出版社,2011.
[12] 国家市场监督管理总局,中国国家标准化管理委员会. 建设用卵石、碎石:GB/T 14685—2022[S]. 北京:中国标准出版社,2022.
[13] 中华人民共和国住房和城乡建设部,中华人民共和国国家质量监督检验检疫总局. 混凝土强度检验评定标准:GB/T 50107—2010[S]. 北京:中国建筑工业出版社,2010.
[14] 张超,郑南翔,王建设. 路基路面试验检测技术[M]. 北京:人民交通出版社,2004.
[15] 韩仁海,白福祥. 道路与铁道工程试验检测技术[M]. 北京:人民交通出版社,2008.
[16] 刘志. 筑路材料及试验检测[M]. 4 版. 北京:人民交通出版社,2010.
[17] 梅杨,夏文杰,于全发. 建筑材料与检测[M]. 北京:北京大学出版社,2010.
[18] 申爱琴. 道路工程材料. [M]北京:人民交通出版社,2010.
[19] 周烨. 道路工程检测技术[M]. 北京:北京师范大学出版社,2011.
[20] 姜志清. 道路建筑材料[M]. 4 版. 北京:人民交通出版社,2013.
[21] 李福普,李闯民. 公路工程试验检测人员考试用书:材料[M]. 北京:人民交通出版社,2014.